国家社科基金重点项目：全面推进依法治国的逻辑理性根基研究
（项目编号：13AZX0017）

THE COLLECTED TRANSLATIONS OF WESTERN CLASSICS ON LEGAL LOGIC

西方法律逻辑经典译丛

熊明辉　丁　利　主编

〔荷兰〕阿尔诺·R. 洛德　著　Arno R. Lodder

魏　斌　译

DIALAW

On Legal Justification and Dialogical Models of Argumentation

对话法律

法律证成和论证的对话模型

 中国政法大学出版社

2016 · 北京

对话法律

法律证成和论证的对话模型

Translation from the English language edition:

DiaLaw

On Legal Justification and Dialogical Models of Argumentation

by A. R. Lodder

Original published by Kluwer Academic Publishers in 1999

版权登记号：图字 01 – 2016 – 5498 号

出版说明

“西方法律逻辑经典译丛”系列图书翻译项目由教育部普通高校人文社会科学重点研究基地中山大学逻辑与认知研究所、广东省普通高校人文社会科学重点研究基地中山大学法学理论与法律实践研究中心以及中山大学法学院公共政策与法律制度设计研究中心共同策划，该系列图书由中国政法大学出版社出版。入选本译丛书目的图书均为能够代表“西方法律逻辑”最高学术研究水平的经典著作，计划书目为开放式，既包括“西方法律逻辑”经典教科书，又包括其经典专著。首批由广东省“法治化进程中的制度设计与冲突解决：理论、实践与广东经验”项目资助出版，共推出9部译著，分别是《法律与逻辑》、《法律逻辑研究》、《法律推理方法》、《诉讼逻辑》、《论法律与理性》、《法律论证：有效辩护的结构与语言》、《前提与结论：法律分析的符号逻辑》、《建模法律论证的逻辑工具》、《虚拟论证：论法律人及其他论证者的论证助手设计》。同时，该9部译著也是熊明辉教授承担的国家社科基金重点项目“全面推进依法治国的逻辑理性根基研究”（2013）、广东省高等学校珠江学者岗位计划资助项目（2013）和中山大学重大培育项目“依法治国的逻辑问题研究”（2013）联合资助的一项重要成果。鉴于第一批成果取得良好的社会效果，我们决定启动第二批译著，共11部，分别是：《对话法律：法律证成和论证的对话模型》、《平等逻辑：非歧视法律的形式分析》、《锚定叙事理论：刑事证据心理学》、《推理导论》、《证明责任、推定与论证》、《宪法权利的逻辑》、《自由权利的逻辑》、《诉讼博弈》、《法律谈判简论》、《法律证据与法律证明：统计、故事与逻辑》和《论证、故事与刑事证据》。

他山之石，可以攻玉。相信本译丛之出版不仅有助于推动我国法律逻辑教学和研究与国际接轨，而且为法治中国建设提供一种通达法律理性和逻辑理性、实现公正司法的工具。

熊明辉　丁　利

2016年6月15日修订

总　序

法律逻辑有时指称一组用来评价法律论证的原则或规则，其目的是为法律理性和法律公正提供一种分析与评价工具；有时意指一门研究法律逻辑原则或规则的学科，即一门研究如何把好的法律论证与不好的法律论证相区别开来的学科。

自古希腊开始，法律与逻辑就有着密不可分的联系，甚至可以说，逻辑学实际上就是应法庭辩论的需要而产生的，因为亚里士多德（Aristotle）《前分析篇》中的“分析方法”后来演变成“逻辑方法”，它实际上是针对当时的智者们的论证技巧而提出来的，这些智者视教人打官司为基本使命之一。亚里士多德把逻辑学推向了对普遍有效性的追求，这导致了这样的结果：论证的好坏与内容无关，而只与形式有关。19 世纪末，亦即在弗雷格（Gottlob Frege）发展出了数理逻辑之后，“形式逻辑”一度成为“逻辑”的代名词。法律与逻辑的关系似乎渐行渐远。因此，有

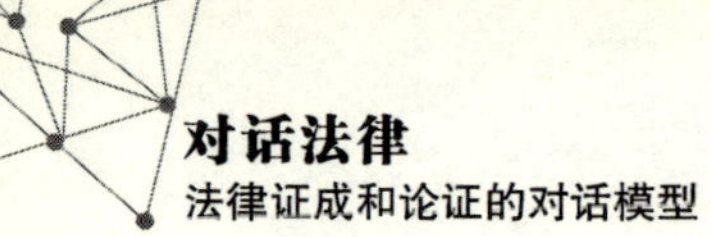

人说逻辑就是形式逻辑，根本不存在特殊的法律逻辑，故法律逻辑至多是形式逻辑在法律领域中的应用。事实上，法律推理确实有自己的逻辑，并且这种逻辑指向的是与内容相关的实践推理。正因如此，如佩雷尔曼（Perelman）所说，在处理传统上什么是法律逻辑的问题时，有人宁愿在其著作中使用“法律推理”或“法律论证”之类的术语，而避免使用“逻辑”一词。

20 世纪 50 年代，以图尔敏（Toulmin）和佩雷尔曼为代表的逻辑学家们开始把注意力转向实践推理，特别是法律推理领域，开辟了法律逻辑研究的新领域。特别是非形式逻辑学家与论证理论家们把语境因素引入到日常生活中真实论证的分析与评价上来，这为法律逻辑研究找到了一个很好的路径。如今，法律逻辑研究需要面对“两个大脑”：一是“人脑”，即法官、律师、检察官等法律人是如何进行法律论证的；二是“电脑”，即为计算机法律专家系统中法律论证的人工智能逻辑建模。前者的逻辑基础是非形式逻辑，而后者的逻辑基础是形式逻辑。如果说形式逻辑对论证的分析与评价仅仅是建立在语义和句法维度之上的话，那么，非形式逻辑显然在形式逻辑框架基础之上引入了一个语用维度，因此，我们不再需要回避“法律逻辑”这一术语了。

熊明辉　丁　利
2014 年 5 月 31 日

译者引言

本书是国际人工智能与法研究的经典著作，它是作者博士学位论文的一个修改版，于1999年收录于克鲁维尔出版的《法律与哲学图书馆》。作为20世纪90年代国际人工智能与法领域的代表性著述之一，本书无疑有着重要的影响力，它有力地推动了法律对话和法律论证的可计算模型研究的深入和发展，至今仍是该领域学术研究高引的文献之一。本书的贡献在于，从对话视角研究了建模法律证成的理论，提出了无独立标准的证成程序模型、论辩的心理视角和对话式理性论辩等诸多新观点，尤其是关于法律证成的对话式解读对于从法哲学视角探讨法律证成有着重要的借鉴意义。

本书的主要工作是研究如何建模法律证成的，这可以从以下两个视角去阅读：

一是法律证成的法哲学讨论。本书跳出了法哲学家关于何谓证成和法律证成的困局式讨论，

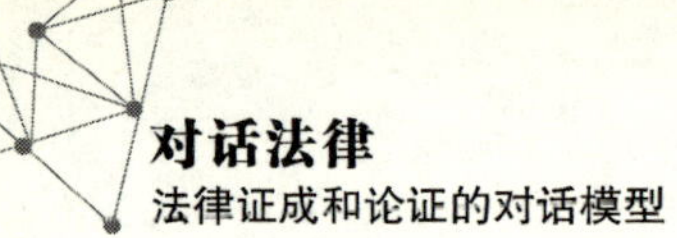

而是从对话的视角提出了自己对于法律证成的理解。作者认为法律证成既有作为结果的证成，也有作为过程的证成。以演绎逻辑为基础的简单模型只能处理作为结果的证成，而难以刻画法律证成的可废止性和法律的开放性，也无法跳出明希豪森三重困境。受到阿尔尼奥、阿列克西和佩策尼克等学者的启发，作者主张只有从对话的视角出发，才能表达作为过程的证成，而且也只有在对话式的模型中才能避免简单模型的缺陷。在作者看来，法律证成的程序是纯粹的，这种纯粹性表现在对话程序不需要一种独立的标准就可以判定法律命题是否被证成。作者还认为，对话式建模法律证成应当体现论辩的理性特质，既包含有逻辑视角的理性论辩，也包含有心理视角的对话式理论论辩，这就需要一种综合理性论辩与对话式理性论辩的研究进路。

二是法律证成的对话式建模，即对话法律。对话法律的建模分为两个部分：第一个部分是对话法律的基本概念和框架，其中，基本概念包括定义参与者、博弈行动、证明责任、承诺的角色、对话规则和对话的层次等；对话的框架则包括语言、对话行动、承诺库、对话和对话树等。第二个部分是一般和特殊规则，这些规则是为了规范和约束博弈方在对话中的行动。一般规则约束的是主张、质疑、接受和收回等一般行动；特殊规则是为了刻画法律证成而增加的交流的新规则。在作者看来，它们是具有法律意味的规则，因而构成了对话法律的核心内容。特殊规则是使用**无效_主张**、**胜过**和**理由**等特殊语言要素来定义如何应用规则和权衡理由等。值得一提的是，对话法律与其他人工智能与法模型不同的是，它还应用逻辑程序语言（Prolog）实现了这种模型，增强了其运用于分析真实案例的可实现性。

本书在翻译过程中还得到一些帮助。宋旭光博士慷慨地向我分享他对第二章的译文，本书第二章也参考了他的译文。本书第一、二章还在行政法学院2015级法律逻辑学专业研究生的《逻辑学经典原著》课堂上作过讲解，部分同学提出了一些修改意见。还有硕士研究生李金铃帮助校对了部分章节。

最后，感谢熊明辉教授启动了“西方法律逻辑经典译丛”这一译介项目并且允许和信任我翻译此书，能够承担本书的翻译工作是我的荣幸，翻译的过程也是一个学习和思辨的过程，我也从中受益颇多。尽管我认为我的工作是微不足道的，但是仍然希望本书对于那些感兴趣的读者能有所帮助，也希望这套译丛能够引起更多学者的关注。

魏　斌

2016年4月

中文版序言

大约十年前，我从道格拉斯沃尔顿（Douglas Walton）那里得知他访问了中国，而且令他意外惊喜的是他在一家图书馆中发现他的很多著作都已经被翻译成了中文。尽管在此之前他并不知道它们已经被翻译了，然而作为一个真正的学者，他并没有介意版权授权的问题，而是真的非常高兴他的工作可以用中文来阅读。我想知道除了《对话法律》之外，我的其他专著是否也已经被翻译成了中文。如果它们已经被翻译，那么我会像道格拉斯沃尔顿一样感到高兴。事实上，我非常高兴我的第一本书，也就是于1999年出版的《对话法律：法律证成和论证的对话模型》，已经被翻译成了中文。

在2016年2月我联系上魏斌，他告诉我《对话法律》已经被选入由中山大学熊明辉教授主编的“西方法律逻辑经典译丛”。一旦翻译完成，将由中国政法大学出版社出版。魏斌还告诉我："我需要一份译著的英文序言，是为了向中国的读者介绍这本书，这也是中文译著必要的一部分。"

我回复说"我非常乐意效劳"。要说明的是，中国读者可能已经知道了《对话法律》，因为在2015年，睿智的博士生宋旭光翻译了《对话法律》的第二章，"从法律到对话法律，为什么法律证成应当被对话式建模"，他于2014～2015年访问了我的研究小组。当我在写这个序言时，为了找寻魏斌和《对话法律》之间的关联，我访问了谷歌。我非常高兴地发现他在2015年与黄金华合作的论文[1]中引用了《对话法律》。我必须承认，每次当我发现人们引用我的成果时，我仍然感到激动，尤其是在这么多年以后。

在这个序言中，我将从富有个人色彩的历史视角来评述《对话法律》。对于那些对《对话法律》的评估感兴趣的人，我推荐一些学者的综述，例如：弗雷斯维克（Gerard Vreeswijk）[2]或者是斯塔曼斯（Richard Starmans）[3]的综述。

《对话法律》的缘起要追溯到1994年末1995年初。我提交了一篇与赫尔佐格（Aimée Herczog）合作的题为"对话法律：建模法律推理的对话框架"（DiaLaw. A Dialogical Framework for Modeling Legal Reasoning）的论文。难以想象的是在那个年代，为了让审稿人能够评审论文，我寄出了5份纸质复印件。程序委员会主席，本奇－卡鹏（Bench-Capon），同样是通过邮寄信件寄发了论文接收通知。这封信抵达时我并不在办公室。我的室友维赫雅（Bart Ver-

---

〔1〕"基于一种渐进式论辩模型的审判对话建模：一个案例分析"（Modelling Dialogues in Court Using a Gradual Argumentation Model：A Case Study），载《第十五届国际人工智能与法会议（ICAIL 2015）论文集》，美国计算机协会出版社2015年版，第138～147页。

〔2〕参见《人工智能与法》（*Artificial Intelligence*）第8卷第2期，第265～267页。

〔3〕参见《论证理论》（*Argumentation*）第14卷第2期，第195～200页。

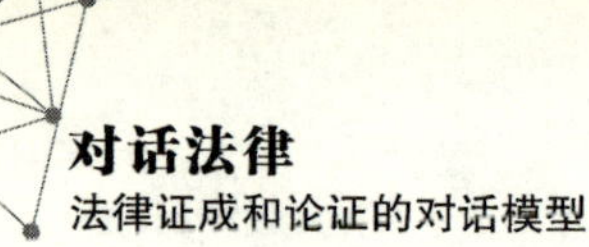

heij）返回办公室，打电话给我并询问我是否想帮助他打开信件。我说是的，所以他甚至比我要早知道对话法律的论文被接收了。这篇论文发表在《第五届国际人工智能与法会议（ICAIL1995）论文集》[4]。

1998年6月5日，我在马斯特里赫特答辩了我的博士学位论文"对话法律"。论文答辩委员会是由鲁斯（Nico Roos）教授（马斯特里赫特）担任主席，答辩委员会的其他成员还有佩策尼克（Aleksander Peczenik）（伦德）、戈登（Thomas F. Gordon）（波恩）以及赫里克（H. J. van den Herrick）（马斯特里赫特）。这个委员会还包含了其他提问者，例如，奥斯坎普（Anja Oskamp）（阿姆斯特丹），以及路易（Ronald P. Loui）（美国），他的"有时候我们需要证明；大部分时候，它们是论证"甚至是我见过的最漂亮的开场白之一。[5]

我的博士学位论文"对话法律"印制了大约350份，但是我只留存了一小部分。使用英文而不是荷兰文来写作的原因之一是我的导师哈赫一直建议我，绝大部分的目标读者都不能阅读荷兰语，例如，面向国际的人工智能与法领域的读者，法律逻辑和论证理论也是如此。还有，说实话，基本上所有我所钦佩的学者都是使用非荷兰语的。哈赫那时关心的是我的英语写作水平，而我的另一位导师克罗姆巴格（Hans Crombag）建议我可以用荷兰语来写论文，但是用英语来发表论文。然而，随后我已经在我的博士学位论文写作中使用英语了，况且荷兰语的博士学位论文不会有太多被添加到参考文献当中，而你总是希望你的工作，例如博士学位论文，是能够被

〔4〕 美国计算机协会出版社1995年版，第146～155页。

〔5〕 "过程和策略：限制来源的非演证性推理"（Process and Policy：Resource-Bounded Non-Demonstrative Reasoning），报告编号：WUCS－92－43（1992）。

引用的。

人们常说，你为了获得博士学位而写的博士学位论文几乎没有人来读它。在荷兰，法学学科的博士学位论文过去是终其毕生所学的作品。但是目前几乎完全相反，或许正如戴维斯（Gareth Davies）所说："一篇博士学位论文不过就是要写六七万个连贯单词。"

1998年6月4日，我公开举行答辩的那一天，维赫雅和我组织了一个研讨会，莫默斯（Laurens Mommers）是参与者之一。他告诉我当施密特（Aernout Schmidt）在开车时，他利用时间阅读了我的博士学位论文的部分内容。我从未忘记，当我意识到的确有人阅读了我的博士学位论文的时候，我所感受到的愉悦。

那个6月底我参加了在阿姆斯特丹举办的论证理论会议。当我在人群中看见克罗贝（Erik Krabbe）和沃尔顿的时候，我就像做梦一样。我已经拜读了他们大量的文献，而且在我自己的工作中广泛地使用了他们在1995年合作的《对话中的承诺》（*Commitment in Dialogue*）[6]。现在这些作者都在听我的报告；那是多么令人难以置信的时刻！

1999年11月，我在荷兰逻辑协会的法律 & 逻辑会议上报告了《对话法律》，它还被引用作为卡米纳达（Martin Caminada）2004年的博士学位论文"为了论证"（For the Sake of the Argument）中序言的开场。他讲到："这篇博士学位论文的部分观点来源于洛德在荷兰逻辑协会（VVL）的一次报告。对我而言，论辩的理性对话的数学化表达的观点应当看上去是非常吸引人的。"这毫无疑问是我能接收到的最高学术反馈，这意味着你的工作不仅仅在被阅读，

〔6〕 纽约州立大学出版社出版。

而且还在为他人所用。

在同一年，1999 年，我不确信具体是什么时候，我的博士学位论文的简修版出版在《法律和哲学系列丛书》（*Law and Philosophy Series*）中（编号 42）。虽然大部分与我的原始博士学位论文相同，但是根据评审沙托尔（Giovanni Sartor）的意见，我改进了规则的表达并且增加了逻辑程序代码的进一步说明（见于附录）。那就是中译本所翻译的版本。

我还在一篇与惠更斯（Paul Huygens）合作发表在法律知识与信息系统国际会议（JURIX）上的标题为："eADR？建构在线争议解决中的主体间的信息交换的一个简易工具"（eADR? A Simple Tool to Structure the Information Exchange between Parties in Outline Alternative Dispute Resolution）的论文中，将《对话法律》所描述的对话模型改进为在线争议解决的模型。建立在这篇 2001 年论文的基础上，我便开始与泽里兹利格（John Zeleznikow）通力合作。在我的学术生涯中最精彩的时期之一就是与他合作在对话法律基础上研究在线争议解决。该模型已经发表于《开发在线争议解决环境：三步模型中的对话工具和谈判支持系统》（Developing an Online Dispute Resolution Environment: Dialogue Tools and Negotiation Support Systems in a Three-Step Model）[7]。该模型同样收录于我们 2010 年由剑桥大学出版社出版的专著《应用信息技术加强争端解决》（*Enhanced Dispute Resolution Through the Use of Information Technology*）。

尽管我还没有遇见狄米思柯思卡（Ana Dimiškovska），但是当我发现她也在应用对话法律的时候，我从来没有如此感到荣幸。她

〔7〕 载《哈佛谈判法学评论》（*Harvard Negotiation Law Review*）2005 年第 10 卷，第 287～337 页。

于2011年也写了一章题为:《法律证成的逻辑结构:对话或“三人谈”?》(The Logical Structure of Legal Justification: Dialogue or “Trialogue”?)[8]

> “(……)对话模型在法律证成的分析、表达和评估的使用,它是(……)本文的主要兴趣目标,是最为广泛讨论的阿尔诺·洛德的工作;尤其是他的专著——《对话法律:法律证成和论证的对话模型》。这就是为什么本文剩余部分将留出关键位置来给出批判性讨论和他的某些基本观点的详述,它在很大程度上激发了法律证成的对话模型的问题作为一种特别重要的法律论证理论的类型。”

两年后同样是这个作者,狄米思柯思卡,使用对话法律建模了一个马其顿法律案例[9]:“本重构的实现使用了法律证成的对话模型:阿尔诺的对话法律。”

可能不合适的是,这个序言最后变得更像是自我表扬,而不是一般的序言。但是不同的是,我并没有指出对话法律多么好,而是间接地由以上所述得出的。有利的是还可以加上一条,即对话法律已经被引用数百次了,我提到的只是里面的一部分。当然,这些参考文献是对我有意义的并且是印在我脑海中的文献。

最后让我们来谈谈实践中的真实对话法律,它们是由我从教学中得到的例子。我总是喜欢让律师和非律师一样弄清楚,法律的特别之处就在于,人们能够就同一个命题来理性地辩护支持的(PRO)观点和反对的(CON)观点。去年,我的电子商务法课程

---

[8] D. M. Gabbay et al. (eds.), *Approaches to Legal Rationality*, *Logic*, *Epistemology*, 265 and the Unity of Science 20, pp. 265 - 280.

[9] “(Dia) Logical Reconstruction of Legal Justification: A Case Analysis”, *Revus* 19, 2013, 155 - 178.

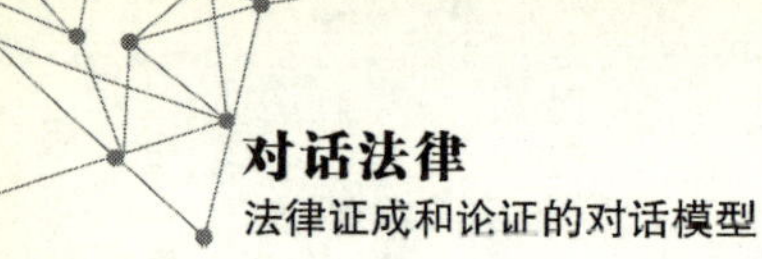

完全是围绕这个想法来组织的。在所有的三次作业中，班级被划分为两个小组，一组辩护正方观点，而另一组辩护反方观点。有趣的是，当我在草拟作业的时候，关于正方或反方哪一方更有利，我并没有确定的答案。实际上，哪一方都不是；它完全取决于论证。学生总是可以给出好的论证，而且总是出乎我的意料。

在 2016 年 2 月，我在一门新课程《国际经济和国际法：隐私、安全与协议》（*International Business and Internet Law*：*Privacy*，*Security and Contracting*）的一个班上使用了同样的正/反方法。该案例如下：

> 当前每个业务遇到的法律问题都与网络有关。对于一些公司而言，网络是它们的主要业务（如亚马逊），对于一些公司来说，网络使得它们能够提供核心业务（如易捷航空），但是一些公司仍然主要还在倒腾砖头和水泥。
>
> 空中食宿和优步是超级受欢迎的供应商，它们促进了用户分享优惠。这些业务是国际化经营的。它们使用互联网服务，例如，通过 *https://www. uber. com/*或者 APP 应用。
>
> 这些服务的供应商能够考虑当地的规范。你必须成为一名执业律师。那些公司中的一员，你可以在 *https://www. airbnb. nl/*和 *https://www. uber. com/*当中选择你的答案，或者你自己来建议另外一个。
>
> 正方：考虑当地规范（norms），因为你要经营当地市场。
>
> 反方：不需要考虑当地规范，因为你是一个全球供应商并且你要做的唯一事情就是满足需求和供给。

学生的论证再一次是非常好的，无论是正方还是反方。最后，我告诉他们我仍然不知道我是偏爱正方或是反方。我决定让大众的智慧来决定。学生们被随机分为正方小组和反方小组，但是对于分配到为正方辩护的学生来说，75%仍然确信他们的立场。对于反对方而言，75%的学生仍然同样相信他们的立场。当精确计算票数时，只出现了18位同学投给反对方。正方阵营获胜了吗？没有！准确地也有18位同学投给正方。还有10～15位同学投了中立票，我们有一组并列。

如何更好地来解释并不总是存在显然的错与对？到最后，它都是要依赖于论证的。如果甚至论证都无法确信，并且如果程序不能帮助确定论辩所关注的命题的证成，那么根据这个程序或许会有好的理由去搁置分歧。

如果我所写的或者我在上课时所教的对于与此相关的那些人而言是有益的话，也就是说，即使我的工作不会引起注意，那么我也对我的工作感到满意了。显然，对话法律已经引起了注意。而且现在还有一个新的数以百万计的读者在期待，我希望你们能喜欢！

阿尔诺·洛德*

2016年3月

于阿姆斯特丹

* 阿姆斯特丹自由大学网络管理与规制教授。

英文版序言

xi 本书是我于1998年5月5日在马斯特里赫特大学答辩的博士学位论文“对话法律：法律证成与对话博弈”的一个修改版。我的博士学位论文的第一、四和五章（本书第一、五和六章）保持基本不变。第二章我明确地增加了构造和重构法律证成之间的区别，并且试图阐明证成的结果和过程的不同点（以及相似点）。第三章被划分为两章：一章是关于对话法律（本书第三章）的一般特征，而另外一章是关于特殊的、对话法律的法律特征（本书第四章）。为了增加可读性，这些章节中的所有规则都已经被大篇幅重写。关于对话法律的实现程序的小节被移至附录。在第七章（此前第六章）中，增加了关于“程序化”和“结构化”论证概念的讨论，并且还讨论了法律论证模型中的不同层次。最后，在第八章（此前第七章）中增加了关于法律证成的个人观点的一个要点概括，还有关于对话模型（以一种自然的方式来表达论证）在法律实践中的未来应用的讨论。

本书主要论点保持不变：法律证成应当被建模为一种程序性的对话模型，当中不仅允许论证的结果，而且，甚至在形式化模型中，论证的修辞、心理学层面都可涉及。

我受益于许多人。我想感谢他们所有人，如果未能亲自感谢，那么这里一并致谢。

我非常高兴能在马斯特里赫特大学工作5年有余。我的博士学位论文合作导师哈赫（J. C. Hage），以及我的导师克罗姆巴格（H. F. M. Crombag）培养我成为一名学者。我的前亲密同事维赫雅（B. Verheij）营造了一个愉悦的工作环境，而且元司法 & 阿基米德项目（Metajuridica & the Archimedes-project）部门的其他同事也是如此。

戈登（T. F. Gordon）、佩策尼克（A. Peczenik）、鲁斯（N. H. M. Roos）以及赫里克（H. J. van den Herik）是我的答辩委员会成员中真的值得感谢的人，而且同样要感谢在1998年5月5日的其他提问人：路易（R. P. Loui）和奥斯坎普（A. Oskamp）。

这套丛书的两位匿名评审给出了有益的评语和建议以改进本书。

从1998年1月开始我非常享受在阿姆斯特丹大学计算机/法律研究所的工作。卡巴斯恩（H. W. K. Kaspersen）是如此地乐于助人使得我能着手本书的出版。

此前“逻辑 & 法律工作组”（逻辑 & 法律论坛）的会面，以 xii
及荷兰知识系统基金会的聚会都是着实发人深省的。

我的朋友和家庭对我而言是无价的。他们给予了我要的爱、快乐与乐趣。最后，谨以此书献给我生命中最宝贵的人。

目 录

出版说明……………………………………………………………… 1

总 序……………………………………………………………… 3

译者引言…………………………………………………………… 5

中文版序言 ………………………………………………………… 8

英文版序言 ……………………………………………………… 16

第 1 章 引 论 …………………………………………………… 1

1.1 人工智能与法 ………………………………………………… 2

1.2 法律证成 ……………………………………………………… 5

1.3 本书大纲 ……………………………………………………… 7

第 2 章 从法律到对话法律：为什么法律证成应当被对话式建模 ……………………………………………………… 9

2.1 证成的结果和过程 ……………………………………………… 11

2.2 作为结果的证成 ……………………………………………… 14

2.3 法律证成的可废止性 …………………………………………… 17

2.3.1 规则的例外 ………………………………………………… 18

2.3.2 冲突的规范 …… 20
2.4 法律的开放性 …… 22
2.4.1 无适用规范的案例 …… 22
2.4.2 模糊的法律语言 …… 23
2.5 明希豪森三重困境 …… 25
2.6 作为过程的证成：一个对话模型 …… 29
2.7 在对话模型中处理可废止性、开放性与明希豪森三重困境 …… 32
2.8 对话规则和变更协议的证成 …… 34
2.9 法律证成的程序有多纯粹? …… 35
2.10 结语 …… 39

第3章 对话法律——框架和一般规则 …… 41
3.1 对话法律中的证成 …… 42
3.2 对话法律的基本概念 …… 43
3.2.1 参与者 …… 44
3.2.2 博弈的行动 …… 45
3.2.3 证明责任 …… 48
3.2.4 承诺 …… 48
3.2.5 对话规则 …… 49
3.2.6 对话的层次 …… 50
3.3 对话法律的对话框架 …… 51
3.3.1 语言 …… 51
3.3.2 对话行动 …… 53
3.3.3 承诺库 …… 55
3.3.4 对话 …… 56

3.3.5 对话树 …… 56
3.4 交流的一般规则 …… 59
3.4.1 主线中的互动 …… 60
3.4.2 承诺的起源 …… 61
3.4.3 一般条件 …… 66
3.4.4 主张后的行动 …… 68
3.4.5 质疑后的行动 …… 69
3.4.6 接受和收回后的行动 …… 70
3.5 走向法律证成 …… 77

第4章 对话法律——交流的特殊规则 …… 78
4.1 特殊语言要素 …… 79
4.1.1 对话法律中的理由逻辑引介 …… 79
4.1.2 特殊语言要素的形式化特征 …… 82
4.2 交流的特殊语言——法律工具和受迫承诺 …… 84
4.2.1 适用规则的理由 …… 85
4.2.2 关于应用、理由以及排除 …… 86
4.2.3 关于胜过和理由 …… 88
4.2.4 关于无效_主张 …… 95
4.3 结束语 …… 99

第5章 实践中的对话法律 …… 101
5.1 泰利尔案例 …… 102
5.2 夏博特案 …… 110
5.2.1 适用规则的理由 …… 111
5.2.2 关于适用、理由和排除 …… 114

5.2.3 关于理由和胜过 …… 116
5.3 结束语 …… 119

第 6 章 论辩的对话模型 …… 121
6.1 模型的目的 …… 122
6.2 一个简短的对话样本 …… 124
6.3 麦肯齐的 DC 博弈和汉布林的 H 博弈 …… 128
6.3.1 行动 …… 128
6.3.2 承诺 …… 132
6.3.3 结语 …… 133
6.4 雷斯彻的论辩术和布鲁卡的形式化理论 …… 134
6.4.1 行动 …… 135
6.4.2 对话规则 …… 137
6.4.3 承诺 …… 141
6.4.4 结束语 …… 143
6.5 戈登的诉答博弈 …… 144
6.5.1 诉答博弈的形式化描述 …… 146
6.5.2 行动 …… 148
6.5.3 对话规则 …… 150
6.5.4 相关性和问题 …… 155
6.5.5 承诺 …… 157
6.5.6 建议和结束语 …… 158
6.6 行动和承诺的研究 …… 161
6.6.1 行动 …… 161
6.6.2 承诺 …… 165

6.7 其他相关研究 …… 167
6.7.1 范爱默伦和格罗顿道斯特 …… 167
6.7.2 弗雷斯维克的基于论证的论辩术 …… 169
6.7.3 HELIC 系统 …… 176
6.7.4 路易：协议和原理 …… 178
6.7.5 法利和弗里曼的证明责任层次 …… 180
6.8 结论 …… 183

第7章 什么是论证？论辩的程序模型的性质 …… 185
7.1 论辩：两个视角 …… 185
7.1.1 逻辑视角 …… 186
7.1.2 心理视角 …… 187
7.2 论辩：两种类型 …… 188
7.2.1 理性和对话式理性论辩 …… 189
7.2.2 判例法中的对话式论辩 …… 191
7.3 面向进路的整合 …… 193
7.4 对话法律：理性和对话式理性论辩 …… 195
7.5 程序化和结构化论证 …… 197
7.6 法律论证模型中的层次 …… 200
7.7 结论 …… 203

第8章 结 论 …… 204
8.1 关于法律证成 …… 204
8.2 回答 …… 206
8.2.1 如何判定法律命题是被证成的？为了证成法律命题，是否存在必须要满足的标准？ …… 206

8.2.2 法律证成的何种模型是令人满意的？是否可能界定和实现这种模型？ …………………………… 207
8.2.3 可比较的模型如何表达论辩？ …………………… 208
8.2.4 对于法律证成中的论证，什么是可接受的？ … 209
8.3 未来：面向自然对话 …………………………………… 210
8.4 结束语 …………………………………………………… 213

附 录 对话法律的逻辑程序代码 ……………………………… 214

参考文献 ………………………………………………………… 238
人名索引 ………………………………………………………… 250
关键词索引 ……………………………………………………… 253

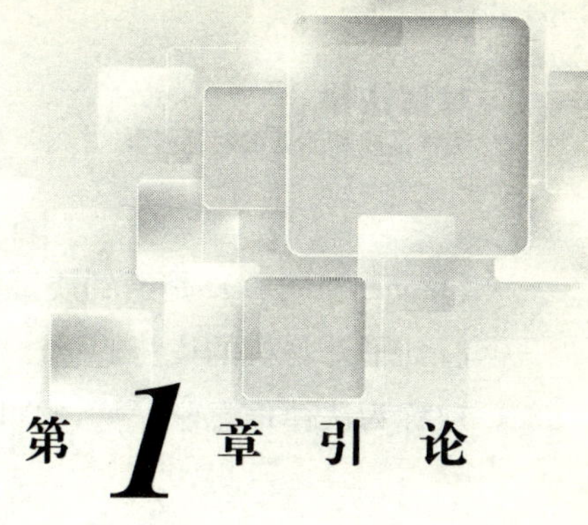

第 *1* 章 引 论

先有了法律，后才诞生了计算机。 1

法律和计算机之间的联系在两个不同的研究领域得以研究。第一个领域研究的是与计算机相关的法律问题，或者——在现代技术中——研究的对象是信息技术（information technology）的法律层面。有价值的问题是当中的其他问题：电子签名是否如同手写的签名有相同的效力；一份材料的电子复印件是否构成知识产权的侵权；政府数据库（data base）中关于公民私人数据的隐私如何才能得到保障，以及政府是否可以连接数据库以获得感兴趣的新信息；网络供应商对于其客户在网页上所展示的信息负有责任。简而言之，法律和计算机在第一个研究领域中的联系可以描述如下：

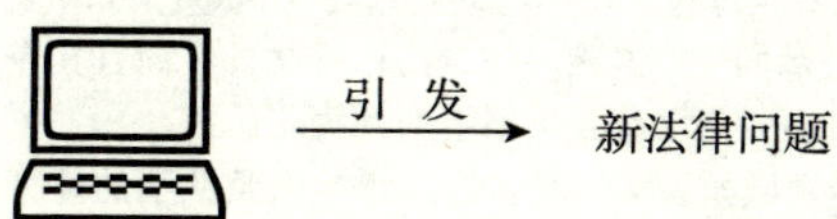

第二个研究领域研究计算机可以给法律科学提供哪些机遇。计算机有什么可以提供给法律？尽管计算机将完全取代人类法官

(human judges)是遭到质疑的[1]，但是甚至是最守旧的法学家也看到了计算机的优势。[2]法律和计算机在第二个研究领域中的联系被称为法律信息学[3]，它可以描述如下：

2

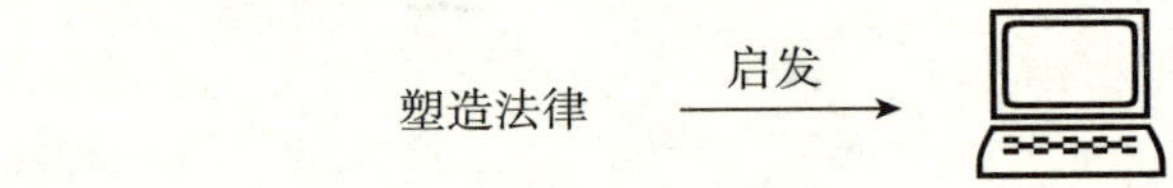

在法律信息学领域进行的大部分研究都属于一个子领域，它被称作人工智能（artificial intelligence）与法（AI & Law）。本书就属于子领域人工智能与法。

1.1 人工智能与法

人工智能与法是一个诞生于20世纪70年代初的相当新的领域。[4]在最初的几年里它的发展是温和的。该领域在20世纪80年代才真正开始蓬勃发展。在1981年，该领域的第一个国际会议在

---

〔1〕 至少有人不会严重质疑（Van den Herik，1991）。

〔2〕 例如，存在数据库包含由荷兰最高法院（Dutch Supreme Court）和地方法院作出的大量裁决、将予公示的法令或裁决的专门标准文件，而且在今天甚至可能读取美国最高法院在法院审判几分钟后上传到网络上的判决。

〔3〕 其他类似的领域如医学的医学信息学，以及数学的计算机代数。法律信息学术语是由荷兰语术语“Rechtsinformatica”翻译而来。主要使用术语“计算机和法律”，但是它实际上包含了计算机和法律的双重关联。至少在利物浦他们使用法律信息学术语，因为他们的研究中心被称为LIAI（法律信息在利物浦）。

〔4〕 布肯南（Buchanan）和海迪克（Headrick）（1970）写了一篇论文，它被认为是该领域的第一篇文章。在1995年，为庆祝该论文诞生25周年，他们被邀请参加第五届人工智能与法会议。他们作了一个题为“人工智能与法推理的一些构想（25年后）”的报告。

意大利佛罗伦萨举办。〔5〕第一届人工智能与法国际会议在美国波士顿举办（ICAIL，1987）〔6〕，它是由国际人工智能与法协会（IAAIL）主办的。从20世纪80年代中期往后，关于人工智能与法的第一批书籍出版（例如，Susskind，1987；Gardner，1987），还有于1986年在伦敦帝国理工学院进行的研究被认为是经典（塞科特等，1986）。从1988年开始由法律知识系统（legal knowledge based systems）基金会主办的年度国际会议，法律知识与信息系统国际会议（JURIX）在荷兰举办，1999年第十二届会议将首次在比利时举办。〔7〕1992年国际期刊——《人工智能与法》问世。〔8〕

至今人工智能与法的研究给我们带来了什么？ 3

- 一系列引人瞩目的不同主题的博士学位论文，例如Gardner，1984；Ashley，1987；Sartor，1989；Branting，1991；Walker，1992；Prakken，1993；Wahlgren，1993；Gordon，1993b；Smith，1994；Valente，1995；Van Kralingen，1995；Visser，1995；Den Haan，1996；Royakkers，1996；Verheij，1996；

---

〔5〕 那是第一届关于逻辑、信息和法律的国际会议并且有具体的主题如道义逻辑、计算语言学以及法律信息系统。后续会议于1985年、1989年、1993年和1998年都在佛罗伦萨举办。

〔6〕 连续的会议举办于加拿大温哥华（ICAIL，1989）；英国牛津（ICAIL，1991）；荷兰阿姆斯特丹（ICAIL，1993）；美国马里兰（ICAIL，1995）；澳大利亚墨尔本（ICAIL，1997）；以及挪威奥斯陆（ICAIL，1999）。

〔7〕 一些其他相关的会议是：1984年在美国休斯敦举办的第一届法律与技术年度会议，它包含的主题有人工智能、信息检索（information retrieval）以及法律推理（沃尔特，1985）；BILETA会议，关注法学教育技术，自1986年开始每年在英国举办；自1988年，同样在英国，半年一次的关于法律、计算机和人工智能的全国性会议已经筹办，在1996年还作为第五届全国性/第一届欧洲法律、计算机和人工智能会议；关于人工智能与法的半年一次的法美联合会议也于1996年启动。

〔8〕 另一份国际期刊是《信息和通信技术法》，它曾经以《法律、计算机和人工智能》为名出版。

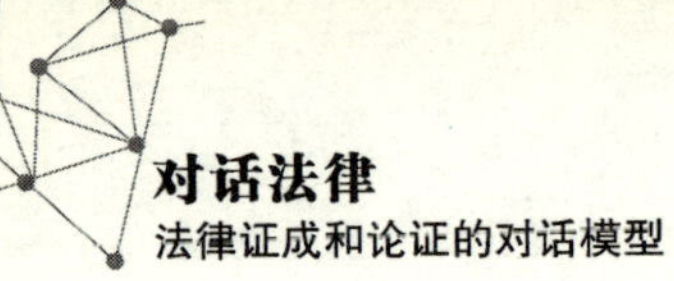

Aleven，1997；Lodder，1998a；Matthijssen，1999〔9〕。

- 范围广泛的系统。提及但不限于此：Hypo（Ashley & Rissland，1987），Prolexs（Walker *et al.*，1991），Cabaret（Skalak & Rissland，1992），诉答博弈（Gordon，1995），对话法律（Lodder & Herczog，1995），IKBALS（Zeleznikov，Vossos & Hunter，1993），以及 HELIC（Nitta *et al.*，1995）。
- 大量刊登在期刊和会议论文集中的论文。

以上表征的是人工智能与法研究的一个印记，但这并不意味着是一个详尽的展示。引人关注的事实是，大量的近期的荷兰博士学位论文是在人工智能与法领域。〔10〕

在人工智能与法领域的学者试图以这样的一种方式描述法律和法律推理（legal reasoning），即生成能够在一个计算机程序中实现的模型。建构良好的工作应用程序是人工智能与法研究的首要目标。这条研究线路可以被称为实践的或应用的人工智能与法。

由于计算机是严密的，因而模型必须是精确的。由此产生的一个问题是，如果不存在什么是精确法律推理的共识（consensus），那么法律推理如何才能被精确地描述呢？试图回答这个问题就是人工智能与法研究的第二个目标。没有要求必须给出一个正确答案，
4 但是精确的模型（以及计算机程序）能够有助于更好地洞见法律及

---

〔9〕 这些博士学位论文都是用英文写作的。在荷兰还出现了一些荷兰文的相关博士学位论文，例如，De Mulder，1984；Schmidt，1987；Oskamp，1990；Span，1992；De Wildt，1993；Voermans，1995；Kordelaar，1996；Quast，1996；De Vey Mestdagh，1997；E. W. Oskamp，1998；Leenes，1999；Weusten，1999.

〔10〕 这并不是真正令人意外的，因为荷兰在人工智能与法研究领域起着突出的作用。例如，1995 年的 ICAIL 有 1/3 的论文有荷兰作者，1997 年的 ICAIL 则有 1/4 的论文有荷兰作者。

法律推理。[11]这条研究线路可以被称为理论化人工智能与法或可计算（computational）法学理论。

在过去几年，有人认为这两个群体应当更加紧密地合作，这是为了获得理论扎实、性能良好的系统（Oskamp，Tragter & Groendijk，1995）。尽管我强调需要从实践中检验理论（Verheij，Hage & Lodder，1997），但是本书仍然属于第二条研究线路。

1.2　法律证成

本著作的标题是《对话法律：法律证成和论证的对话模型》。对话法律是一个法律证成的对话模型（dialogical model）。

法律证成（legal justification）是一个有价值的研究对象，因为还没有普遍被接受的理论能够令人满意地解释这个现象。什么使得法律命题成为被证成的（justified）命题是一个可以从不同的、甚至矛盾的角度来回答的问题。[12]一个有价值的观点是，例如，荷兰法学家斯霍尔滕（Scholten，1974，p. 133）主张法官（judge）做出的判决是可接受的，如果法官宣告（declares）她/他[13]无法做出不同的判决。然而，斯霍尔滕承认这并不意味着这个决定是唯一可能的决定，而其他法官也能够做出不同的判决并且同样宣告他无法做出不同的判决。这表明应用单个理论可以导向被证成的、但矛盾的命题。

---

〔11〕 如果我们尚不知道何谓智能，那么类似的回答可用于质疑如何才能研究人工智能。人工智能模型（AI models）有助于对智能有一个更好的洞见。

〔12〕 哈特（Hart，1961）做过一个类似的观察，并不是关于法律证成，而是更广的法律概念："鲜有关注人类社会的问题如同'什么是法律?'一样如此持久地被提出，并且由严谨的思想家以如此不同的、奇特的以及甚至荒谬的方式来回答。"

〔13〕 为了简洁和统一，在剩余的工作中将使用"他"。

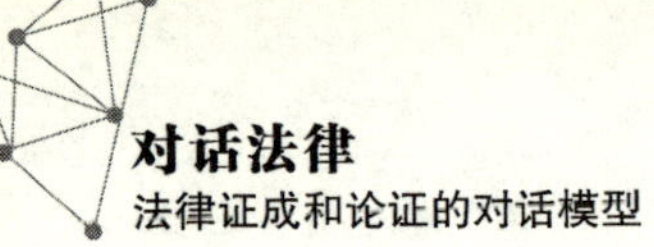

昂格尔（Unger，1983）严重怀疑这些可能的法律理论并且主张它们是真实（actual）法律的不恰当空想：这些理论没有展现法律，而是作者的个人观点。尽管或许他夸张了一点，但是他肯定地持有了一个观点。我认为法律，例如法律证成，由于过于复杂而无法被完全理解。但是，尽管假使法律证成的理论反映了作者的个人观点，但是它们仍然可以是恰当的表述。法律证成的理论能够帮助更好地理解法律证成中发挥作用的因素，以及洞见法律证成对于任何法学家来说都是重要的。

5 当前的研究将试图刻画法律证成。这个刻画必须导出一个模型以足够精确使得能够在计算机中实现。在法律证成中论证起着重要作用；实际上，论证是重要的（参见 Bench-Capon，1995）。论证的价值体现在观察中，它是本研究一个令人鼓舞的起点（参见 Lodder，1997c）。

> 通过确信论证，一个表面上失败的案例能够取胜。

本研究的目的是为以下问题发现答案：

- 如何判定法律命题是被证成的？为了证成法律命题，是否存在必须要满足的标准？
- 法律证成的何种模型是令人满意的？是否可能界定和实现这种模型？
- 可比较的模型如何表达论辩？
- 对于法律证成中的论证，什么是可接受的？

因为现有的可能模型无一能够完全令人满意地建模法律证成，因而必须要提出一个新的模型。对话法律模型就是为了服务这个目标并且它也是这项工作的核心。

对话法律不是一个经验模型。从根本上，对话法律是一个分析模型（analytical model）。它帮助在一般意义上获得一个更好的关于法律证成的洞察。其次，对话法律是一个规范模型（normative model），它为应当如何进行法律证成提供指引。

1.3 本书大纲

本书结构安排如下。

第2章将给出一个可建立法律证成模型的理论基础。证成的结果和过程都将被评估。法律证成的一个对话模型将被提出。

第3章将定义法律证成的对话模型的基础。另外还将定义一个对话框架，它包含了语言、对话行动、对话、承诺库（commitment store）以及对话树（dialog tree）、规范论证过程（argumentation process）的公式化的规则。

在第4章中，将增加特殊法律语言要素（special legal language elements）。例如，如何迫使对手接受或收回一个命题。在附录中，对话法律的实现程序将在主线中加以讨论。

在第5章中，为展示对话法律的运作，两个法律案例将被建模。第一个案例关于非法证据（illegally obtained evidence），并且被
用于在对话中展示对话法律的不同层面。第二个案例关于对遭受精 6
神折磨的病人实施安乐死（euthanasia）。这个案例被用于在一些短对话中展示对话法律的更多复杂规则的运用。

第6章将讨论其他的对话模型。这一章的核心是博弈方可执行的行动以及博弈方拥有的承诺。本章将延伸性地探讨3个模型，即哲学家雷斯彻（Rescher）的论辩模型（dialectical model）（Rescher，1977），麦肯齐（MacKenzie）的对话博弈（dialog game）DC（Mackenzie，1979a）以及戈登（Gordon）的诉答博弈（Gordon，1995），还

将相互比较并且与对话法律进行比较。

第 7 章详细阐述了程序模型（procedural model）的概念，其他还评估了对话模型的不同层次（参见 Prakken，1997）。还将讨论论证的两个层面，即逻辑视角（logical perspective）和心理视角（psychological perspective），并且将与理性以及 a－理性［在本章情境中称为对话式理性（dia-rational）］论辩联系起来。人们认为证成的模型（model of justification）应当包容理性和对话式理性论辩。对话法律就是这样的一种模型。

在最后一章中，将修正和回应研究的问题，并且将概括本书的贡献。更多地，还将指明未来研究的方向。

第2章 从法律到对话法律：为什么法律证成应当被对话式建模 7

论证研究的论辩式风格是古老且历史悠久的。亚里士多德和普罗塔戈拉（Protagoras）已经明确认识到论证的论辩属性（dialectical nature of argumentation）。几千年后，准确的是自20世纪90年代初开始，人工智能与法领域的学者开始对论证的对话模型感兴趣。通过对话式地研究论证，人工智能与法的研究跟随着不同领域的杰出学者的脚步：

- 哲学（例如，Perelman & Olbrechts-Tyteca，1971；Habermas，1973；Rescher，1977）；
- 逻辑（例如，Lorenz，1961；Barth & Krabbe，1982）；
- 法学理论（legal theory）（例如，Aarnio，Alexy & Peczenik，1981）；
- 论证（例如，Hamblin，1970；Van Eemeren & Grootendorst，1982；Woods & Walton，1982）。

不同于大部分描述对话模型的人工智能与法的论文（例如，Gordon，1993a；Loui *et al.*，1993；Lodder & Herczog，1995；Farley & Freeman，1995；Prakken & Sartor，1996；Kowalski & Toni，1996；

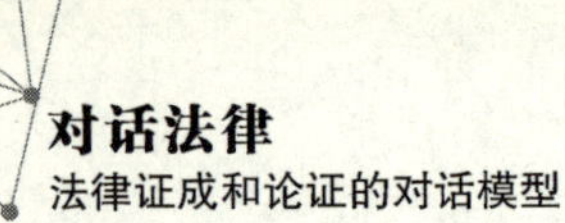

Nitta & Shibasaki，1997）[1]，本章将讨论为什么法律证成最好能被对话式建模的理由（同参见 Lodder，1996b，1997b）。

法律证成是法律推理的一个特殊类型。一个法律命题的可接受性依赖于其证成的品质（Feteris，1994，p. 1）。本章认为证成的品质最好能在一个法律证成的对话模型中来判定。本章的目的是：

- 使那些还没有看到对话模型优点的人信服；
- 给那些已经接触对话模型的人描述我的动机；
- 辩护对话法律的进展。

大多数主张法律论证需要被对话式建模的理由都不是新的。然
8 而，在本章中新旧理由将聚集在一起，为确信地展示在法律领域中需要论证的对话模型。

本章的结构安排如下：第 1 节将讨论证成的结果和过程之间的区别。随后在一个演绎模型（deductive model）（第 2 节）中给出作为结果的证成的一个解释。紧接着讨论法律证成的模型必须处理的 3 个特征。首先，法律证成的可废止性（defeasibility）需要一种能够处理可废止性（第 3 节）的逻辑。其次，法律的开放性（open nature of law）使得法律证成无法令人满意地被建模为一个结果，反而必须在一个开放的程序模型中被建模（第 4 节）。最后一个特征是使得任意模型都难以表达法律证成的特征，将在讨论明希豪森三重困境（Münchhausen Trilemma）时来加以处理。第 6 节将提出一个程序性的可替方案来建模证成，例如，一个对话模型；在随后的小节中，将指出这些属性如何能够在一个对话模型中得到刻画。接着将讨论如何证成对话规则这一有意义的理论化的问题（issue）。最后，将讨论对话式程序究竟是一个完美的，或是不完美的，或是

〔1〕 其中一些模型的讨论见第 6 章。

纯粹的程序（Rawls，1972）。因为对话式程序被认为并非这3种程序类型中的任何一种，因而本书将提出另一种命名“法律程序”（the legal procedure）。

2.1 证成的结果和过程

证成的结果（product of justification）和证成的过程（process of justification）存在区别。在柯林斯大词典关于证成的表述中，两个方面的证成都能得到明确：

- 控告、辩护等的合理根据，等等；
- 证成的行动。

第一个描述对应于证成的结果。如果要研究证成的结果，那么就要定义前提集和结论之间的支持的一般结构。在证成的结果进路中，一个命题是被证成的：

- 如果前提是被证成的，并且
- 如果根据有效的推论（valid inference）
- 结论是从前提推导所得。

论证的结果是静态的。 9

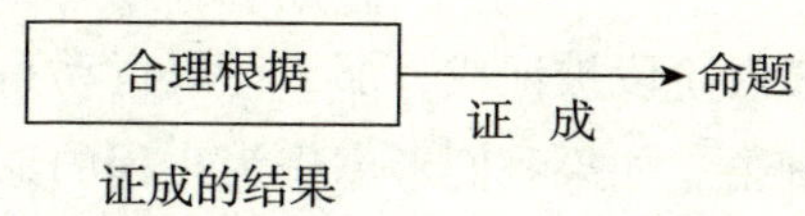

假设必须要证成命题杰夫闯了红灯并且没有停下来。一个合理的根据可以是一位警察看见他的所作所为，并且警察的证言被假设为真的。一个不合理根据的例子可以是唯一的事实，即杰夫是经常

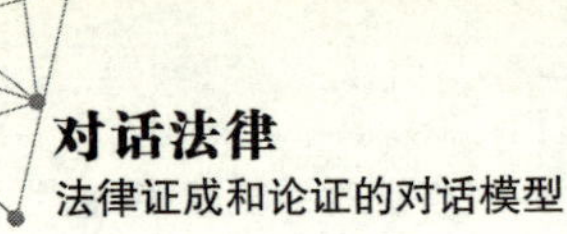

性闯红灯的人，因此可以假定他这次不过也是这么做了而已。通常不会认为，基于杰夫过去所作所为的环境证据（circumstantial evidence）足以证成有关杰夫犯罪的主张。

证成的结果所面临的困难是如何划定合理的与不合理的根据（grounds）之间的界限。

柯林斯大词典的第二个描述对应于作为过程的证成。证成的过程是一个信息交换的过程，为证成某个命题，它被逐步地引入。每个步骤都对应着一个阶段，其中的每个命题要么是被证成的，要么没有被证成。证成的过程不是静态的（static），而是动态的（dynamic）。焦点在于包含被引入信息的序列，在于不同事实和论证间的互动（interaction），在于谁说了什么。如果研究证成的过程，那么就要定义规则，它决定了该过程的每个阶段中的命题是否是被证成的。在证成的过程进路中，一个命题是被证成的：

- 如果在一个或多个步骤的序列之后，根据程序的规则（rules of the procedure），该命题是被证成的。[2]

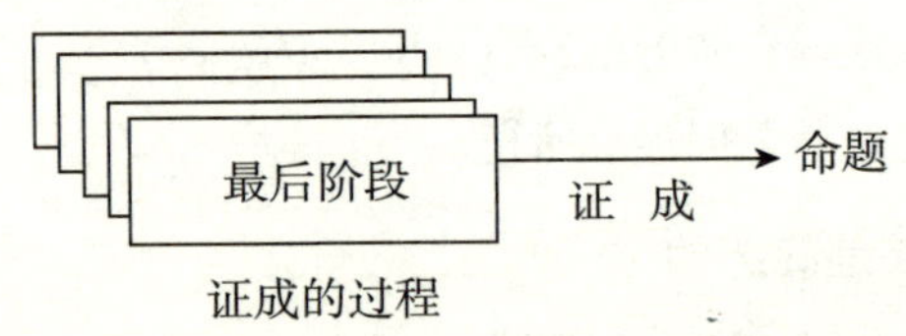

证成的过程

10 如果命题在最后阶段被证成，那么证成行动是成功的。让我们再次考虑杰夫的例子。如果我们考虑作为过程的证成，那么这些命题被逐个提出以证成杰夫闯了红灯。这些被引证的命题可以是可接受的（例如，警察的观察），或者不是。这个过程将持续到最终结

〔2〕 如果该过程是一个对话，那么在一个或多个言语行为的序列之后，如果听众（audience）被某个法律命题的正义性所说服，那么该法律命题就是被证成的。

果令人满意为止。

证成的过程所面临的困难是如何定义程序规则，它保证了程序是一个证成的过程。

这似乎是令人困惑的，但是过程的结果其本身也可以是论证的结果。然而，无论过程的结果是否是论证的结果，过程本身都包含了动态要素，如果我们要判定一个命题是否是被证成的，那么考虑这些动态要素就是重要的。在本章中，我将讨论为什么法律证成的模型应当是程序性的。在我看来，程序模型不应当只是关注证成的结果的产生，况且，过程的结局不是必然地会有结果。当在第七章阐述不同类型的程序以及讨论程序模型的不同层次（例如，逻辑层，论辩性层）时，我们将回到这个话题上来。

至今为止，证成的讨论并没有特别指的是法律意义上的。在法律中，证成扮演着一个重要的角色〔3〕，而且或许在司法判决（judicial decisions）中最为显著。司法判决时常深深地影响着人们的社会生活。关注某个裁定（直接的或者间接的）的人们想知道为什么法官要如此作出判决。这就是为什么法官必须为他的裁定说明根据的主要原因。

在荷兰，宪法规定法律裁定必须包含它们所依赖的根据。〔4〕在刑法中，我们能够找到类似的要求，例如，裁定必须提及判定刑罚的因素。〔5〕在民法中，裁定必须包含判决的根据，它同时涉及法律

---

〔3〕 证成不仅在法律中重要，例如，还在伦理学（例如，Stevenson，1944；Wellman，1971）和认识论（例如，Pollock，1974）中起着关键作用。

〔4〕 参见荷兰宪法第121条：“…houden de vonnissen de gronden in waarop zij rusten.”

〔5〕 参见荷兰刑事诉讼法典第359条第5款：“Het vonnis geeft in het bijzonder de redenen op，die de straf hebben bepaald…”

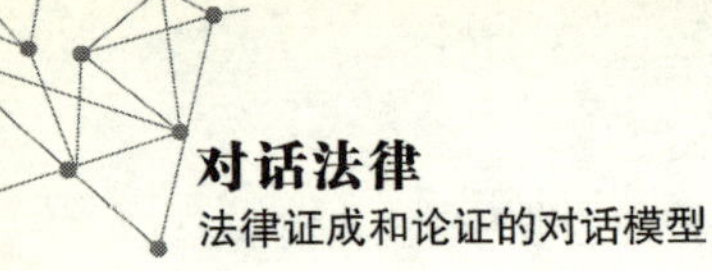

问题和事实问题。[6]

11 在下一节讨论证成的结果之前，还需要在建构和重构之间作出区分。假设某个命题被证成，例如，法官已经为他的裁定提供了根据，或者法科学生已经论证了一个案例的特定结果，那么证成就能够得到分析。证成的这个分析就是重构的一个范例。如果一个命题的状态不清楚，这意味着该命题还没有被证成，例如，案件还在庭审当中，或者学生还没有解决该案，那么仍需要创设证成。这种创设即是建构的一个范例。这两个方面，即重构一个此前的证成以及建构一个将来的证成，将在第 3 ~ 5 章讨论法律证成的特征的同时加以阐述。

2.2 作为结果的证成

在证成可以被建模为结果的方法中，演绎模型可能是最著名的方法。[7]传统意义上，法学家历来被证成的演绎模型所吸引。这并不意外，因为演绎模型既简单又有力。

一般而言，演绎可以被定义如下：如果一个被称作前提的句子的集合的真，保证被称作结论的句子的真，那么由前提到结论的推导是演绎有效的（deductively valid）。根据证成，如果一个句子是以演绎有效的方式从被证成的前提（justified premises）集中推导出来的，那么它是被证成的。所以，在一个句子被证成之前，存在必

〔6〕 参见《荷兰民事诉讼法典》第 59 条第 1 款："Het vonnis（…）moet behelzen de gronden der uitspraak，zoo wat de daadzaken als het regtspunt，ieder afzonderlijk betreft（…）"

〔7〕 除了演绎模型之外，还存在其他的结果模型。例如，大部分非单调逻辑都是建模作为结果的推理，而不是作为过程的推理。

须要满足的两个条件：

（1）以演绎有效的方式从前提推导出句子必须是可行的，也就是说，这种推导必须是基于一个演绎有效的论证。

（2）前提必须是被证成的。

命题逻辑（propositional logic）将被应用于诠释一些演绎有效的论证。有效论证的一个例子如：

A∨B

~A

因此 B

作为一个证成的模型，这个例子读作如下。第一个前提指的是 12
A∨B 是被证成的，第二个前提指的是 ~A 是被证成的。这两个前提证成了结论 B。

演绎有效论证的第二个例子是被认为是肯定前件（Modus Ponens）的推理图式（reasoning scheme）。

A→B

A

因此 B

第一个前提，A→B［实质蕴涵（material implication）］，可以读作“如果 A，那么有 B”。这个前提是由肯定前件式在法律中的普适所决定的：实质蕴涵被认为是一个规则，而规则、特别是规则的适用，在法律推理中起着重要的作用。肯定前件式论证运行的方式是：如果 A→B 与 A 都是被证成的，那么 B 是被证成的。肯定前件式论证的法律案例可以从荷兰家庭法中举出：如果某位妇女怀有身孕，且这个孩子是出生死亡的，那么这个孩子被认为从未存在

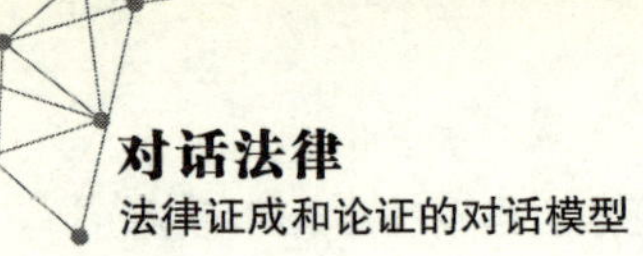

过。[8]在以下论证中，由两个前提得到结论从未_存在过是被证成的。

出生_死亡→从未_存在过

出生_死亡

因此　从未_存在过

该论证图式只能够处理推理的结构（语法）。但是，如果一个论证是演绎有效的，那么它并不能保证它的结论是被证成的。回想前面所说的，为了能够证成，前提也必须是被证成的。考虑以下论证为例。

出生_死亡→成人_在_18 周岁

出生_死亡

因此　成人_在_18 周岁

这个奇怪的结论——我们知道在出生时死亡的人，长成为一个年满 18 周岁的成人——是由假的第一个前提所导致的。像这样的
13 推导不是只通过检查句法就能避免的。因此，证成的特征还包括前提必须是被证成的条件。换言之，一个演绎有效的论证为其结论提供了证成，当且仅当其所有的前提都是被证成的。被证成前提的这一要求的进一步讨论将在第 5 节深入阐述，同时还将讨论明希豪森三重困境。首先，法律证成的两个其他特征将被讨论：法律证成的可废止性（第 3 节）以及法律的开放性（第 4 节）。有关这些特征的讨论将导出法律证成模型的限制。演绎论证的一种形式，肯定前件式，将被应用于阐释这两种特征。

〔8〕《荷兰民法典》第 1 编第 2 章。

在法律语境下，肯定前件式论证可以被解释为：根据一个（有效的）法律规范（A→B）以及一个满足该规范（A）的条件的事实，可得法律结论（B）是被证成的。我将法律证成的这种模型看作是一个**简单模型**。尽管这个**简单模型**很少被认为是一个令人满意的法律证成的模型，但是它却可以作为法律证成的一个初步模型。这个简单模型可被用于解释演绎模型的一般缺陷。

2.3　法律证成的可废止性

由于规则是由它们的一般属性所刻画，所以在特定的案件中总是存在一些例外。例如，杀人者应当被惩罚规则就存在若干个例外。只有这些例外不被适用时，一般规则的结论才能暂时地被推导出来。如果一个例外是可适用的（applicable），那么初始结论就应当不再被推导出来。

这种现象可以被描述为法律推理的可废止性。可废止性指的是，如果新增的信息被考虑，那么结论的状态可能改变。根据新增事实、规则等知识，一个被证成的结论（justified conclusion）能够变为一个不被证成的命题。初始结论似乎可以被新增信息所击败。

例如，假设鲍勃枪杀了议员。如果我们仅仅知道鲍勃杀了议员，那么通过适用杀人者是要被惩罚这个一般规则，鲍勃应当被惩罚这个命题能够被证成。但是，如果我们意识到事实是鲍勃是在自我防卫，我们的初始结论就不再是被证成的。关于自我防卫的信息击败了杀人意味着鲍勃是要被惩罚的论证。

基本上，可废止性源于两个原因：规则的例外（exceptions to 14
rules）以及冲突规则（conflicting rules）。表达规则的例外的论证常常被认为是一个中断（undercutting）论证，表达冲突规则的论证认

为是一个反驳（rebutting）论证。[9]

我将首先给出法律论证的例子，其中击败（defeat）分别基于一个规范的例外以及规范的冲突。根据这些例子的含义，本书将表明在简单模型中不能够充分地建模可废止性。

2.3.1 规则的例外

例外以不同的形式出现。一个规范本身或许包含例外，例外可以置于同一法规的其他规范当中，也可以置于一条不同的法规当中，等等。我想给出的案例是意在阐述通常例外是如何运作的。

有时候，可适用规范的结论并不是人们想要的。在这样的情况下，这种规范的直接适用将导出一个不被接受的结论。接下来以富勒（Fuller，1958）的例子来解释它。存在一项禁止人们在铁路火车站睡觉的规范。假设在一天即将结束的时候，朗（Lon）在等一辆火车的时候不小心睡着了。大部分人，包括铁路警察，都不会轻易地将这个规范适用于朗。然而，机械地适用这个规范将使得朗被罚款。

睡觉→罚款

睡觉

罚款

朗不被罚款是否仍然是可能的呢？在简单模型中，实际上是在任意的演绎模型中，一个被证成的结论将保持是被证成的，与任意新信息的增加无关。朗睡觉（与这个规范相结合）的事实不可避免地导致了他应当被罚款的结论。一旦被推导出，该结论就将不能改变。

---

〔9〕 中断（undercutter）和反驳（rebutter）术语来自 Pollock，1987.

避免得到朗应当被罚款的方法是重述这条规则。例如，一个例外可以通过限制规则的条件的方法使得其被包含在规范之中，也就是朗的睡觉不再满足该条件。这条规则可以是：睡觉∧睡觉_扰乱
公共秩序→罚款。因为朗的睡觉并不属于扰乱公共秩序的类型，不 15
再满足规则的条件，因而朗必须被罚款的结论也将得不出。

尽管通过重述规则使得在演绎模型中处理例外变得可能，但是仍存在针对规则重构的反对意见。因为将会有更多的结论并非是人们所想要的情况，事实可以是同一规则的不同版本是必要的，或者在若干重述之后，原始规则变得难以被识别了。此外，这种类型的建模与结论被证成的方式相对应。也就是说，如果例外被建模为规则的条件的一部分，我们将得到以下一般结构：

条件∧~例外→结论

在这个表达式中，如果规范的条件被满足并且没有出现例外，那么结论是被证成的。这与结论被证成的方式是相反的。如果某个规范的条件被满足，那么结论是被证成的。事实是不出现的例外与结论的证成是不相关的，相关的是例外出现而结论不被证成的情况。[10]

一个处理例外的更好方式是分别建模规则和例外。[11]在这种方式中，例外可以无需重构规则而被建模。如果像在简单模型中一样使用演绎逻辑，那么这种方法是不可能的，因为适用规则的例外的

〔10〕 结论在先考虑所有可能例外之后才是被证成的，这并非如此。只有在例外已知或者即将被知晓，那么才会加以考虑。在那之前，结论暂时是被证成的。

〔11〕 如何在对话法律中建模例外呢，参见第3章第5f节。帕肯（1993/1997，第5章）对建模例外的工具给出了一个概述。不同类型的击败的概述可以在维赫雅（Verheij，1996，p. 120f）中找到。

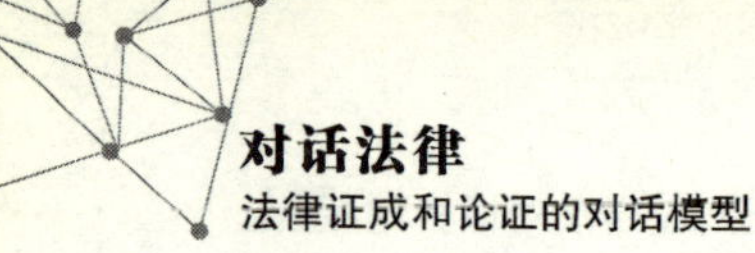

信息无法改变基于该规则的结论。[12]

2.3.2 冲突的规范

法律规范可能互相冲突。即便不是不可能的，设计一个无冲突的规范系统也是困难的。甚至在法典的章节中立法者明确地承认了冲
16 突的可能性。例如，如果一个法律规范迫使某人实施犯罪行为，[13]那么他不应当受惩罚。所以，某人会受到某个法律规范所迫不得不去违反另一个法律规范。两个冲突规范的适用可以在简单模型中被表达如下：

$A \rightarrow B$	$C \rightarrow \sim B$
$A \wedge C$	$C \wedge A$
因此 B	因此 ~B

两个论证表达了两种可适用的冲突规范。结果是，B 和 ~B 都是被证成的。这种不相容的现象置于法律的核心：在许多法律案件中，两个相反的结论是可辩护的。在演绎模型中，相反的结论导致了一个问题，因为矛盾的后果是任意命题都能够被推导出来。

一种避免矛盾的方式是，仅仅是在例外的情况下，重述规则。这种方式可以是规则的起草者已经指出其偏好某条规则胜过其他规则，或者，可以是如特别法规则一样的一般性冲突规则来解决冲突。第二个规则的可行重构可以是：$C \wedge \sim A \rightarrow \sim B$。这意味着只有

〔12〕 在非单调逻辑中，结论是可以改变的。有许多所谓的非单调逻辑，如瑞特（Reiter）的缺省逻辑可能是最著名的。在这些逻辑的一个研究中，金斯伯格（Ginsberg，1994，p. 2）这样描述非单调性质："在获得一个新事实时（……）你不得不收回你的结论（……）"。

〔13〕 参见《荷兰刑法典》第 42 条："Niet strafbaar is hij die een feit begaat ter uitvoering van een wettelijk voorschrift." 实际上，这个规范是刑事规范的一个一般例外，它界定了什么情况下某人应当受到惩罚。

在 A 并非如此的情况下，结论 ~B 才能变为被证成的。因为 A 和 C 都是如此，所以在该规则的重构之后，~B 不是被证成的。余下就不存在冲突了并且只有 B 是被证成的。

$A \rightarrow B$	$C \wedge \sim A \rightarrow \sim B$
$A \wedge C$	$C \wedge A$
因此 B	???

这种处理规则冲突的方式并不理想。首先，它可能是这样的情况，即不存在冲突的一般解决方案。与例外相比较，在全有或全无的样式中适用例外[14]，冲突规范的解决方案逐案会有所不同。假如适用某条被排除（excluded）规则的结论的例外是不被证成的，如果规范之间相冲突，例如原则（principles），那么判定哪一个结论应当被证成的权衡（weighing），应当是必需的。其次，可能存在更多的冲突，那么处理所有冲突的条件会变得非常长。第三个反对意见是，必须已知否定条件（根据第二个反对意见，可得这个条件 17
还可以更长）以便推导出结论。

另一种方法是让规则保持不变，并且明确地给出导致不一致结论的论证的优先性。这在简单模型中是不可能的，因为它只会得到更多的矛盾。

无论可废止性是由例外还是由冲突规范所造成的，假使证成是被重构的，那么简单模型就能够处理可废止性。为此重述法律规则或许是必要的。反对规则重述的主要意见是：其一，案件事实必然使得原始规则发生变化，因而同一规则根据案件的事实会得到不同的表达；其二，简单模型不是以法律人证成结论的方式来表达

〔14〕 与德沃金（Dworkin）关于规则的特征描述无关联。

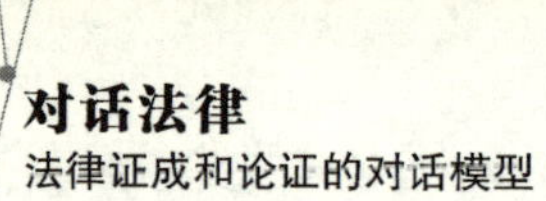

证成。

假使证成被建构，为证成结论而使用简单模型会导出矛盾。而且，因为矛盾可以推出任意命题，至于建构，简单模型无法作为一个证成的模型而充分地发挥作用。

2.4 法律的开放性

如果某个系统添加了此前不属于该系统的新要素，那么该系统可以被称作是开放的。在证成的过程中，法律会发生改变。这就是为什么法律被称作是一个开放系统的原因。正如斯霍尔滕（Scholten，1974，p. 76）所认为：“（……）某一个系统，由于它的属性，不是完全的，也从未是完全的，因为这个系统是决定的基础，而同时这些决定为该系统增加了新的内容。我认为应当称它是一个开放系统。”〔15〕

我将首先举出法律开放性的两个例子：存在无适用规范的案例，以及法律语言的模糊性（vagueness of legal language）。在此过程中，我还将展示，尽管法律开放性的若干方面可以在简单模型中得以建模，但并非所有方面都能得以建模。

18 ### 2.4.1 无适用规范的案例

在完成一个外科手术之后，医生忘了放回患者的宫内节育器（圈状）。由于这个错误，这位妇女意外怀孕了。在医生所犯事故的5年前，她就已经决定两个孩子是她和她丈夫在经济上力所能及的

---

〔15〕 荷兰语原文：“（...）een systeem dat uit zijn aard niet af is en niet af kan zijn，omdat het grondslag is van beslissingen，die aan het systeem zelf iets nieuws toevoegen. Ik meen，dat dit het beste uitkomt，indien we van een open systeem spreken.”

极限。她起诉了医生。她的索赔主张主要是关于收入损失的费用以及教育的费用。

当荷兰最高法院不得不在 1997 年判决此案时[16]，还没有先例，而且法律上没有关于此类主张的任何规定。法院不得不创设了新法律并且判决医生必须赔偿该妇女所主张的费用。关于这个判决的意见存在分歧。有人并不确信该判决的伦理正确性（例如，Leijten，1997），另外一些人认为该判决对法律系统而言是一个好的补充（例如，Hirsch-Ballin，1997）。

无适用规范的案例的例子可以在简单模型中被建模如下：

???
A
――――――――
B

给定事实 A，结论 B 是所需的，但是不存在一个适用的法律规则。通过增加条件 A→B，表达一个新创设的规则，该图式就变得是演绎有效的。

通过增加规则所得到的论证可以由简单模型来建模，或者在其他的结果模型中，例如，非单调逻辑（nonmonotonic logic）。但是，在简单模型中无法建模规则的添加。这是因为简单模型表达了证成的静态结果。添加本身是一种行动，当证成被表达为作为一个过程时，它才能够被建模。所以，尽管在简单模型中表达添加一个规则的结果是可行的，但是这个表达仍不足以刻画法律的开放性。

2.4.2　模糊的法律语言 19

法律语言是模糊的，而且法律规则的条件是否得到满足经常也

---

〔16〕 1997 年 2 月 21 日判决（RvdW 1997，54C）。

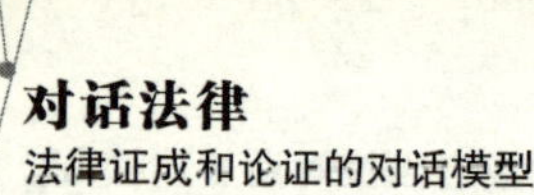

不是即刻清楚的。下面的案例就是一个模糊法律术语的例子，该术语通过适用一种新创设的解释（interpretation）来加以解释。因此，该决定被添加到法律系统当中。

一群演员状告西塞罗侵犯了他们正在演出的作品的版权。尽管侵权并不是完全故意的，但是荷兰最高法院认为，故意地也意味着“知道并且意愿接受不能够被视作假象而被忽略的机会……”。[17]“故意”术语的这个仍被广泛使用的解释，是通过以上判决而被添入到法律当中。这个决定的后果是，更多数量的犯罪行为会被认定是故意为之。

一般而言，需要解释的术语会给予一个这样的机会，通过使用添加到法律系统的新解释来证成某个命题。根据简单模型，模糊性可以表达如下：

A→B
C
―――――――――
因此 ???

为了得到一个演绎论证，C（事实）和 A（规则的条件）之间的空隙必须被填补。达成这一点有两种方式：或者主张 C 是 A 的一个例子，或者主张 A 包括了像 C 这样的例子。在法律中，这些方法分别称作分类（classification）和解释。解释关注的是规则，而分类关注的是事实。然而，解释和分类互相支持，且没有一个明确的界限。在当前这个例子中，解释（或分类）的某条规则（C→A）可以被添加进来，从而为建构一个演绎有效的论证。

---

〔17〕 1954 年 11 月 9 日的判决（NJ 1995，55）：willens en wetens aanvaarden van de niet als denkbeeldig te verwaarlozen kans dat…

在添加一条新规则的情况下，由添加解释性前提而得到的论证形式，可以充分地表达由此产生的论证的逻辑结构。然而，它并不能表达给这个系统添加解释性前提。简单模型只是着眼于作为结果的法律论证，但无视添加法律和发掘法律的开放性所得到的结构。 20
在这个方面，简单模型并不适用于解释法律证成。

一旦关注法律的开放性，建构和重构的区别是不相关的。无论证成能否被建构，或者被重构，实际的添加都无法被建模。为了充分的建模法律的开放性，一个程序模型是必要的，它允许新事实和规则的添加。

如前所述，基于新创设的规则的论证所支持的结论可以是被证成的。显然，对于从某个规则的例外所得到结论也同样成立。所以，例外同样可以建立在新的法律之上。后果是，每条规则或许都可以由一个新创设的例外而排除在外。这是否意味着规则是无用的呢？并非如此，规则是一个好的开端，而且证成通常只能够建立在某条规则的适用之上。然而，就像命题可能由意料之外的论证所证成一样，还存在一些情况，其中的论证可以被意想不到的例外所排除。

2.5　明希豪森三重困境

在第 2 节中，本书假设了“一个演绎有效的论证为其结论提供了一个证成，如果其所有的前提都是被证成的”。这意味着一个论证必须建立在被证成的前提的基础上。被证成前提的要求不容易得到满足。尤其是在法律中，它是一个开放系统，证成能够理论上永远持续下去，因为并不存在基于某个自然根基的证成。

命题

⇑ 证成

前提

⇑ 证成

……

无自然根基

法律人的证成或许可以与数学证明作比较。然而，还存在一个重要的区别。一个可靠的数学证明是普遍成立的，即一个证明“一旦成立则永远成立”（Loui，1992）。法律证成永远不可能是可靠的，因为法律系统并不以公理为基础。[18]一旦前提聚集为证成某个
21 法律命题，无论那些前提本身是否是被证成的，这仍然是一个开放式问题。由于证成的递归特质——证成某个命题的前提其本身也是需要被证成的命题——因而得到真正被证成的前提看上去是不可能的。被证成前提的搜寻导致了阿尔伯特（Albert）所谓的明希豪森三重困境。[19]三重困境的三重分支是：

（1）无限倒退（regress）——证成永远无法结束；

（2）逻辑循环（circle）——一个有待被证成的命题被用于证成其自身；[20]

---

〔18〕尽管罗迪（Rödig，1980）已经尝试将法律公理化（参见 Gordon，1995，p. 35f.）。

〔19〕阿尔伯特（Albert，1975，p. 13）指出：“Das führt zu einer Situation mit drei Alternativen，die alle drei unakzeptabel erscheinen，also：zu einem Trilemma，das ich（…）das Münchhausen Trilemma nennen möchte.”阿尔伯特在巴龙·冯·明希豪森之后命名它的原因是因为该三重困境与一个问题的并存，这个问题是当男爵陷入泥潭时就必须要面对的。男爵所需要的是一个拎起他自己的根基，正如在这个三重困境当中，需要一个支持论证的牢固的根基。男爵解决这个问题的方式是抓住他自己的头发把他自己从泥潭中拉出来。

〔20〕又被称作循环论证。

（3）教条（dogmas）——根据定义，某些命题被假设是被证成的。

三重困境的第一重分支处理每个前提都必须被依次证成的要求。

（i）　我是国王

（ii）因为国王的第一个儿子将成为国王

（iii）因为宪法这样规定

（iv）因为议会大多数希望如此

（…）因为……

（n）　因为……

这种无限持续的证成被称作无限倒退。每当一个命题被其他命题所证成时，后一个命题其自身也需要被证成。因为倒退是无限的，所以并不存在终极的（并且被证成的）可以为证成所倚赖的前提。

倒退可以通过接受其他两重分支之一而被终止：逻辑循环或教条。逻辑循环的一个例子如下：

（i）　我是国王

（ii）因为我佩戴了王冠

（iii）因为我是国王

逻辑循环的情况不能够说是一个真正的证成。如果它被认为是
一个证成，那么每个命题都可以由它自己来证成。从不同的视角 22
看，循环并没有制止倒退，也就是循环被看作是一个无限回路。

三重困境的最后一重分支研究基于可靠命题以支持证成。

（i）　我是国王

（ii）因为国王的第一个儿子将成为国王

（iii）因为宪法这样规定

在这个无限倒退的例子中，证成在这个点上继续。然而，证成终止在某个确定的点上是可能的。加以制止的一个可行理由是，将命题当作一个终极的证成是被普遍接受的。[21][22]在这个例子中，它意味着一个关涉宪法的命题不是必然地要被证成。这样的可靠命题就是教条，可以与数学公理作比较。它们被称为教条，是因为并不认为有必要证成这些命题。但是，事实并不是它们永远都不需要得到证成。有时候允许论证反对这些法律教条（legal dogmas）是必要的。接下来的例子就阐述了这一点。

法规的文字起草常常是一个证成的开始。但是，也可以存在论证以反对某条法规的起草。在荷兰，立法议案公布在《荷兰法令公报》和《荷兰政府公报》[23]，而且在此之后就只公布立法的修正案。最新的、完整版的法规只能见于商业的出版社。由于修正条款的复杂性，出版社时常会犯错误。在这种情况下，除了法规的文本起草，还必须允许提出不同文本的论证。如果法规的起草被认为是一个教条，那么这些论证是不可能的。

23 重构和建构的区别在这里是相关的。如果证成被重构，那么无限倒退将不会发生，因为在该情况下证成的根基已经被提供了。假使在一个前提的固定集（fixed set）的基础上建构证成，那么仍然

〔21〕 终极命题不需要深入证成的一个法学理论的例子是凯尔森（Kelsen，1960）的“根本规范”（Grundnorm）；哈特的承认规则（rule of recognition）也不需要证成：“虽然一个制度的从属规则可能是有效的，而且即使已被普遍被抛弃，但仍然是‘存在’的，承认规则只是作为法院、官员和私人依据一定标准确认法律这种复杂、但通常又协调的实践而存在。**它的存在是一个事实问题。**”（Hart，1960，p. 107；黑体是作者所强调）

〔22〕 史密斯（Smith，1994，p. 29）认为，明希豪森困境并不是真的困境，因为在某个前提被普遍接受的时候，证成将在某个点停止：“在某个确定点上，寻求进一步的证成不再理性。”然而，这并没有有解决三重困境，它仅仅转移了问题。在什么情况下寻求进一步的证成是不再理性的，仍然不清楚。

〔23〕 荷兰语：Staatsblad en Staatscourant.

不会有问题，因为如果考虑所有的前提，那么证成将停止。在一个证成的开放模型（open model）中，无限倒退可以发生在证成的建构过程中。

2.6　作为过程的证成：一个对话模型

在前 3 节中，我们接触了法律证成的三个特征。

首先，法律证成的可废止性需要一个能够同时处理冲突规则和例外的模型，但是无需重述规则。

其次，法律的开放性需要一个过程模型，新的法律可以被引入其中。那么，就需要一个开放的程序模型。

明希豪森三重困境指向一种令人不悦的结果，那就是结论应当是基于被证成的前提的要求所产生的。由于法律的开放性，证成可能导向无限倒退。终止这种倒退的两种方式是借助逻辑循环和无争议的前提（教条）。三重困境的三重分支无一重被认为是可接受的。

在下一节中，我将指出对话模型如何处理法律证成的三个特征（可废止性、开放性和明希豪森三重困境）。在本小节的余下部分，一种程序模型，例如，法律证成的对话模型将被提出。但是首先要简单介绍一些相关的先前工作。

佩雷尔曼的修辞学（Perelman & Olbrechts-Tyteca，1971）以及哈贝马斯（Habermas，1973）的真理共识论已经影响了多数已有的对话式研究。在当前的法学领域，最知名的对话模型的捍卫者就是阿尔尼奥（Aarnio）（如 1987）、阿列克西（Alexy）（如 1989）以及佩策尼克（Peczenik）（如 1989）。在 20 世纪 80 年代初期，他们整合了他们在 20 世纪 70 年代独立发展的理论（Aarnio，Alexy & Peczenik，1981）。在抽象层面，他们的方法类似于本书在这里将要

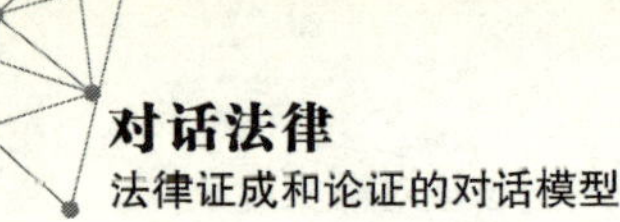

提出的方法。[24]

埃尔兰根学派（Erlangen School）（Lorenzen，1969；Schwemmer，1971）定义了一种程序，借助该程序建构了一个伦理规范系
24 统。这种程序是以日常生活语言来建模的一种讨论。其程序的一个有意义的要素就是共识的观点：假设是根据其他人的接受性来判定的。这个观点也同样是这里提到的证成的程序模型的基础：如果命题被接受，那么它们是被证成的。

证成的程序模型并不专注于推理图式（证成的结果）的结构。相反，关注点转移到证成命题的程序上来。在法律领域，它并非是一种不寻常的方法。例如，立法源于一个特定的立法程序。法规的内容是法律规范的效力的边际效益的最大化。如果多数的议员投票通过一部确定的法规，那么该法规将变为法律的一部分。当然，市民可以对规范的内容持有反对意见，但是他们只能够在其他程序（选举）中来提出他们的反对意见。

基本上，证成的对话模型的特征如下：[25]

- 至少有两个参与者；
- 规范参与者之间的论证交互的规则；
- 如果参与者达成一致，那么命题是被证成的。

普罗塔戈拉很久以前就认为“每个案子都有两面”（参见Nieuwenhuis，1992，p. 98）。因此，至少必须有两个参与者，各表示争议的一方。这里所提出的对话模型准确地有两个博弈方。然而，两方并不必然意味着参与的两个人。甚至一个人试图证成某个命题也

---

〔24〕 例如，参见阿尔尼奥（1987，pp. 185－187）：“证成是一个理性实践话语的程序（……）证成程序实质上是一个对话。”

〔25〕 对话博弈的讨论更为抽象。更具体地说，对话博弈（对话法律）的要素将在下一章讨论。当前，准确的细节并不重要，因为主线足以支持我的观点。

可以被建模为一个两人对话（two-person）博弈，其中这个人交替地扮演攻击一个命题的角色以及辩护它的角色。或者，根据巴斯和克罗贝（Barth & Krabbe，1982，p. 12）的观点："由一个人所进行的推理应当作为一个（重要的）特殊的案例来研究，也就是，两个博弈方与一个人相一致的情况：自我批判的情况。"当然，其他人的意见在这样一种单人对话（one-person）中也能发挥作用。

必然存在一组规则界定博弈方何时被允许举出命题、论证等。这些规则引导程序，相当于某个博弈进行所依据的规则。

只有在这样的对话博弈中，命题才能被证成。证成与一些程序之外的独立标准（independent criterion）不相关。相反，证成被界定与对话博弈中的博弈方相关。只有当博弈方想听取支持某一命题 25
的理由（reasons for a statement）时，这些理由才需要被举出，而且只有这个命题被接受，它才是被证成的。

对话博弈是一个修辞程序（rhetorical procedure）（Witteveen，1988）。这样一个程序的特征是，不存在被预先决定的结果，程序是非确定性的（non-deterministic）。〔26〕根据这些原因，每一方都试图朝着自己的方向得到结果，但是最终的结果却不能提前被判定。

对话的结果只有在博弈方完成他们对话的时候才成立。证成与特殊的听众相关并且是适时相关的。在一个新博弈中，先前博弈的结果可以被讨论。这样一个讨论相当于，例如，法学学者对法庭判决的评价。

---

〔26〕 此前，法律的非决定性已经被用于作为反对法律推理的逻辑模型的论证。例如，伯曼、哈夫纳（Berman & Hafner，1987）以及莫莱斯（Moles，1992）曾经攻击逻辑模型，相当于简单模型。引用莫莱斯的话："后者（法官）的角色包括或许所谓的'施事话语'，与其说它是既得规则的问题，倒不如说是规则创设的问题。这（……）是一个逻辑建模所不能解释的因素。"

2.7 在对话模型中处理可废止性、开放性与明希豪森三重困境

我将指出对话模型如何来处理三个特征中的每一个特征：法律证成的可废止性、法律开放性和明希豪森三重困境。

法律证成的可废止性

在对话法律中，将使用理由逻辑（reason-based logic）（见第4章）的变种。反论证（counter-arguments）和例外都可以被建模。因为例外可以被单独地形式化，所以没有必要去形式化规则。而且，规则的适用仅仅为结论提供了的一个理由；结论本身并没有直接得出。这使得得到一个结论是可能的，它与适用严格规则所导出的命题相反。正方和反方的理由在适用规则冲突（例如，冲突原则）的情况下可以进行比较。

在一个对话博弈中，击败以多种方式出现。例如，博弈一方主张某个命题并且由于对方所举出的一个例外，使得他的初始信念（该命题是被证成的）被击败。结果是，他将收回他的命题。假设一方主张鲍勃必须被惩罚，因为他开枪射击了警长，但是他的反对
26 方确信鲍勃是在自我防卫。在该情况下他的初始结论被击败，并且他将收回它。

还存在其他可能的情形，但是这个例子足以阐述对话模型如何能够处理可废止性。也就是，如果某个命题被主张，那么主张方相信该命题是被证成的。[27]由于对话所给出后续信息（时间层面），

〔27〕 命题是被证成的，因为假设了博弈方在主张这个命题之前，已经在一个内部对话中接受了该命题。

该命题可能变为被击败的。在该情况下，主张该命题的一方将（不得不）收回他的主张。

法律的开放性

对话博弈的参与方并不局限于固定数目的论证、命题或前提。在对话博弈中，新事实、规则、理由等，都可以被自由引入。被举出用以支持命题的理由不必然要以某个现有规则的适用为基础。每个理由，只要被接收，将被允许作为命题的一个证成。

明希豪森三重困境

明希豪森三重困境没有一重分支是令人满意的。阿列克西（Alexy，1989，p. 179）将一个程序的定义看作是一种克服无限倒退的方法："……放弃通过其他命题对每个命题持续证成的要求，支持一组调控证成的程序（procedure of justification）的要求。"以上说明，证成被界定与对话博弈中的博弈方有关。这能保证三重困境的问题得到解决吗？

为了避免循环，命题被用于证成它自己将不被允许。教条和倒退在某种程度上是彼此对立。一方面，如果教条不被使用，那么允许质疑任意命题；如果每个命题都可以被质疑，那么将很容易陷入一种无限倒退的困境。另一方面，如果一方不打算让无限倒退发生，那么证成必须停止在某一个确定点上。如果终止点在程序之外被界定，那么它们只能被看作是教条。然而，不通过界定教条来制止无限倒退仍然是可能的。在对话博弈中，一旦另一方接受了一个命题，那么证成就可以停止。也就是说，这个被接受的命题是讨论中的一个教条。与真正的教条不同的是，总是还有质疑一个命题的机会，而在教条存在的情况下，这是不被允许的。然而，要注意的是，尽管倒退能够不适用教条而被制止，但是它仍不能够保证倒退事实上会停止。

27 2.8 对话规则和变更协议的证成

下一章将定义法律证成的对话模型，即对话法律。这种对话博弈是一个证成的程序模型。如何判定对话博弈的规则是否适用于建模证成的过程（process of justification）呢？存在多种方法证成对话博弈的规则或话语规则（discourse rules）（Alexy，1989，p. 180f.）。例如，可以制定规则来实现一个令人满意的目标。如果通过这些规则达到了这个目标，这些话语规则就能够称作是被证成的。这里的弱观点是证成只是与目标相关的。因而，问题转向了这个目标，或许其自身还需要是被证成的。

如果话语规则被提出，但无需举出任何理由支持其有用性，除了那些描述商讨实践的规则，那么证成被称作是定义性的（Alexy，1989，p. 184）。尽管这很难称作是对话规则的证成，但是看上去大部分话语规则都是这样“被证成的”。

无论对话规则是否是被证成的，我相信最后每个话语规则集仍然是一个自由集，它们在设计者的个人选择的基础之上聚合在一起。因此，允许关于话语规则的讨论是重要的。缺少关于规则的可能对话，人们会陷入明希豪森三重困境的分重之一，也就是建立在教条式对话规则之上的证成。这似乎看上去很奇怪，讨论的规则变为讨论的主题，它是由同样的规则所引导的。但是这样类型的讨论确实存在。例如，一次会议的讨论规则在会议中可以发生变化。

尽管对话规则的证成对于对话博弈而言是理论上的旨趣，但是在实际的运行系统中实现是困难的。在对话法律中，对话规则的讨论尚未实现，但在将来有希望能成为现实。

设计像对话法律这样包含可更改的对话规则（altering dialog

rules）的系统是一个巨大的挑战（challenge）。无论这是否是实践可能的或者只是理论上的希望，这仍然是一个开放式问题。我对第一点抱有希望，但是却担心第二点。尽管如此，在这个方面确有一些进展。已经有包含一些（非全部）讨论规则的系统，这些规则在讨论过程中可以被改变。例如，弗雷斯维克（Vreeswijk，1995）就已经形式化并且实现了诺美格（Nomic）游戏的版本。[28]

2.9　法律证成的程序有多纯粹？ 28

一个对话模型程序性地表达了法律证成。罗尔斯（Rawls，1972，p. 85f.）曾区分了完美的、不完美的以及纯粹的程序。在此前的合作（例如，Leenes，Lodder & Hage，1994）中，法律的程序性视角的厘清使用了罗尔斯的术语；我们将自己的方法命名为纯粹的程序化。为了更准确地刻画证成的对话模型，我将提出第四种分类，恰当地称之为法律程序。但是，我首先要解释罗尔斯所指的 3 种程序类型。

完美程序（perfect procedure）有两种特征。首先，独立于程序而制定一个标准必须是可能的，通过这个标准可以判定什么是对的以及什么是错的。其次，界定一个能够保证得到合意的、正确的结果的程序必须是可能的。在这一章的前面，我已经主张不存在可用于判定法律命题是否是被证成的独立标准。因此，法律证成不能够被视作一个完美的程序。

在非完美程序（imperfect procedure）的情况下，界定一个标准是可能的，通过它可以判定什么是对的以及什么是错的。但是，与

[28]　诺美格（由 Peter Suber 设计）是一种游戏，其中博弈方可以改变游戏的规则。

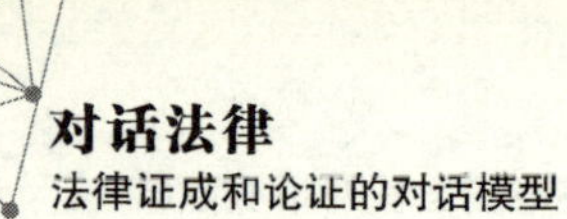

完美程序相比较，不可能界定一个能够保证得到合意的结果的程序。因为无法界定一个独立的标准，法律证成同样不能够被视为是一个非完美程序。

在纯粹程序（pure procedure）中，不存在标准能够判定什么是对以及什么是错，也不存在标准去评估程序的结果。人们只能通过争论该程序没有被恰当地适用来质疑该程序的结果。

以下表格给出了这 3 个不同程序的一个概览。

	独立标准	保证得到合意结果的程序
完美程序	是	是
不完美程序	是	否
纯粹程序	否	是

我已经主张了，不存在可用于判定一个法律命题是否是被证成的独立标准。假使存在这样一个标准，这个标准就可以独立于程序
29 来判定某个命题是否是被证成的。或者，假使证成被建模为一个程序，程序的结果就可以基于该标准来检验对错。

独立标准的缺失使得将证成建模为一个过程是必要的。法律证成的程序的合意结果是，一个命题的状态，被证成的或并非被证成，是确定的。在程序的末尾，该命题或者成功地被证成了，或者证成可能已经失败了。失败的情况可以是：

- 关于命题不是被证成的共识（agreement），或者
- 关于命题是否被证成的分歧（disagreement）。

所以在一个程序的末尾，某个命题可以是被证成的、不被证成的，或者该命题的状态是不确定的。然而，它仅仅描述了一部分合意的结果。实际的问题是，假使某个命题在程序中是被证成的，那

么这个命题是否真的是公正的（公平的、正当的）。相反，我们如何确定某个不被证成的命题真的是不公正的呢？而且，最后，一个状态是不确定的命题，是否真的既不是公正的，也不是不公正的。我专注于第一个问题（我们如何确定在程序中被证成的某个命题，真的是公正的）；答案将类似地适用于其他两个问题。所以，问题是：

> 设计一个程序何以可能？这个程序保证一个命题是被证成当且仅当它在该程序中已经被证成。

哈赫（Hage，1997b）给出了一个可能的答案。他区分了两种纯粹程序："错误的"和"正确的"程序。

首先，"错误的"程序，对话中的参与者自由使用或不使用适用于其案例的法律规则。于我而言，这种自由看上去是必要的，因为该程序的目的之一是判定哪些规则是可适用的。不可能在程序启动之前判定哪些规则是可适用的或不可适用的，这必须在程序中加以判定。如果它提前就被判定，那么这将意味着终究还是存在某个独立标准。也就是说，某些规则是可适用的，而其他规则不是，并且这些可适用规则必须被适用。

这个独立标准被移植到第二个并且是"正确的"纯粹的程序中。只当独立的第三方确保使用适用的法律规则时，程序的结果才是真正公正的。[29]很显然，在法律实践中，法官就是这样的一种独立的个人。如何在模型中表达这个第三方是一个理论问题，哈赫也承认尚未回答这个问题。我认为此时我们可以建模这样一种独立的 30
第三方，我们已经发现了一个独立的标准用以检验法律命题是否是被证成的。

〔29〕 在哈赫的论文中，程序的后果是法律，而不是被证成的命题。

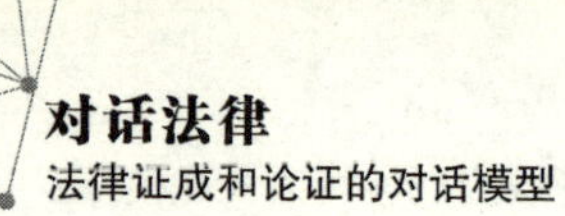

我的答案本质上是不同的。除了遵循证成的程序，再没有其他的方式去决定一个命题是否是被证成的。只有在过程中，命题才能是被证成的。这意味着在任意时刻，只存在程序性的被证成的命题（justified statements）。所以，似乎证成的程序是纯粹的。但是，如果证成的程序是纯粹的，那么这就意味着该程序保证了程序中所有的被证成得到命题都是真正公正的（公平的、正当的）。我认为不可能定义这样的一个程序，它能够保证程序中被证成的命题是真正公正的。〔30〕

这是否意味着证成的程序终究是不完美的呢？在不完美程序的情况下，合意的结果也无法得到保证。然而，区别在于，在不完美程序的情况下，不必然要应用该程序。使用不完美程序是因为它被认为是一种确立正确结果的最佳方式。对法律证成而言，程序是必不可少的。程序并不仅仅是确立一个命题是被证成的最佳方式，还是判定一个命题是否是被证成的唯一方式。

另一个将程序认为是纯粹程序的反对论证（argument against）是，如果该程序是纯粹的，那么只有基于程序性缺陷的理由才能够驳回程序的结果。但是，还存在其他的论证并不是关于程序性缺陷的。例如，驳回一个裁决的根基通常是平铺直叙的，即非程序性的。但是，要注意的是，在程序中仍可以举出非程序性的论证。

我将提出一种可替代的程序，恰当地称之为“法律程序”：不存在独立的标准，程序是证成命题的唯一方式，但是程序不能够保

---

〔30〕 阿尔尼奥（Aarnio，1987，chap. 4）展示了一种选择，如果对话的参与者所归属的“生活形式”（lebensform）接受了程序的结果，那么他认为只有该结果是被证成的。这种选择看上去很吸引人，但是问题是如果判决“生活形式”是否会接受这个结果。

证命题是真正公正的（公平的、正当的）。[31]命题只有在程序中才 31
能被证成，但是这些命题是否是真正公正的，仍然是一个悬而未决的问题。

综上，如果在对话中的命题被成功地辩护，那么它们是被证成的。只有当参与方之间达成共识时，命题在程序中才是被证成的。对于一个对话博弈结果的评论可以是非程序性的，但是只能在一个新程序中被给出。已经被证成的命题是否是真正公正的（公平的、正当的），是一个悬而未决的问题。理想上，在大部分情况下它们会是公正的，只有在极少情况下才不是。本书的目的是发展一个程序，它能够以一种最可能好的方式保证被证成的命题是真正公正的。

2.10　结语

在本章中，为了辩护法律证成应当被对话式建模，法律证成的多个方面有所讨论。根据这个导论，本章的目的有三个部分。

首先，使那些还没有看到对话模型优点的人信服。从本章可以得到，证成的唯一方式是使得其他人信服，让他们接受你的立场并且当作是他们自己的。只有时间可以告知我是否成功了。

其次，给那些已经接触对话模型的人描述我的动机。针对一个共享观点来比较论证是有益的。本章已经是前述比较的结果。尽管

---

〔31〕　前面我已经说过，我不赞同在纯粹的程序中结果是通过定义而被证成的（Leenes，1999）。当然，这只是因为“根据定义”不存在例外，这就是为什么我相信纯粹程序过于严格而无法反映法律证成的原因。虽然没有使得命题被证成的实质性标准，但是一个纯粹的程序性标准同样不存在。我们只能努力去发展能够尽可能保证结果是公正的（公平的、正当的）的法律程序。

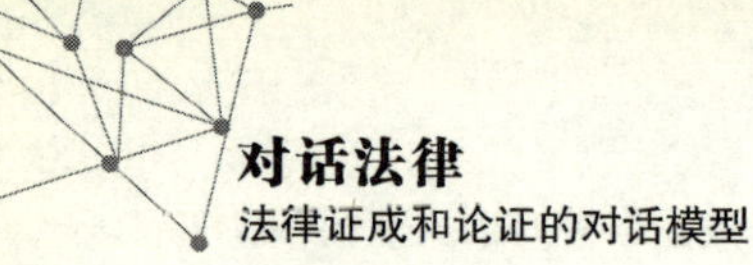

如此，这并不是最终的辩护。本章的评论可以使得对话模型的辩护变得更强。改进的过程将继续而且永远不会结束。

最后，对话法律模型的发展需要合理的辩护。我相信本章为如对话法律这样的证成的对话模型提供了一个理论基础。下一章将教给我们，对话法律是否满足了法律证成模型的标准，这些标准已经在本章中得到展示。

第 3 章 对话法律——框架和一般规则 33

前一章讨论了对话式建模法律证成的论证。本章将界定一种法律对话的博弈，即对话法律。对话法律博弈建立在法律论证理论的基础之上，它首次出现于洛德和赫尔佐格的《建模法律推理的对话框架》（Lodder & Herczog，1995）一书，先后经历了哈赫、莱内斯以及洛德（Leenes，Lodder & Hage，1994；Hage，Leenes & Lodder，1994；Lodder，1996a，1996b，1997b，1997c）多年的发展。

本章的结构安排如下。首先，指出对话法律有哪些限制是由前一章的结果所得到的。接着，给出对话法律的基本概念的非形式描述以及一些对话的例子（第 2 节）。第 3 节紧跟着有对话框架的定义。为了阐述对话法律的核心，还将展示交流（communication）的一般规则（general rules）（第 4 节）。在下一章中，特别适用于法律讨论的特殊语言要素将被添加到对话法律当中。

对话框架的每个定义以及博弈的每条规则（下章亦同）都将得到非形式的解释。即便只是通过阅读非形式的解释，理解对话法律也应当是可行的。而且，还有案例帮助理解这些定义和规则。

第 5 章将得出对话的更多例子。第 3 ~5 章可以通过三种基本方式来阅读。首先，这些章节能够以正常的顺序进行阅读。其次，读者可以首先阅读第 5 章的例子。最后，在阅读本章和下一章的同

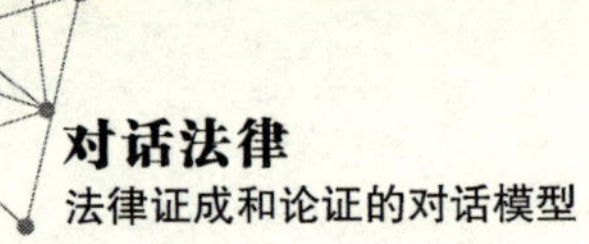

时，还可以跳跃到第 5 章，然后再切换回来。无论以何种方式阅读这些章节，在翻阅第 5 章之前，都应当先阅读本章的第 3.1、3.2 节。

3.1 对话法律中的证成

在前一章中，我主张了证成的一个对话模型。那一章所描述的观点是对话模型——对话法律的根基。核心观点是命题的证成只能够以对话中的参与方达成共识为基础。不存在对话之外的标准能够判定什么是被证成的。

34 作为共识的证成的定义必须应对这样一个事实，在法律证成中使用教条不是人们想要的。如果是这样，那么每个命题都可能会被质疑，而且根据定义没有命题是被证成的，正如教条一样。如果某个命题被质疑，那么主张该命题的博弈方将有机会给出命题去证成这个被质疑的命题（questioned statement）。

什么是被证成的命题只是对特定对话中的参与方而言的。而且，对话中的被证成的命题在一个新对话中可能会被拒斥。所以，证成不仅仅是独立于听众的，而且是独立于时间的。同一个命题的证成对于所有人，或是所有理性人而言，在我看来是不可能的。尽管这似乎与上述所言相矛盾，但仍然存在约束对话法律中博弈方的一些极小理性。

首先，在同一个对话中的直接矛盾是不被允许的。例如，某人不能够同时谋杀和未谋杀同一个人。但是，间接矛盾在没有增加领域知识的情况下很难被识别。如果一个人致使另一个人死亡，那么他不可能同时犯谋杀罪和过失杀人罪。根据刑事诉讼法的规定，可以确定谋杀罪和过失杀人罪是互相排斥的。

其次，禁止举出命题自证其身（循环）。

最后，根据特殊的语言要素，博弈方受迫接受或收回某个命题。

来自汉布林（Hamblin，1970，p. 244）的以下引述精妙地反映了对话法律的旨要：

> 逻辑学家并未凌驾和超脱于实践论证，而是，必然地，要通过它作出判决。他不是法官或上诉法院，而且也没有这样的法官或法院：他最多是一个受过训练的倡导者。这意味着，逻辑学家的特定工作并不是去宣告任意命题的真值，或者任意论证的有效性。

铭记汉布林所说的话，对话法律的规则给参与者留有余地：他们能够判定什么是有效的论证、被证成的命题以及可接受的前提。为保证博弈方之间能够互相理解博弈提供了一种语言。关于论证由何构成的规则是宽松的。[1]博弈的目的是，博弈方通过他们所说的来说服对方。所以，可接受性总是足以支持证成。当在下一章讨论特殊语言要素的时候，将提及迫使对手的方法。尽管如此，只有当博弈双方至少在某些点上达成统一时，另一博弈方才会受迫。

3.2　对话法律的基本概念 35

对话法律是一个两人对话博弈，其中博弈双方交替作出行动。博弈的目的是证成对话中的命题。每当一方给出的句子被另一方所

---

〔1〕 这个问题与结构化论证和程序性论证的区别相关（Lodder，1997a）。论证的类型亦参见第7章。

接受，那么它们变为被证成的。考虑伯特和欧尼的以下讨论。

> **伯特：**我的智能代理（agent）是能够起作用的。
>
> **欧尼：**是吗？
>
> **伯特：**是的，他刚刚在网上冲浪而且买了一本书。
>
> **欧尼：**我相信你是对的，伯特。
>
> **盒子讨论**

这个例子展示了一个简单、短小的对话。在本节剩余的部分，它将被称作是盒子讨论（box discussion）。下面将非形式地介绍对话的概念：

- 参与者；
- 博弈的行动；
- 证明责任（burden of proof）；
- 承诺角色；
- 对话规则；
- 对话的层次。

3.2.1 参与者

对话法律调控两个博弈方之间的讨论。对话法律可以两个（组）人参与，甚至可以只由一个人参与（参见第2章第6节）。

如果博弈方不能就一个命题达成共识，那么有两个选择。首先，一个独立的第三方来判定这个问题。在法律中，这个第三方的角色将由法官、仲裁者（arbiter）等来扮演。第二个选择是搁置分歧，即同意保留不同意见。

对话法律不会建模仲裁者的角色。如果这样做，这将意味着的确存在一个独立的标准去处置冲突，也就是法官用于判定的标准。[2]这会与我主张不存在这样的一个标准相矛盾。

不包含仲裁者的一个不良后果是，不能保证对话终止。尽管如 36
此，由于一个以前置标准为基础的判决，相对于一个会终止的对话，我更偏好一个未完成的对话。而且，假使一个对话无法结束，显然在反对方看来，句子不是被证成的。因为证成被界定为反对方对某个命题的可接受性，因此由独立的第三方所给出的迫使反对方接受的判决，是不可取的。

3.2.2 博弈的行动

博弈方交替给出行动。这些行动包含两个部分：①言外行为(illocutionary act)，它包含②命题内容。[3]言外行为是以下四种之一：

a. 主张

b. 质疑

c. 接受

d. 收回

这些言外行为的命题内容是由关于这些行为的句子来构成的。在行动的形式化定义中，言外行为和命题内容是被单独建模的。例如，在盒子讨论中，伯特和欧尼之间的第一个行动（first move）形

---

〔2〕 一种选择是让法官自由判决。每当被要求判决时，他会掷硬币。然而，就这件事，博弈方同样可以自己来做，而不需要法官来做这件事情。而且，由于证成是基于可接受性的，所以掷硬币看上去并无妥当。另外一个问题是，在博弈方请示法官的时候，例如立即在主张某个命题之后，法官该如何作出判决？

〔3〕 言外行为和命题内容术语源自塞尔（Searle，1969，p. 30）。言外行为的类型受到范爱默伦 & 格罗顿道斯特（1982）以及麦肯齐（1979a）等其他工作的启发，而且这些年都在发生变化。在早期的工作中，言外行为和命题内容的区别没有得到澄清(Hage，Span & Lodder，1992；Lodder，1996a)。这里所展示的言外行为的相似集可见于Hage，Leenes & Lodder，1994；Leenes，Lodder & Hage，1994；Lodder & Herczog，1995.

式上是：

……主张，能够_起作用的（代理）……

在以下例子中，该行动的这两个组成部分不是分开的，而是结合在一个非形式化的句子当中。

37 **主张**

如果一个博弈方主张了一个句子[4]，那么他表示他相信这个句子是被证成的。原则上，博弈方可能主张任意句子。只有在某些情况下，特定句子的主张才会因为对话规则而被禁止。例如，如果博弈方刚刚主张了一个句子，那么他不能再主张相反的句子。所以，接下来的对话中的第三个行动是不被允许的。

伯特：我的智能代理是能够起作用的。 欧尼：是吗？ 伯特：我的智能代理不是能够起作用的。

如果博弈方拒绝了反对方所主张的句子，那么这也将被建模为一个主张。这个主张的命题内容是反对方所主张的句子的负命题。以下对话是被允许的。

伯特：智能代理是能够起作用的。 欧尼：智能代理是不能够起作用的。

质疑

如果博弈方质疑一个句子，那么他在要求一个其反对方所主张

〔4〕 要注意的是，在这个语境中“句子”的主张不意味着一个法律裁决的主张。句子通常被用作是一个语言学术语。

句子的证成。质疑既不是接受，也不是拒斥，而是恰好位于这两者之间。如果博弈方还没有确信某个句子，那么他通常会质疑它。在盒子讨论中，欧尼质疑代理能够起作用的主张，但是后来却变得相信了。在另外一个场合中，如果博弈方已经确信了，那么他仍可能会质疑，因为他想听一听支持该句子的论证。例如，如果伯特是一位知名的律师，他主张代理能够起作用，而且欧尼已经确信了，那么他可能仍打算质疑，因为他想听听专家的理由。

接受

如果博弈方接受了一个句子，那么他就同意了另一方所主张的该句子。接受一个句子犹如主张一个句子。接受该命题的博弈方和主张该命题的博弈方同样相信这个特殊的句子是被证成的。不同的是主张开启了讨论，而接受结束了它。

接受是对另一方的主张的回应。在盒子对话中，当欧尼说伯特 38
是对的时候，那么他接受了代理能够起作用。一个甚为简短的例子是：

伯特：智能代理是能够起作用的。

欧尼：我同意。

收回

如果博弈方收回了某个句子，那么他是收回了由他自己所主张的句子。如果这个博弈方不再愿意辩护（defend）某个句子，那么他也将收回它。收回是主张的对立面：收回某个句子就是撤收（undoes）此前该句子的主张。收回也类似于接受：正如在接受之后，讨论就将结束。在某个句子受到质疑之后，博弈方可以立刻收回它，但是总是会有一些处于主张和收回之间的行动。在博弈方被反论证所说服期间，行动能够使得他意识到其自身立场的弱点，

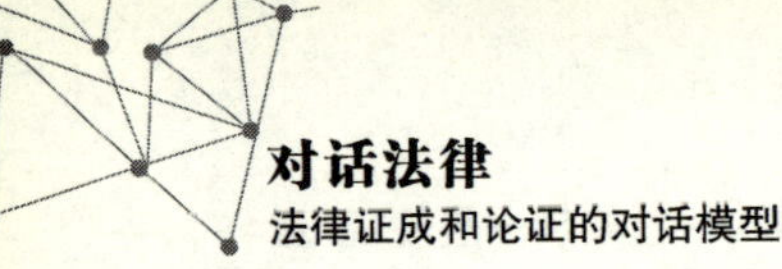

等等。

> 伯特：智能代理是能够起作用的
>
> 欧尼：是吗？
>
> （……多个行动之后）
>
> 伯特：我不再辩护代理是能够起作用的

3.2.3 证明责任

证明责任在规范法律程序过程中起着重要作用。在对话法律中，证明责任是简单的。主张某个句子的博弈方有责任去证明该句子是被证成的。这意味着，如果博弈方已经主张了某个句子，并且这个句子被质疑了，那么他必须举出其他句子来支持他的主张。

负有证明责任的博弈方的角色通常被称作提出方（proponent）。对于每个被主张的句子，主张它的博弈方是该句子的提出方，而另一方是反对方（opponent）。

提出方和反对方的角色在博弈中可以转换。这意味着启动对话的博弈方并不必然是所有句子的提出方。角色改变的情况的一个例子是某个被主张的句子被拒斥（见第3.2.2节，主张下的第二个例子）。在这个对话中，证明责任由伯特转移到欧尼。在第一个行动
39 之后，伯特负有证明责任，在第二个行动之后，欧尼负有证明责任。只有欧尼收回了他的句子时，伯特才会被再次赋予责任。

3.2.4 承诺

承诺（commitment）是对话中的核心概念。承诺在某个句子被主张或被接受的时候产生。例如，在盒子讨论中，主张句子的伯特和接受句子的欧尼都承诺了句子，即伯特的智能代理是能够起作用的。

在对话中，博弈方的承诺被记录在一个承诺库当中。[5]承诺库可以精确地指出哪个博弈方承诺了什么句子。

当句子被主张或被接受时，承诺便开始了。当句子被收回时，承诺就将结束。收回句子的后果是，与之相关的承诺库的组成元素将被删除。

博弈方的承诺限制了其后续的行动。这样一个限制的例子是，当博弈方承诺了某个句子的负命题时，那么他既不能主张，也不能接受该句子。

为了避免对话仍是非正式的谈话，博弈方有办法迫使其反对方接受某个句子。这就是所谓的受迫（forced）承诺。受迫承诺相当于逻辑中的推导，而且是发生在当博弈方被迫接受某个命题的情况下，这是因为他已经承诺了那些句子。假设博弈方承诺了支持某个句子的理由，并且没有理由反对这个句子。如果这个博弈方不能够举出反对该句子的理由，那么他将不得不接受它。

3.2.5 对话规则

既然对话法律是一个博弈，那么还要有讲述如何进行博弈的规则。对话规则定义了：

- 轮换到哪一方；
- 某个行动是否被允许；
- 依据承诺的有效行动的后果。

对话的第一个行动是由博弈一方给出的一个主张，所以每个对话都是从这类主张的言外行为开始的。例如，在盒子讨论中，一旦伯特主张他的代理是能够起作用的，那么对话就启动了。

---

〔5〕 使用这种承诺库的观点源自汉布林（Hamblin，1970），承诺库术语来源于麦肯齐（Mackenzie，1979a）。

40 对话规则定义了每个言外行为能够得到哪些行动。这意味着，对于博弈的每个可能阶段，定义了可以得出哪些行动。

对话规则也定义了轮换到哪一方。只有在一些例外性的情况下，同一个博弈方才可以连续行动两次。一般情况下，博弈方是依次轮流作出行动的。

对话终止于接受或收回。例如，除非伯特收回了这个命题或者欧尼接受了它，否则关于代理是能够起作用的对话将一直继续下去。如果伯特既不收回，欧尼也不接受，那么对话就不会结束。

最后，对于每个言外行为，还定义了承诺有哪些后果。要强调的是，基本上，承诺会在主张和接受之后产生，而且会在收回之后结束。

3.2.6 对话的层次

为了建构论证，对话要有层次。最初的层次是第0层。对话只有在质疑之后才会转入一个更深的层次。所以，在欧尼质疑“我的智能代理是能够起作用的”之后，层次变为第1层。在这个新层次中，句子被举出，作为论证支持或反对在前一层次的句子。如果某个句子被接受或被收回，那么这个对话又回到主张这个句子的那个层次。

伯特：智能代理是能够起作用的。(层次0)
欧尼：他能吗？(层次0)
伯特：是的，他刚刚在网上冲浪并且为我买了一本书。(层次1)
欧尼：他的确如此吗？(层次1)
伯特：看看这个收据。(层次2)
欧尼：肯定已经买了这本书。(层次2)
伯特：签署协议的人肯定能起作用。(层次1)
(等等……)

对于支持第0层的句子（智能代理有能力起作用了）的论证，伯特在第1层举出主张，即在网上冲浪之后，他的代理还为他买了一本书。欧尼质疑这个句子。收据表明的所发生的情况支持了位于第1层的句子。对于欧尼而言，这个支持是充足的，所以他接受了代理买了一本书。然而，他并没有被确信代理是能够起作用的，所以伯特通过举出第1层的第二个论证，也就是签署了协议的人肯定能起作用，来继续对话。

这个对话将一直继续下去，直到伯特收回他的智能代理是能够 41
起作用的，或者欧尼接受了它为止。已完成的对话的一个例子是第1层的对话，它是关于代理网上冲浪并且购书的主张。一旦欧尼接受了这个主张（“肯定已经买了这本书”），那么第1层的对话就停止了。

3.3 对话法律的对话框架

这一节将定义对话框架。这些定义可比作游戏的游戏棋盘和棋子。如何玩这个游戏在这里不作讨论，但是会在关于博弈规则的后续小节中有所讨论。接下来可以定义：

- 语言；
- 对话行动；
- 承诺库；
- 对话；
- 对话树。

3.3.1 语言

对话法律中的博弈方试图通过主张句子来证成命题。这些句子是以对话法律的语言来表达的。这种语言不是自然语言，而是一阶

谓词逻辑的形式语言。

定义 1（语言）

在语言语言中，将使用以下符号：

- 谓词和函数符号：以小写字母开始，包含参数 n（$n \geqslant 0$）的，由数字和/或者下划线组成的有限字符串；
- 变量符号：以大写字母开始的，由数字和/或者下划线组成的有限字符串；
- ( ) { } ∧ ∨ , ~

公式和术语将通过常用的递归方法来定义（例如，Van Dalen，1980）。言外行为的命题内容总是一个公式。以下就是公式的一些例子。对每个公式而言，它解释了哪些符号被使用了。

1. 代理_能够_起作用

   代理_能够_起作用是一个含有参数 0 的谓词符号。

42 2. 是_能够_起作用（代理）

   - 是_能够_起作用是一个含有参数 1 的谓词符号；
   - 代理是一个含有参数 0 的函数符号；代理是一个概念。

3. 签署_协议（某人，商店（亚马逊））

   - 签署_协议是一个含有参数 2 的谓词符号；
   - 某人是一个变量符号；某人是一个概念；
   - 商店（亚马逊）是一个概念；
   - 商店是一个含有参数 1 的函数符号；
   - 亚马逊是一个含有参数 0 的函数符号。

同一个符号可以被用作谓词符号和函数符号。例如，考虑以下两个公式。

1. 代理_能够_起作用

2. 不_确定（代理_能够_起作用）

符号代理_能够_起作用在第一个例子中是谓词符号，而在第二个例子中是函数符号。两个符号之间有一个明显的联系：它们都处理了事件（affairs）的同一种状态（state），也就是代理能够起作用。在第一个公式中，事件的这种状态被表示为看上去它是被证成的。在第二个公式中，表达的是事件的状态所获得的不确定性。

符号注释

我使用以下符号性习惯用法。如果使用一个变量 V，那么 V≠V′，除非另有说明。如果一个变量的值是不相关的，那么这将由一个凸起的下划线：_来指示。如果一个句子是 S，那么其否定句子是 ~S。一个句子的双重否定（~ ~S）被认为等价于该句子本身，所以 ~ ~S = S。

3.3.2 对话行动

对话中的核心概念是行动。在行动中，博弈方将展示关于某个句子的言外行为。这个行动发生在一个特定的层次中。因而行动可以由代表博弈方的词项 P、代表言外行为的词项 A、代表句子的词项 S，以及代表层次的词项 L 来表示。层次并没有为一个有效表达（参见第 3.5 节）提供充足的信息。因此，还需要有一个组成元素 B 来表示，行动对于哪些句子而言是一个论证，或者行动对于哪些句子而言是一个回应。这就导出了以下定义。

定义 2（对话行动） 43

一个对话行动 M_i（$i>0$）是一个有序 5 元组（P，A，S，L，B），其中：

P ∈ {博弈方 1，博弈方 2}，

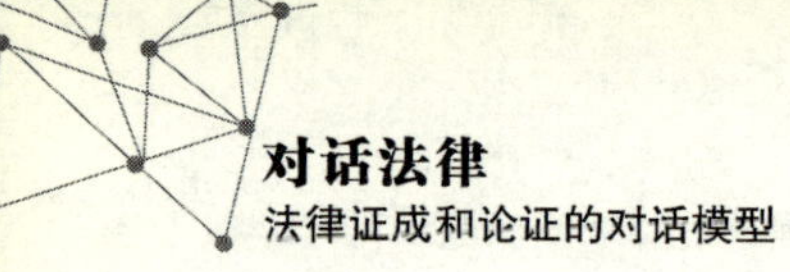

A∈ {主张，质疑，接受，收回}，

S、B 是语言的公式，

L∈N {自然数集，包含 0}。

变量 i 的值表示行动的编号。所以 M_1 是对话的第一个行动，M_2 是第二个行动，等等。对话行动 M_i 是一个 5 元组，其中：

- P 代表博弈方。在前述例子中，博弈方 1 是伯特，而博弈方 2 是欧尼；
- A 代表言外行为，是一个包含 4 个元素的集合：
  （1）主张：博弈方 P 主张公式 S；
  （2）质疑：博弈方 P 质疑公式 S；
  （3）接受：博弈方 P 接受公式 S；
  （4）收回：博弈方 P 收回公式 S；
- S 是言外行为的命题内容。它是语言语言的一个公式。在余下部分，S 通常指一个句子，在一些情况下 S 是一个非闭合的公式。[6]
- L 是行动的层次。这些层次如何变化将在规则中得到详述。
- B 是行动 M_i 给出的论证所支持的或回应的句子。[7]

初始层次是 0。因为这个层次是一个正整数，而更高层次（higher level）的概念是模糊的。我将使用以下术语。最初层次

〔6〕 如果公式或语词不包含自由变量，那么它是闭合的，否则这个语词或公式是非闭合的。

〔7〕 言外行为质疑、接受以及收回总是作为回应的。某个被主张的句子可以同时是一个回应和一个支持其他句子的论证。当由博弈一方给出的主张紧跟的是另一方给出的主张，那么第二个主张就是第一个主张的一个回应。在所有其他情况下，这个被主张的句子被认为是支持其他句子的，所以也被认为是支持另外一个句子的论证（这个语境下的论证单词的意思见第 7 章）。

（0）被称作最高层。其他层次指的是以下情况：

$L<L'$：L是一个比L′更高的层次；

L′是一个比L更低或深的层次。

3.3.3　承诺库 44

通过确定的行动，博弈方会变得承诺一些句子。承诺限制了博弈方的后续行动，而且反对方的承诺可以被用于迫使他接受或者收回句子。因此，存储承诺是重要的。承诺库被定义如下。

定义3（承诺库）

承诺库 C_i（$i\geqslant 0$）是一个序对（P，S）的集合，其中：

$P\in$ {博弈方1，博弈方2}，而且S是一个语言的公式。

$C_0=\varnothing$。

定义4（争议句子集合）

争议句子集 O_i 是 C_i 的一个子集，它包含了以下性质：

（P，S）$\in O_i$，当且仅当

（P，S）$\in C_i$，当且仅当（P′，S）$\notin C_i$。

承诺库存在于序对（P，S）当中。一个序对意味着博弈方P承诺句子S。C_0 被定义为空。这个承诺库的内容是在每个行动在规则1中被详述之后方能决定。

争议句子集 O_i 是 C_i 的一个子集，它包含了博弈方没有同意的句子。正如我们稍后所看到的，只要 O_i 还有元素，那么对话将继续。因为 O_i 中的句子是开放讨论的，所以这些句子也指的是开放的句子。

要注意的是，博弈双方都承诺的句子集被包含在以下序对集合中：$C_i \setminus O_i$。也就是说，如果争议句子集从承诺库中被删除，那么博弈一方所承诺的句子的所有序对都会被删除。余下的是博弈双方都承诺的句子的序对，也就是一组无争议的句子。

3.3.4　对话

不仅根据承诺的行动的效果将被存储，而且行动自身也将被存储；行动的这个记录被定义为对话。

45 **定义 5（对话）**

一个对话 D_i是 i（$1 \leqslant i \leqslant last$）个元素 M_i的一个全序集。

$D_i = \{M_i\}$，其中 $M_1 = \{$博弈方 1，主张，S，O，对话法律$\}$。

$D_i = D_{i-1} \cup \{M_i\}$（$1 < i < last$）。

$D_{last} = D_{last-1} \cup \{M_{last}\}$，仅当 $O_{last} = \varnothing$时。

D_{last}被称作一个完成的对话。D_i（$i < last$）被称作未完成的对话。

一个对话被定义为一个行动集。D_1包含了第一个行动，它被定义如下。博弈方 1 主张了一个句子（S），且层次是 0。因为这是第一个行动，所以 B 不是一个对于前一个句子的回应，也不是一个支持前一个句子的论证，而应当习惯上将其定义为对话法律。

每个对话 D_i（$i > 1$）由增加一个行动 M_i至一个已经存在的对话 D_{i-1}而得到。哪些行动可以被精确地添加到一个特定的对话中，是由该博弈的规则来决定的。D_{last}是唯一不能再被添加行动的对话。如果一个行动的（M_{last}）结果是争议句子集（O_{last}）变为空集，那么 D_{last}就产生了。这发生在关于第一个行动中被主张的句子达成共识的时候。只有在那个时候，一个对话才会被认为是完成了的。

3.3.5　对话树

对话树绘画般地表达了博弈的句子。这种图示给出了一副关于博弈和承诺的历史记录的良好概观。一个对话树包含以下要素：

（1）包含无边界，或者虚线边界，或者实线边界的盒子：

无_边界　　虚线_边界　　实线_边界

（2）盒子中的句子（S）。

（3）盒子所定位于的层次（L）。在层次0的盒子是树的顶端。在树中位于层次L+1的盒子比在层次L的盒子要低一层。

（4）箭头是由一个盒子指向下一个层次的盒子。

盒子的不同边界的含义如下。如果没有博弈方承诺句子，那么盒子就无边界。如果只有博弈一方承诺，那么盒子有一个虚线边界。在博弈双方都承诺一个句子的情况下，盒子有一个实线边界。

对话树的例子如下。它是基于第2.6节中伯特和欧尼关于智能 46
代理的对话的。为了方便起见，句子将保持简单化。

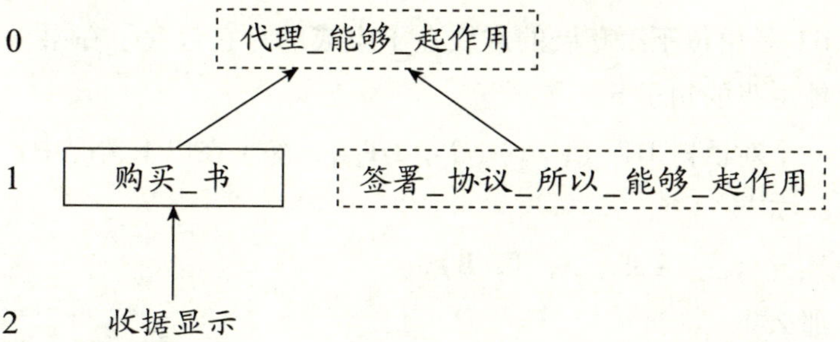

这个树可以解释如下。左边的数字指示层次。如果某个句子被主张，那么一个包含被主张句子的虚线盒子会被加入到图中。所以在第一个行动之后，对话树就只是由这个位于第0层的虚线的盒子构成。一般而言，每当一个句子被主张，将添加一个虚线盒子。例如，在伯特主张他的代理在网上冲浪并且购买了一本书之后，包含购买_书的盒子将被添加。箭头指向代理_能够_起作用，是因为购买_书是

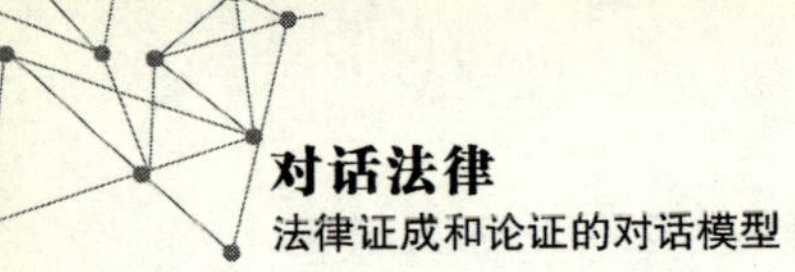

一个支持句子代理_能够_起作用的论证。这个盒子在现有图示中有一个实线边界的原因是因为博弈双方都认同一个句子，因而与之相关的盒子的边界变为实线的。包含收据_显示的盒子没有边界。这是因为如果缺少博弈方的承诺，盒子的边界将消失。为什么没有博弈方承诺收据_显示的理由，将在第 3.4.2 节予以厘清。

该对话树一目了然地显示了以下内容：

- 所有在对话中被主张的句子；
- 句子被主张在哪个层次；
- 被举出的句子回应或证成了哪些句子；
- 是否博弈双方、一方或者没有博弈方承诺了一个特定的句子。

下一个定义是对话树。

47 **定义 6（对话树）**

DT_1是由位于第 0 层的虚线盒子组成的，它包含了在第一个行动中被主张的句子 S。

一个对话树 DT_i（i > 1）等于 DT_{i-1}，除了在以下情况中：

a. 如果

M_i =（_，主张，S，T，B），

那么

一个包含句子 S 的虚线盒子将被添加，在第 T 层，包含了一个箭头，它指向包含句子 B 的盒子。

b. 如果

M_i =（_，A，S，_，_），其中 A ∈ {接受，收回}，

那么

包含句子 S 的虚线盒子在以下情况中会发生变化：

1. 在（_，S）$\notin C_i$的情况下，边界消失；
2. 在（_，S）$\in C_i \setminus O_i$的情况下，边界变为实线。

对话树的第一个行动只包含了一个带有句子 S 的虚线盒子，句子 S 在第一个行动中被主张。如果言外行为是质疑，那么连续的树将保持不变。如果某个句子被主张，那么一个虚线盒子被添加到主张它的那个层次当中。箭头是由包含刚刚被主张的句子的盒子指向包含收回或论证的句子的盒子（定义 6a）。如果行动是接受或收回，那么部分的虚线边界中可能会发生变化。如果博弈方不再承诺盒子中的句子（定义 6b1），那么盒子的边界将消失。如果博弈双方都承诺了盒子中的句子，那么盒子的边界将变为实线的（定义 6b2）。

因为还没有介绍博弈的规则，所以并非对话树的所有的性质都在这里得到展示。在本章的余下部分，对话树将被用于例证规则。

3.4　交流的一般规则

如何实际地进行对话？取决于博弈方的行动。回顾（参见定义 2）一个行动：（P，A，S，L，B）。这些规则判定哪一个博弈方给出行动（P），以及层次 L 和变量 B 在行动之后如何变化。在确定的限制之内，行动的博弈方可以选择一个言外行为（A）和一个命题内容（S）。什么是被明确允许的？取决于承诺和此前的行动。

本节中的这些规则是一个基础集合。规则 1 处理了承诺；规则 2 ~ 5 是互动的规则。在下一章中，规则集将得到扩展，它包含了特别适用于法律讨论的语言要素（规则 6 ~ 16）。当前小节的目的 48
是介绍博弈方之间的交流的基本机制。如果人们熟知这个机制，那么将更容易掌握更为复杂的规则，这些规则与特殊的法律语言要素相关。

这些规则被编序为1、2、……16。规则的段落被编序为a、b、c，等等。如果一个段落有多个部分，那么这些部分被编序为1、2、3，等等。这些规则有以下结构。

规则17

a. ……

1. ……
2. ……
3. ……

b. ……

c. ……

这条规则（规则17）有3个段落，指的是规则17a，规则17b以及规则17c。规则17a有3个部分，指的是规则17a1，规则17a2以及规则17a3。

3.4.1 主线中的互动

对话开始于一个句子的主张。所有其他句子都与这个句子相关。主张第一个句子（the first sentence）的提出方（博弈方1）的主要目的，致力于证明该第一个句子。他可以通过举出句子来试图达到它，也就是证成第一个句子。

对话的结构是分层的（layered）。对话的层次只有在行动质疑之后才会变得更深一层。在主张之后，特殊情况下在行动接受之后（如果博弈方在一个句子被主张之后就立刻接受了它），层次将保持不变。层次只有在收回或接受之后才会更高一层。

根据定义，每个在较低层次（lower level）的句子都是与第0层中的句子相关。然而，低层次的每个句子并非总是与所有更高层次的句子相关。例如，在第3.5小节的例子中，第2层的句子收据显示与第1层的句子购买_书是相关的，但是并不与第1层的句子签署_协议_所以_能够_起作用是相关的。这3个句子都与第0层句子代理_能够_起作用是相关的。

一旦第二个博弈方没有拒斥句子，第一个博弈方就拥有了主动权。他所主张的每个句子都是为了证成其反对方所质疑的句子。反对方可以通过拒斥被主张的句子而夺得主动权。因为即便第一个被 49
主张的句子被拒斥，反对方也可以随即获得主动权。

给出某个被质疑的句子的提出方将有机会去举出句子支持这个被质疑的句子。所以该句子的提出方可以举出其他支持论证。该句子的反对方不能够举出论证反对他所质疑的句子。[8]隐含的观点是如果反对方打算举出论证反对这个句子，那么他应当拒斥这个句子。如果反对方拒绝他成为这个被拒斥的句子的提出方，而且作为这个被拒斥的句子的提出方，他可以提出支持这个被拒斥句子的论证。这些论证将成为反对他所拒斥的句子的论证。

3.4.2　承诺的起源

第一条规则规定，根据哪些行动，承诺库 C_i 会如何变化。博弈方变得承诺每个他所主张或接受的句子。博弈方在收回行为之后将失去他的承诺。在质疑的情况下，承诺库将保持不变。

规则1

a. 如果

M_i = （P，主张，S，_，_），

那么

$C_i = C_{i-1} \cup \{(P, S)\}$；

---

〔8〕　在第6小节中，模型是通过特殊的语言要素得到扩展的。在这个扩展性模型里，反对方可以举出反论证，也可以在他还没有拒斥该论证所反对的句子的时候。

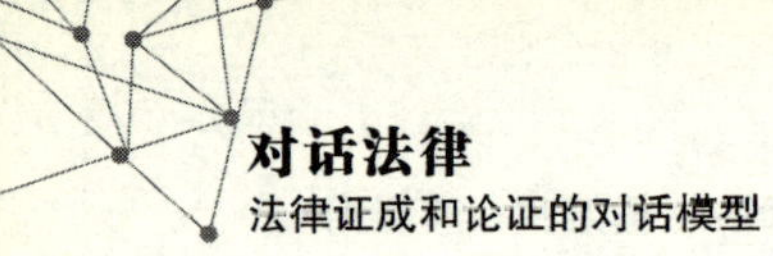

b. （1）如果

M_i =（P，接受，S，_，_），

并且 M_{i-1} =（P'，主张，S，_，_）

那么

$C_i = C_{i-1} \cup \{(P, S)\}$；

（2）如果

M_i =（P，接受，S，_，_），

并且 M_h =（P'，主张，S，_，_），

其中，$h \neq i-1$

那么

$C_i = C_{i-1} \cup \{(P, S)\} \setminus U$，

其中，$U = O_{i-1} \setminus O_{h+1}$［在行动 M_h 之后引入所有的争议句子（disputed sentences）］；

50 c. 如果

M_i =（P，收回，S，_，_），

并且 M_h =（P，主张，S，_，_），

那么

$C_i = C_{i-1} \setminus \{(P, S)\} \setminus U$，

其中，$U_i = O_{i-1} \setminus O_{h+1}$（在行动 M_h 之后引入所有争议的句子）；

d. 在除 a、b 和 c 的所有其他情况中，有 $C_i = C_{i-1}$。

规则 1a 如果博弈方 P 主张某个句子 S，那么对：（P，S）被添加到承诺库中。要注意的是，第一个行动总是由博弈方 1 提出的某个句子的主张（见定义 5），C_1 将包含相关的对：（博弈方 1，S）。

规则 1b 接受了某个句子的博弈方将一直承诺这个句子。但

是，在对话中反对方是在主张这个句子之后直接接受，或者稍后接受之间有一个区别。首先，如果博弈方紧接着在句子S被主张之后接受该行动中的句子S，那么这个博弈方P变得承诺S（规则1b（1））。其次，当博弈方在某个之后的行动（$h \neq i-1$）中接受了句子S，那么不仅仅是这个博弈方变得承诺该句子，还有所有的在S主张之后被主张的争议句子都将被删除（U）。下面的例子说明了更新的承诺集如何运作。在这个例子之后，将描述这条规则的原理和来历。

规则1c 收回了某个句子的博弈方将失去对于这个句子的承诺。如果一些句子在被收回的句子之后已经得到主张，并且这些句子仍然是有争议的，那么它们将被删除（U）。集合U与在规则1b中一样。这里没有必要与规则1b相区别，因为在直接跟在某个句子之后的行动中，再收回这个句子是不可能的。只有主张该句子的博弈方才能够收回这个句子（参见规则2d），并且在博弈一方主张句子的行动之后，始终会轮到另一方（参见规则3）。

规则1d 在任意其他的行动之后，承诺库保持不变。使用现有的言外行为集，只能是在质疑之后。

规则1b（2）的例子

考虑对话的以下形式化，一直到在第3.2.6节展示的第六个行动（同见第3.3.5节）为止。为了这个例子清晰起见，句子将保持简化。

M_1 =（伯特，主张，代理_能够_起作用，0，对话） 51

M_2 =（欧尼，质疑，代理_能够_起作用，0，代理_能够_起作用）

M_3 =（伯特，主张，购买_书，1，代理_能够_起作

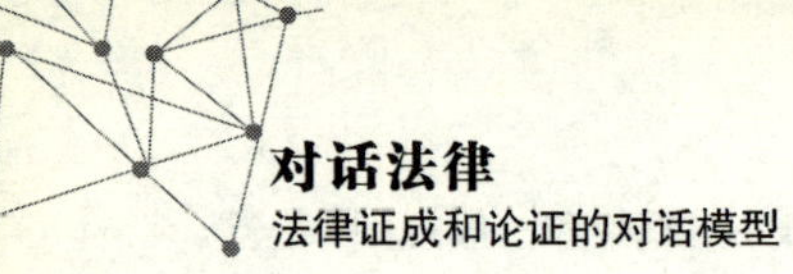

用）

M_4 =（欧尼，质疑，购买_书，　　　1，购买_书）

M_5 =（伯特，主张，收据_显示，　　2，购买_书）

M_6 =（欧尼，接受，购买_书，　　　2，发票_显示）

M_6是类型（P，接受，S，_，_），所以 $M_i = M_6$。

M_3与主张相关，所以 $M_h = M_3$。

因为 $h \neq 5$（$h \neq i-1$），需要一个用于更新（update）承诺库的集合（规则1b2）。

$U = O_5 \setminus O_4$

O_5 = {（伯特，收据_显示），
（伯特，购买_书），
（伯特，代理_能够_起作用）}

O_4 = {（伯特，购买_书），
（伯特，代理_能够_起作用）}

所以，U = {（伯特，收据_显示）}

因此，承诺库 C_6变为：

$C_6 = C_5 \cup$ {（欧尼，购买_书）} \ U
= {（伯特，代理_能够_起作用），
（伯特，购买_书），
（欧尼，购买_书）}。

注意 $C_5 = O_5$，因为一直到行动 5 为止，伯特主张了 3 次，而欧尼仅质疑一次。只存在于 O_6 中的对仍然是（伯特，代理_能够_起作用）。

在洛德和赫尔佐格的《建模法律推理的对话框架》（Lodder &

Herczog，1995）一书中，在接受或收回行为之后，争议的句子是由不同于这里所说的方式来处理。如果博弈方 P 接受了某个句子 S，那么他将承诺所有仍有争议的句子，这些句子是在句子 S 的主张之后由其反对方所主张的。而且，在句子 S 的主张之后，博弈方 P 对于他自己所主张的所有仍有争议的句子失去了承诺。如果是收回的情况，开放句子将以一种相似的方式进行处理。这条规则的原理就是，在句子 S 的主张和它的接受或收回行为之间所主张的句子，是（被认为是）支持（或反对）S 的直接的或间接的论证。在该视角下，关于 S 的共识被视为隐含了对于争议命题（支持 S 的论证）的承诺，以及争议命题（反对 S 的论证）承诺的失去（loss of）。然而，因为不相关的命题可能会被主张，所以这使得受迫承诺不是完全令人满意的。

在这里提出的新规则中，承诺库会在接受或收回行为之后以下
面的方式得以更新。更新承诺库的集合包含开放句子，即在句子 S 52
的主张之后以及在这个句子被接受/收回之前被主张的句子。所有这些句子都从承诺库中删除。这些句子被删除的原因是它们被主张在更高的层次去证成句子，但是这些句子不再属于对话，并且可能已经变得不相关了。如果这些句子不被删除，那么一个实际上已完成的对话（关于第 0 层句子的共识），因为位于更低层次的开放句子，将无法完成。〔9〕

另一个选择是将一个完成的对话定义为其中第一个被主张的句

〔9〕 如果不再存在争议的开放句子，那么对话就被界定为结束了。假设博弈方在第 3 层主张某个句子，该句子使得他的反对方相信第 0 层的句子。如果为回应在第 3 层的句子，他接受了第 0 层的句子，那么至少有一个开放句子位于第 3 层，一个开放句子位于第 2 层等。如果这些句子没有从承诺库中删除，那么根据已完成对话（无开放句子）的定义，对话将不会结束。根据现有的承诺规则，在第 3 层、第 2 层等的句子将被删除，结果是对话将结束。

子不再受争议的对话。在该情况下，对话可以结束，即便位于更低层次的开放句子仍然存在。然而，这种方法的不良后果是不再相关的句子的接受/收回行为将变得可能。删除不再相关的这些句子更多的是对话博弈的旨趣。如果博弈的目的是谋求共识，那么为什么要为不再相关的争议命题存储承诺呢？[10]

如果博弈方打算主张某个被删除的句子，那么后续规则不会禁止这些句子被重新主张。这使得存在更多的主张 S 的行动是可能的。在该情况下，这些行动的最后一个行动是 M_h，为什么是 h 的理由必须在第 i－1 个行动伊始就接受检验。

3.4.3 一般条件

在第二个规则中，必要（但并非充分的）条件是为除了质疑之外的所有行为而制定的。博弈的每个行动，除了包含质疑行为的行动之外，必须遵守规则 2。

53 **规则 2**

a. 当且仅当

$$(\_, S) \notin C_{i-1}$$

那么

$$M_i = (P, \text{主张}, S, \_, \_) \text{ 被允许；}$$

b. 如果

$$(\_, S) \in C_{i-1}$$

那么

$$M_i = (P, \text{主张}, \sim S, \_, B) \text{ 在条件 } B = S \text{ 下被允许；}$$

---

〔10〕 一个可能的理由是，考虑到未来的对话博弈，这个承诺可能会被存储。然而，在现有的对话法律的版本中，在博弈开始时，承诺库即为空，所以可能不会考虑此前的对话博弈。

c. 当且仅当

$(P', S) \in O_{i-1}$

而且 $(P, \sim S) \notin O_{i-1}$

那么

$M_i =$（P，接受，S，_，_）被允许；

d. 当且仅当

$(P, S) \in O_{i-1}$

那么

$M_i =$（P，收回，S，_，_）被允许。

规则 2a　不允许主张一个包含于承诺库中的句子。这条规则着眼于三种不同的情形。首先，如果博弈双方已经承诺了某个句子，那么这个句子不应当再次被主张。在该情况下，没有理由去开启一个关于这个句子的对话。其次，如果只有主张方承诺，那么该方不被允许再次主张同一个句子。如果允许这种情形，那么将出现一个无用重复的行动。最后，如果只有主张的博弈方的反对方是承诺的，那么这个主张将被禁止，因为如果是那样的话，该句子的接受将是一个合理的行动。

规则 2b　规则 2 的这个部分意在杜绝矛盾。如果博弈方承诺了某个句子，那么他不再被允许主张它的对立面。而且，如果博弈方的反对方承诺了某个句子的对立面，那么该博弈方不再被允许主张这个句子，只有一种情况例外。该情况是如果他关于 ~S 的主张是对于 S 的主张的一个回应（B = S）。在所有其他情形下，这样一个主张是被禁止的，因为它会破坏论证的结构。以下树表明，如果后一个主张被允许，那么就会产生奇怪的结构。

54 n 惩罚（杰克）

$n+1$ 谋杀（杰克）← ~谋杀（杰克）

$n+2$ ~惩罚（杰克）

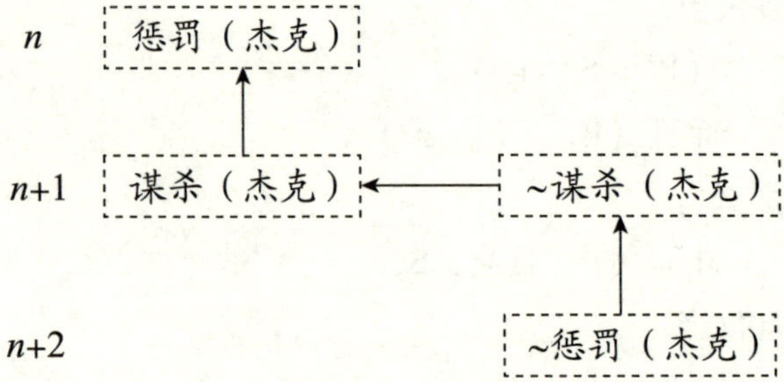

第 n 层主张杰克被判刑，它由句子杰克是一个杀人犯所支持。后一个句子被拒斥。为了支持句子杰克不是一个杀人犯，句子杰克不应当被判刑被举出。规则不允许这样的循环论证。此外，如果另一博弈方打算拒斥句子杰克应当被判刑，那么他应当在第 n 层一开始就这么做。

规则 2c 如果博弈方没有承诺而另一博弈方却承诺了某个句子 S，那么他只能接受这个句子。这只是发生在如果另一方主张这个句子的情况下。此外，如果博弈方承诺了某个句子的负命题，那么接受这句子是不被允许的。如果博弈方被允许这么做，那么对于同一个博弈方而言，其承诺库将包含 S 和 ~S，而直接的矛盾在博弈中是被禁止的（见第 1 节）。

规则 2d 如果博弈方承诺了某个句子而另一博弈方没有承诺，那么他只能收回这个句子。这意味着他以前主张了这个句子，但是该句子还没有被接受。

3.4.4 主张后的行动

第三条规则处理跟在某个主张之后的行动。

规则 3

如果

M_{i-1} =（P，主张，S，L，_）

那么

下一个行动是如下之一：

M_i =（P’，主张，~S，L，S），

或者 M_i =（P’，质疑，S，L，S），

或者 M_i =（P’，接受，_，L，S），

或者 M_i =（P’，收回，_，L，S）。

层次在某个主张之后保持不变，而且下一个行动是句子 S 的一 55
个回应。基本上，博弈方 P’能够以任意行为来回应一个主张。除了规则 2 的一般条件，这些规则是由博弈方 P’应用于行动的，这条规则定义了两种特殊的限制条件。首先，如果行为是质疑，那么命题内容就是在前一个行动被主张的句子，即 S。

其次，如果被主张的句子（~S）是前一个被主张的句子（S）的负命题，那么后一个主张作为前一个主张的回应才会被允许。如果任意被主张的句子都被允许，那么会产生两个问题。其一，对话可以由一个主张的无穷序列所构成。其二，而且也是最重要的是，句子之间的联系将会消失。在现有的模型中，每个被主张的句子能够支持一个位于更高层次被主张的句子（或者至少被假设如此）或者拒斥一个先前被主张的句子。每个行动都是其他行动的一个回应。句子是否必然是被证成的，还依赖于另一博弈方的回应；对话法律是一个基于回应的博弈（reaction-based game）。只有存在与先前行动的一个联系，主张才能够被保证是一个回应。在现有的模型中，这种联系得到保证：某个被主张的句子或者是对一个证成（质疑）请求的回应，或者是对一个被主张句子（拒斥）的回应。

3.4.5 质疑后的行动

第四条规则是关于一种情况的，即对话的层次变得更低：当某

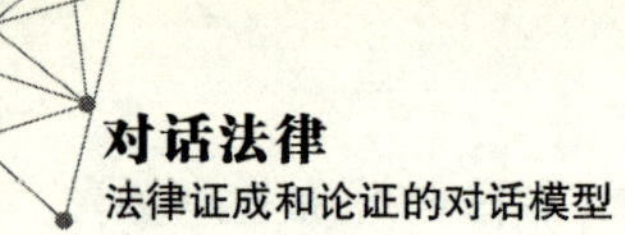

个句子被质疑的时候。下一个行动总是由另一博弈方给出。如果下一个行动是一个主张，那么这种行动是一个支持被质疑句子 S 的论证。接受和收回行为也总是被允许的。在该情况下，行动是 S 的一个回应。博弈方 P’可能不会质疑，因为这意味着他将质疑一个质疑行为。

规则 4

如果

M_{i-1} =（P，质疑，S，L，_）

那么

M_i =（P’，A，_，L+1，S），

其中，A≠质疑。

3.4.6　接受和收回后的行动

第五条规则是关于紧跟接受或收回的行动。这些是只有对话层次变高之后的可能行动。此外，只有在接受和收回之后，同一个博

56 弈方有时候才能再次行动。接受和收回行为放在一起讨论，因为他们的后继行动很大程度上是相同的。

如果博弈方接受或收回了一个句子，那么对话返回到主张被收回/被接受的句子所在的那个层次。基本上，下一个行动或者是支持同一个句子的新论证，或者是对于同一个句子的新回应，正如被接受/被收回的句子是同一个句子的支持论证或回应一样。

规则 5

a. 如果

M_{i-1} =（P，收回，S，_，_），

并且（P’，～S）$\in C_{i-1}$

那么

下一个行动是下列之一：

M_i =（P，质疑，~S，L，~S），

或者 M_i =（P，接受，_，L，~S），

或者 M_i =（P，收回，_，L，~S），

其中，M_i 中的层次 L 与以下元素相同

（P，主张，S，L，_）$\in D_{i-1}$；

b. 如果

M_{i-1} =（P，收回，S，_，_），

并且（P'，~S）$\notin C_{i-1}$

那么

下一个行动是下列之一：

（1）如果

句子 S 是为回应 ~S 的主张而被主张的，

所以 M_h =（P'，主张，~S，L，B），

并且 M_{h+1} =（P，主张，S，L，~S）

那么

M_i =（P'，A，_，L，B），

其中 A≠质疑；

（2）如果

句子 S 不是为回应 ~S 的主张而被主张的，

所以 M_h =（P，主张，S，L，B'），

而且 B' ≠ ~S

那么

M_i =（P，A，_，L，B'），

其中，A≠质疑；

c. 如果 57

M_{i-1} =（P，接受，S，_，_），

那么

下一个行动是下列之一：

（1）如果

句子 S 是为回应 ~S 的主张而被主张的，

所以 M_h =（P，主张，~S，L，B），

并且 M_{h+1} =（P'，主张，S，L，~S）

那么

M_i =（P，A，_，L，B），

其中 A≠质疑；

（2）如果

句子 S 不是为回应 ~S 的主张而被主张的，

所以 M_h =（P'，主张，S，L，B'），

其中 B' ≠ ~S

那么

M_i =（P'，A，_，L，B'），

其中 A≠质疑。

这条规则首先区分了两种情况：当被收回的句子 S 的负命题（~S）属于承诺库（规则 5a）的时候，以及当被收回/被接受的句子 S 的负命题（~S）不属于承诺库（规则 5b 和规则 5c）的时候。

规则 5a 规则 5 的这部分只是关于收回的，而并不是关于接受的。[11] 以下树表示了对话中的情况，当行动 M_i 即将被给出时，它是

〔11〕 这条规则并不是作用于接受行为的。理由是如果博弈方承诺了某个句子的负命题，那么他不可能再接受该句子（参见规则 2c）。如果他承诺了该句子的负命题，那么在他被允许接受这个句子之前，他首先必须先收回这个负命题。

与规则5a相关的。这个句子S就被收回。

n　　S ← ~S　　~S ← S

如果博弈方P收回了某个句子S并且他的反对方承诺了该句子的否定命题（~S），那么这个博弈方P必须在下一个行动中回应~
S。这条规则着眼于两种不同的情况。以下例子显示了其中一种（亦 58
见左边的树）。

（P，主张，收据_显示，2，购买_书（代理））

（P'，主张，~收据_显示，2，收据_显示）

（……）

（P，收回，收据_显示，2+m，_），其中m≥1

（P，A，　_，　　2，~收据_显示）

博弈方P主张收据显示（书已经由代理购买了），但是另一方P'拒斥它（~S）。而后在博弈中，博弈方P收回了收据_显示。下一步行动是对主张~收据_显示的一个回应，博弈方P被允许质疑句子~收据_显示。他可能也会收回其他的句子或接受一个句子（包含句子~收据_显示）。因为只被允许的反对主张（counter claim）是一个拒斥，而且他已经主张了这个句子的拒斥（即他刚刚收回），所以他不再被允许主张。

另一种情况（见右边的树）是，在倒数第二个行动中，博弈方P'收回~收据_显示的行动。下一步接着是收据_显示的一个回应。

（P'，A，_，2，收据_显示）。

规则5b　规则5的第二部分是关于这种情况的，即博弈方收回了一个句子，同时另一方没有承诺该句子的负命题。两种情形都将

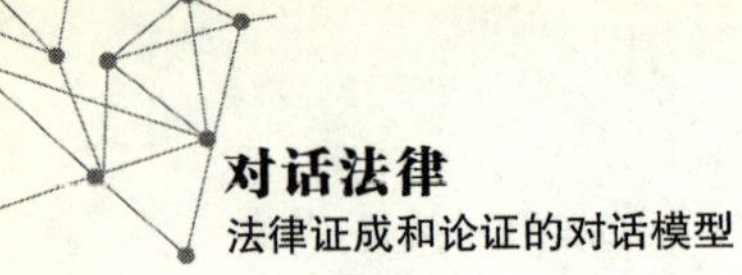

得到确认。

首先，如果已经被收回的句子是为回应～S 的主张而被主张的情况（规则 5b1）。

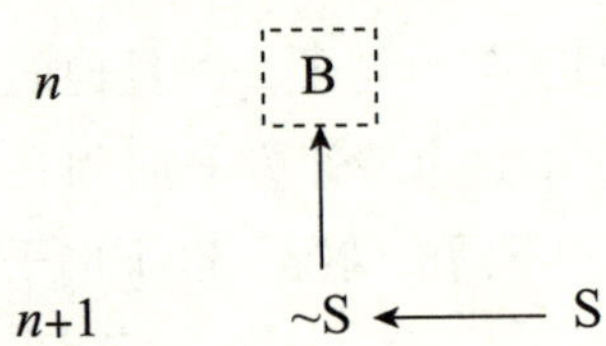

在这种情况下，最初主张～S 的博弈方可能会继续主张。所以，已经收回 S 的博弈方的反对方也将行动。在这个行动中（M_i）博弈方可能会主张（一个新的支持 B 的主张）接受或收回。他只是不被允许去质疑。他不被允许去质疑，是因为不存在没有受到质
59 疑的开放句子。此外，博弈方有责任证明 B。所以，他必须主张句子支持 B。如果他打算证成 B，那么他可以收回 B 或者其他由他主张的句子，或者他可以接受由另一博弈方所主张的句子。要注意的是，没有博弈方是承诺～S 的。如果现在被轮换到的博弈方仍将承诺～S，那么规则 5a 的方案将得到应用（所以它将轮换到有收回行为的博弈方，而不是轮换到主张～S 并且现在即将行动的博弈方）。

其次，如果已经被收回的句子不是为了回应～S 的主张而被主张的情况（规则 5b（2））。

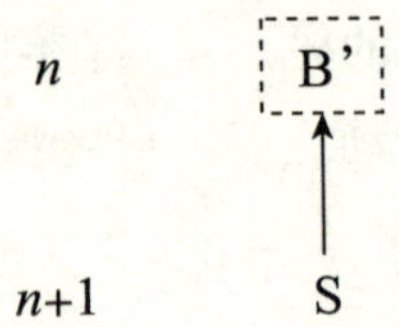

在第二种情况下，有收回行为的博弈方将继续给出行动。在紧

接着的行动（M_i）中，他可能会主张（一个新句子支持B'）接受或收回。他只是不被允许去质疑。在下面的例子中，将阐述规则5b（1）是如何发挥作用的。它同样是从第2层开始。

（P'，主张，收据_显示，　　2，购买_书（代理））

（P，主张，~收据_显示，　　2，收据_显示）

（……）

（P'，收回，收据_显示，　　2+m，_），（m≥1）

（……）

（P，收回，~收据_显示，　　2+n，_），（n≥1）

（P'，A，_，　　　　　　　2，购买_书（代理））

博弈方P'主张收据_显示是一个支持购买_书的论证，但是另一方P拒斥这个句子。接着在博弈中，博弈方P'收回了他的句子收据_显示。再接着，此前有拒斥行为的博弈方P也收回了他的句子。对话以博弈方P'的一个行动而继续进行。在这个行动中，他可能主张［一个新的支持购买_书（代理）的句子］接受或收回。他只是不被允许去质疑。根据可知道的，以下树展示了博弈方P作出最后一个行动之前的例子的情况。

60

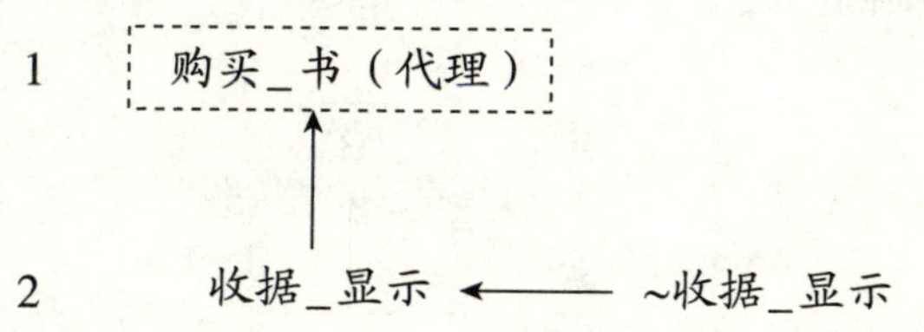

最后一个行动将会是一样的，如果在倒数第二个行动中~收据_显示是被接受的，那么倒数第二个行动是：

（P，接受，~收据_显示，2+n，_），（n≥0）。

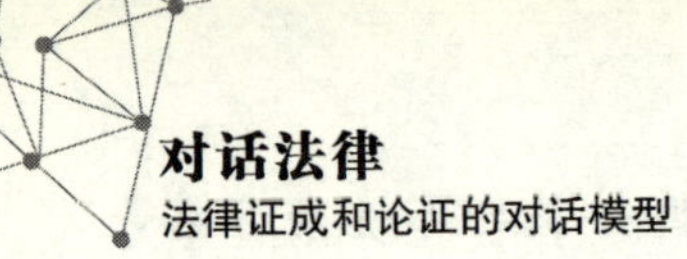

在以上树中，包含～收据_显示的盒子紧接着将会包含一个实线边界（同见关于规则5b2右边的树）。

规则5c 规则5的这部分是关于句子S被接受的情况。这条规则类似于规则5b。同样，将区分为两种情况。

首先，如果被接受的句子S是为了回应～S而被主张的情况（规则5c（1））。

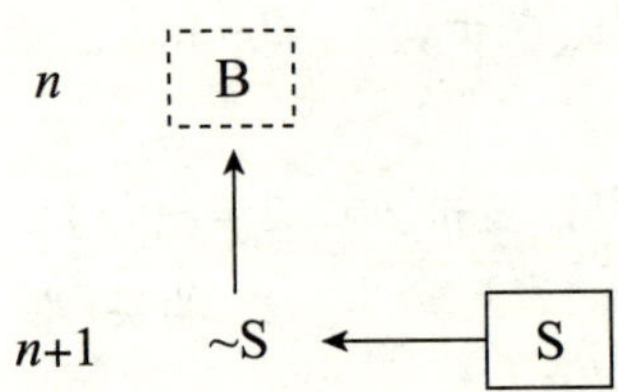

在这种情况下，最初主张～S的博弈方可能会继续给出行动。这是刚接受S的同一个博弈方。显然，这个博弈方开始于主张～S并且他的反对方主张反命题（S）。那么，他收回了～S，并且现在接受了句子S。在紧接着的行动（M_i）中，该博弈方可能会主张（一个新的支持B的句子）接受或收回。他只是不被允许去质疑。

其次，如果刚被接受的句子不是为了回应～S的主张而被主张的情况（规则5c（2））。

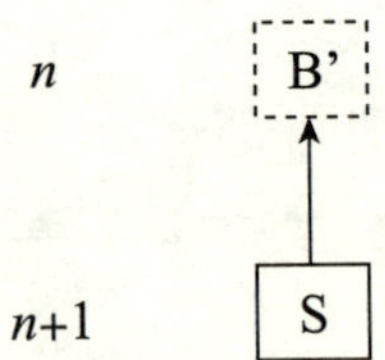

61 在这种情况下，有接受行为的博弈方的反对方将继续给出行动。在紧接着的行动（M_i）中，他可能会主张（一个新的支持B’

的句子）接受或者收回。他只是不被允许去质疑。

对话的规则 5b（1）的例子容易适用于阐述规则 5c1 是如何发挥作用的。倒数第二个行动（其中的句子 ~收据_显示是被收回的）必须被另一个行动（这个句子 ~收据_显示是被接受的）所替代。

（P'，接受，~收据_显示，2 + n，_）。

在这个接受行为之后，对话将以上述例子中的相同方式继续进行，所以它包含了行动：

（P'，A，_，2，购买_书（代理））。

由此产生的树是不同的，因为盒子 ~收据_显示现在包含了一个实线边界。

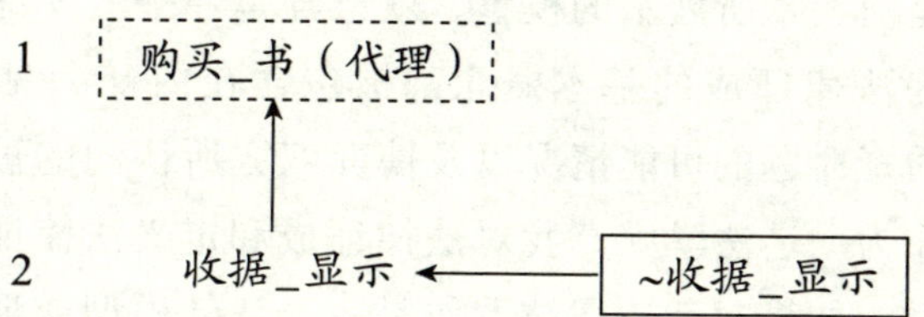

3.5　走向法律证成

现在框架被定义了，并且交换的一般规则也被制定出来了，是时候给对话法律增加一些法律意味了。在下一章中，将添加一些要素到语言当中，该语言允许博弈方使用诸如规则、理由等法律概念。除了引入特殊的语言要素之外，下一章中的规则也将规定使用这些要素的效应。

63 # 第 4 章　对话法律——交流的特殊规则

在上一章中的交流的一般规则和承诺的基础之上，本章将定义交流的特殊规则（special rules）。因为对话法律模型意在刻画法律证成，而特殊规则是将法律层面添加到对话法律当中。

有人认为对话法律，即便是在本章中添加了特殊规则，仍不是一个法律证成的模型，而是证成的一般模型。但是，对我而言，即使是前一章所展示的模型，就已经是一个法律证成的充分模型，因为法律证成的基本概念都被包含在内（参见第 2 章）。也就是，质疑命题的可能情况以及博弈双方所认同的被证成命题的定义。作为一名法学家，我对法律证成和定义法律证成的限制非常感兴趣。如果对话法律被看作是一个认知模型或证成的一般模型，我不会拒绝这个看法。然而，我唯一的主张是对话法律适用于作为一个法律证成的模型。事实是，在对话法律中，其他（实践）可以被建模的论证理论并不意味着对话法律不适用于法律证成。

添加额外的要素和规则到对话法律中的原因主要是为了方便博弈双方引入特殊句子，诸如理由或与有效性和规则的可适用性等相关的句子。而且，如果使用特殊的语言要素，反对者不得不接受他们自己的承诺所带来的后果。

本章的结构安排如下。首先，第一节介绍特殊语言要素。第二节提出交流的特殊规则。为了调控包含特殊语言要素的讨论，这些增加的规则是必要的。

4.1　特殊语言要素 64

这一节将介绍语言的特殊要素。这些要素是洛德和赫尔佐格的《建模法律推理的对话框架》（Lodder & Herczog，1995）一书中所描述的要素的修改版。[1] 下一节定义交流的特殊规则将使用这些特殊语言要素。

特殊语言要素是函数符号，规则/2，以及五个谓词符号：理由/2、胜过/3、排除/1、适用/1 以及有效/1。在讨论这些不同的符号之前，我将简要非正式地介绍它们。除了这些与理由逻辑相关的要素，还存在一个特殊的对话式谓词符号：无效_主张/1。

在解释所有的这些要素之前，首先给出对话法律所使用的理由逻辑的简介。[2]

4.1.1　对话法律中的理由逻辑引介

理由（理由/2）是一个由句子表达的事物的陈述之间的支持关系（support relation）。如果句子能够_起作用（代理）支持句子签署_协议（代理），那么能够_起作用（代理）可以被表达为一个支

〔1〕 最初是以哈赫和维赫雅的《理由逻辑——含规则和理由的推理的逻辑》（Hage & Verheij，1994）的理由逻辑为基础。在过去几年，要素发生了变化。例如，哈赫、维赫雅和我几乎在同一时间决定省去理由中的 pro/con 部分。所以要素理由（a，b，pro）被替代为理由（a，b），要素理由（c，b，con）被替代为理由（c，~b）。

〔2〕 关于理由逻辑的拓展阅读请参考哈赫和维赫雅的《理由逻辑——含规则和理由的推理的逻辑》（Hage，1996，1997a）以及（Verheij，1996）。

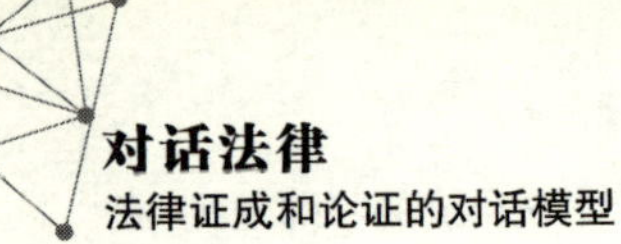

持签署_协议（代理）的理由。[3]如果支持结论的理由胜过了（胜过/3）攻击该结论的理由，那么这个句子是被证成的。如果只存在支持（pro）理由，那么这个权衡就无关紧要（trivial）：由这个/这些理由所支持的句子是被证成的。如果理由指向相反的方向，那么一个句子的证成依赖于那些受偏好的理由集。如果一个句子的理由集是受偏好于以上反对该句子的理由集，那么该句子是被证成的。如果偏好是相反的，那么该句子不是被证成的。

65

签署_协议（代理） ⇑证成 胜过（理由_集_支持，理由_集_反对，签署_协议（代理））

理由可以由隐含的规则或原则所支持，都被称作规则（规则/2）。尽管不必然每个理由都有一个隐含的规则[4]，但是规则的适用（适用/1）将导出相关的理由。假设存在一个规则说，能够起作用的人可以签署合同。如果适用这条规则，那么相关的理由是被证成的。例如，如果以上规则适用于一个代理，那么以下理由是被证成的。

理由（能够_起作用（代理），签署_协议（代理）） ⇑证成 适用（规则能够_起作用（代理），签署_协议（代理））

〔3〕 要注意的是，在第3章的盒子讨论中的论证是相反的，所以代理签订协议的事实是作为一个理由支持代理是能够起作用的。改变论证方向的理由，是当前理由转为规则的翻译在法律上更正确。

〔4〕 在理由逻辑中每个理由都有一个隐含的规则。《程序化论证》（Lodder，1997a）一书认为理由不必然包含隐含规则。

什么时候适用规则呢？主要地，是在适用规则的理由优于反对适用它的理由的时候。这种权衡很多时候是无关紧要的，因为在很多情况下只存在适用规则的一个理由：如果一条规则是有效的（有效/1）并且满足该规则的条件，那么存在一个理由适用它。然而，也可以存在不适用该规则的理由，例如，那种适用与该规则的意图（the purpose of the rule）相反。

```
适用（规则（能够_起作用（代理），签署_协议（代理）））
        ⇑ 证成
胜过（理由_集_支持，理由_集_反对，适用（规则（能够_起作用（代理），签署_协议（代理））））
        ⇑ 共同组成一个应用的支持理由
-有效（规则（能够_起作用（x），签署_合同（x））），并且
-能够_起作用（代理）
```

可以存在支持和反对适用一个规则的理由，需要加以权衡以判 66
定规则是否可适用。如果一个规则被排除（排除/1），那么这种权衡就变得不相关。接着该规则就直接不可适用。假使一个规则被排除，由该规则适用所得到的结论不再是被证成的。以上关于签署合同的规则可以被主张——只有人类才能发挥作用，而不是网上冲浪的智能代理——所排除。

```
排除（（能够_起作用（代理），签署_协议（代理）））
        ⇓ 使证成不可能
适用（规则（能够_起作用（代理），签署_合同（代理）））
```

4.1.2 特殊语言要素的形式化特征

下面将讨论所有特殊语言要素的形式化特征。

- 无效_主张（S）

谓词无效_主张（S）说的是某个句子S被宣告无效。当博弈方相信一个由反对方所主张的特殊句子是不被允许的时候，公式无效_主张被使用。它不同于对话规则禁止某个特定主张的情形。至于无效_主张（S）的情况下，规则不禁止该特殊句子的主张，但是存在为什么该句子不应被主张的其他－领域依赖的－理由。例如，如果博弈方已经在非法证据的基础上主张了某个句子。在那种情况下，该句子的证成是不相关的，因为在法律中基于错误证据的句子不应当被使用。[5]

- 理由（Cond，Concl）

这个公式说的是Cond是一个支持Concl的理由，其中Cond和Concl都是闭合词项。从不同的角度看，这个公式还可以被看作表达Cond是一个反对～Concl的理由。以下公式就是理由的例子：

理由（能够_起作用（代理），
　　签署_合同（代理）），
理由（唯一_代表（代理），
　　～签署_合同（代理））。

67 代理能够起作用的事实是一个支持命题代理可以签署协议的理由（或者是一个反对命题代理不能够签署协议的理由）。代理被认为是唯一的代表的事实是，一个反对命题代理可以签署协议（或者

---

〔5〕 如果法官确信证据是非法获得的，那么他将不会考虑该证据所得到的信息。

支持命题代理不能签署协议的一个理由）的理由。

- 胜过（{$Condpro_1$，$Condpro_2$，…，$Condpro_m$}，
  {$Condcon_1$，$Condcon_2$，…，$Condcon_n$}，
  Concl）（$m \geq 1$，$n \geq 0$）

胜过公式可以读作如下。闭合词项集 {$Condpro_1$，…，$Condpro_m$} 是由句子理由（$Condpro_i$，Concl）得出。闭合词项集 {$Condcon_1$，…，$Condcon_n$} 是由句子理由（$Condcon_i$，~Concl）得出。支持理由集必须包含至少一个词项（$m \geq 1$），而反对（con）理由集可以是空集（$n \geq 0$）。例如，假设博弈双方都承诺以下理由：

理由（小偷，惩罚），
理由（付出_伤害_牺牲，~惩罚），并且
理由（有_工作，~惩罚）。

在该情况下，根据哪个集合被偏好，可以主张以下两个公式：

胜过（{小偷}，
{付出_伤害_牺牲，有_工作}，
惩罚）
胜过（{付出_伤害_牺牲，有_工作}，
{小偷}，
~惩罚）

- 规则（Cond，Concl）

函数规则指的是某个含有条件 Cond 和结论 Concl 的规则。Cond 和 Concl 都是可以包含自由变元的词项。

- 有效（规则（Cond，Concl））

谓词有效指的是某条规则是有效的。Cond 和 Concl 是可以包含

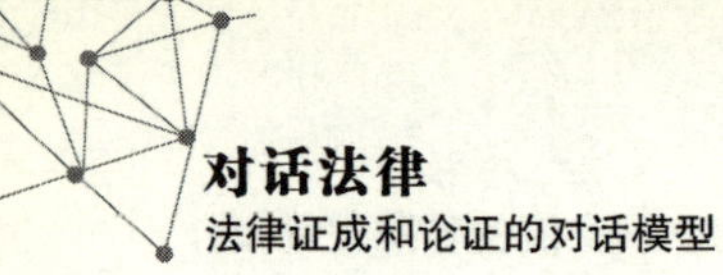

自由变元的词项。

- 适用（规则（Cond，Concl））

谓词适用指的是可适用某条规则。Cond 和 Concl 是闭合词项。如果一条规则可适用，那么基于该规则的理由是被证成的。

68 • 排除（规则（Cond，Concl））

谓词排除指的是某条规则被排除。Cond 和 Concl 都是闭合词项。如果一条规则被排除，那么它无法适用。

4.2 交流的特殊语言——法律工具和受迫承诺

交流的以下特殊规则（规则 6～16）补充了规则 1～5。[6]这些特殊规则表达的是对博弈方的约束，它与前一节介绍的特殊语言要素是相关的。而且，博弈的另外一个特征是：受迫承诺。对话法律中的证成是基于共识的。如果博弈方主张“杀人是合法的”并且另一方接受这个句子，那么该句子是被证成的。接受通常是基于自由选择的。然而，如果使用语言的特殊要素，那么博弈方不得不去接受或者收回句子。换言之，博弈方不得不承诺或者失去承诺。

第六条规则禁止博弈方主张此前他们所收回的句子。这种约束是必要的，因为如果他在此前就受迫收回了某个句子，那么允许博弈方主张该句子是不合理的。为了避免这些问题过于复杂，自愿收回某个句子的博弈方也不再被允许重新主张它。所以每个博弈方必须意识到他在任何时候收回某个句子所导致的后果。

规则 6

当且仅当

〔6〕 规则 1～5 已经在第 3 章中讨论了。

（P，收回，S，_，_）$\notin D_{i-1}$

那么

M_i =（P，主张，S，_，_）是被允许的。

4.2.1 适用规则的理由

无论博弈方在什么时候承诺某个特殊规则是有效的句子，并且承诺满足这个规则的条件的句子，他都必须接受有适用该规则的理由。这个理由被称为规则的可适用性。所以，如果某条规则是可适用的，这就意味着它是有效的并且它的条件得到满足，那么就存在一条适用该规则的理由。

规则 7 69

令

X = Cond，

其中 Cond 是一个闭合公式，

Y = 有效（规则（Cond，Concl）），

其中 Cond 和 Concl 可以包含自由变元，

Z = 理由（适用的（规则（Cond，Concl）），

适用（规则（Cond，Concl））），

其中 Cond 和 Concl 是闭合公式，

那么：

a. 如果

（P'，Z）$\in O_{i-1}$

并且｛（P，X），（P，Y）｝$\subset C_{i-1}$

那么

以下行动是受迫的：

M_i =（P，接受，Z，_，_）；

b. 如果

（P'，Z）$\in O_{i-1}$

并且（P'，~X）$\in C_{i-1}$

或者（P'，~Y）$\in C_{i-1}$

那么

以下行动是受迫的：

M_i =（P'，收回，Z，_，_）；

c. 如果

（P'，~X）$\in C_{i-1}$

或者（P'，~Y）$\in C_{i-1}$

那么

M_i =（P'，主张，Z，_，_）是不被允许的。

因为满足规则（X = Cond）的条件，所以 Cond 必然是一个闭公式。有效谓词指的是一般情况下某条规则是有效的，Cond 和 Concl 的理由可以包含自由变元（参见第 1 小节）。在可适用的情况下，一旦启动适用规则，Cond 和 Concl 的理由就是闭合词项。

规则 7a 如果博弈方 P 不但承诺规则是有效的，而且也满足该规则的条件，那么他被要求接受规则是可适用的理由。

70 **规则 7b** 规则 7 的第二部分是关于博弈一方承诺该规则无效或者无法满足该规则的情况。如果他主张理由，即该规则是可适用的，并且这个理由还没有被接受或收回，那么他受迫收回该理由。

规则 7c 博弈方承诺规则无效或者拒斥该规则的条件，那么将不被允许主张该理由，即该规则是可适用的。

4.2.2 关于应用、理由以及排除

这条规则是关于三个句子间的关系的。首先，如果博弈方承诺适用一条规则的事实，那么他受迫接受基于该规则的理由。其次，如果博弈方承诺排除某条规则的句子，那么他可能既不否认，也不承诺适用该规则。

规则 8

令

X = 排除（规则（Cond，Concl）），

Y = 适用（规则（Cond，Concl）），

Z = 理由（Cond，Concl），

其中 Cond 和 Concl 是闭合词项，

那么：

a. 如果

（P'，Z）$\in O_{i-1}$

并且（P，Y）$\in C_{i-1}$

那么

以下行动是受迫的：

M_i = （P，接受，Z，_，_）；

b. 如果

（P，X）$\in C_{i-1}$

并且（P，Y）$\in O_{i-1}$

那么

以下行动是受迫的：

M_i = （P，收回，Y，_，_）；

c. 如果

（P，X）$\in C_{i-1}$

那么

M_i = （P，主张，Y，_，_）是不被允许的。

71 Cond 和 Concl 是闭合词项，因为所有的谓词都是关于初始规则的。

规则 8a 规则 8 的第一部分是关于博弈方 P 的，他承诺适用某条规则，但是不承诺基于该条规则的理由。如果他的反对方已经主张了基于该条规则的理由，那么博弈方 P 受迫接受它。

规则 8b 规则 8* 的第二部分是关于博弈方 P 的，他承诺某条规则被排除。如果他此前主张该规则仍然是开放的句子，那么他必须收回表达适用该规则的句子。

规则 8c 承诺某条规则被排除的博弈方 P，不再被允许主张适用该规则。

4.2.3 关于胜过和理由

本小节将制定关于理由和理由间权衡的规则。第一条规则是关于在哪些层次可以主张句子。理由和胜过都是支持一个特殊句子 S 的直接论证，因此必须在句子 S 被质疑之后的层次主张它。所以，关于句子 S 的理由和胜过的主张只可能在 S 被主张后的更深一个层次（只有在 S 被质疑并且仍然存疑的情况下是可能的）。

规则 9

当且仅当

(_，主张，S，L－1，_) $\in D_{i-1}$

那么

允许以下行动：

M_i ＝ (_，主张，理由 (_，S)，L，S)，

并且 M_i ＝ (_，主张，理由 (_，～S)，L，S)，

---

* 原文中的规则 10 应当为规则 8。——译者注

并且 M_i =（_，主张，胜过（_，_，S），L，S），

并且 M_i =（_，主张，胜过（_，_，~S），L，S）。

需要注意的是，由于理由和胜过在同一个层次被主张，而且都是支持同一个句子的论证，所以某个理由在胜过主张被给出时仍然是开放的则是不可能的。

下一个规则是关于谁可以主张胜过，并且还关于如果有这样一个主张，如何填充理由的集合。只有承诺句子 S 的博弈方可以主张 72
与 S 相关的理由在权衡上偏好 S。句子 S 的理由集，即 Proset，包含博弈双方都认可的所有支持理由。反对句子 S 的理由集，即 Conset，以同样的方式来填充（所以包含博弈双方都认可的所有反对理由）。回顾一下，博弈双方认可的句子集是通过从承诺库中删除开放句子之后所获得的集合。因为只有当存在至少一个理由支持理由集是非空的时候，胜过的主张才是合理的。

规则 10

如果

（P，S）$\in O_{i-1}$

那么

允许博弈方 P 主张句子胜过（Proset，Conset，S），其中：

- Proset 是元素 Pro 的集合，$\{Pro_1, Pro_2, \cdots\cdots Pro_n\}$，其中 $n \geqslant 1$。对任意（_，理由（Pro，S））$\in C_{i-1} \setminus O_{i-1}$，Pro 的元素被加入 Proset。
- Conset 是元素 Con 的集合，$\{Con_1, Con_2, \cdots\cdots Con_m\}$，其中 $m \geqslant 0$。对任意（_，理由（Con，~S））$\in C_{i-1} \setminus O_{i-1}$，Con 的元素被加入 Conset。

以下树表示的是允许胜过主张的极小情况。

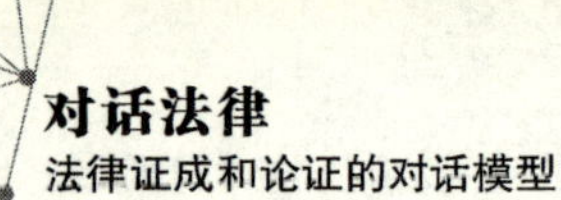

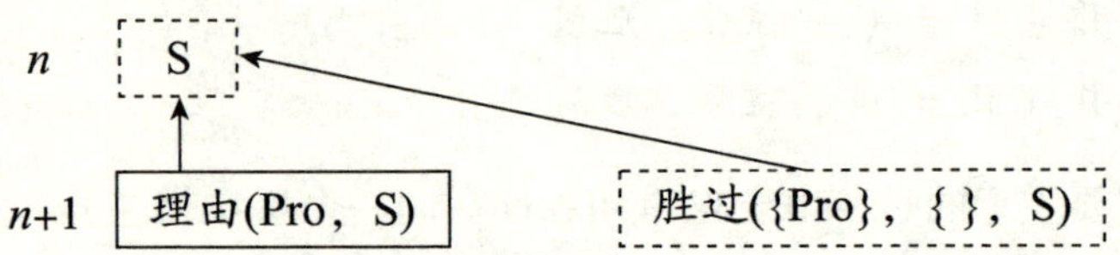

只有达成共识的理由可以被包含在胜过的理由集当中。这是首要的，因为如果不是这样，那么质疑胜过的含义将变得含混不清。换言之，质疑除了应当关注作为权衡的部分的特别元素，还包括权衡自身。而且，如果不存在关于被包含理由的共识，那么权衡理由
73 的特殊集将变得毫无意义。如果博弈方没有第一时间接受理由，那么该理由集优于另一个理由集的主张行为又有什么作用呢？

还存在其他的理由支持不允许有理由存在于博弈双方没有达成共识的胜过之中。这与缺少反对理由的胜过的特殊状态有关。因为空集不包含权衡，所以如果只存在支持理由，那么不允许拒斥支持理由优于反对它的理由。因为同样的原因，这个句子也不能被质疑。这将放在规则 11 中讨论。

规则 11

当且仅当

Conset≠｛｝

那么

允许以下行动：

M_i =（P，质疑，胜过（Proset，Conset，S），_，_），

并且 M_i =（P，主张，～胜过（Proset，Conset，S），_，_）。

下一条规则在胜过被接受的情况下，处理受迫接受（forced acceptance）和收回。

规则 12

a. 如果

M_{i-1} =（P，接受，胜过（Proset，Conset，S），_，_），

并且（P，~S）$\notin O_{i-1}$

那么

M_i =（P，接受，S，L，S），

其中层次 L 同以下元素的层次一样：

（P'，主张，胜过（Proset，Conset，S），L，S）；

b. 如果

M_{i-1} =（P，接受，胜过（Proset，Conset，S），_，_），

并且（P，~S）$\in O_{i-1}$，

那么

M_i =（P，收回，~S，L，S），

并且 M_{i+1} =（P，接受，S，L，~S），

其中层次 L 同以下元素的层次一样：

（P'，主张，胜过（Proset，Conset，S），L，S）。

要注意的是，主张胜过的行动被用于判定行动 M_i 的层次。

如果博弈方 P 承诺一个关于 S 的胜过句子，那么他受迫接受句
子 S。而且，如果博弈方自己承诺 ~S，那么他必须在接受 S 之前收 74
回该句子。例如，博弈方 P 主张 ~S（且仍然承诺），并且接受胜过（_，_，S）。在给定的情境下，该博弈方必须收回 ~S 并且继而接受 S。

下一个规则是关于一个主张回应另一个主张的。如果博弈方主张支持理由胜过反对理由，那么他的反对方被允许使用反对理由来回应该理由。

规则 13

如果

M_{i-1} =（P，主张，胜过（_，_，S），L，_），

那么

M_i =（P'，主张，理由（_，~S），L，胜过（_，_，S））被允许。

以下规则将详述规则 13 所描述的主张理由的后果。关于接受和收回的基本规则在这里无效，因为它们的出发点是主张只有在拒斥另一主张的情况下才能得出。

规则 14

令

X = 胜过（_，_，S），

并且 Y = 理由（_，~S）

并且{（P，主张，X，L，S），（P'，主张，Y，L，X）}

$\subset D_{i-1}$，

那么

a. 如果

M_{i-1} =（P，收回，X，_，_），

并且（P'，Y）$\in O_{i-1}$，

那么

下一步行动可以是以下行动之一：

M_i =（P，质疑，Y，L，Y），

或者 M_i =（P，接受，_，L，Y），

或者 M_i =（P，收回，_，L，Y）；

b. 如果

（_，X）$\notin C_{i-1}$，

并且$M_{i-1} \in$ {（P，接受，Y，_，_），（P'，收回，Y，_，_）}，

那么

M_i =（P，A，_，L，S），

其中A≠质疑；

c.（1）如果 75

（P，Y）$\in C_{i-1}$

并且（P，X）$\in O_{i-1}$，

并且（_，Y）$\notin O_{i-1}$，

那么

M_i =（P，收回，X，L，Y）；

（2）如果

（P，Y）$\notin C_{i-1}$，

并且（P，X）$\in O_{i-1}$，

并且（_，Y）$\notin O_{i-1}$，

那么

下一步行动可以是以下行动之一：

M_i =（P'，主张，理由（_，~S），L，X），

或者M_i =（P'，质疑，Y，L，X），

或者M_i =（P'，接受，_，L，X），

或者M_i =（P'，收回，_，L，X）；

d. 如果

M_{i-1} =（P'，接受，X，_，_），

并且（P'，Y）$\in O_{i-1}$，

那么

M_i =（P'，收回，Y，L，X），

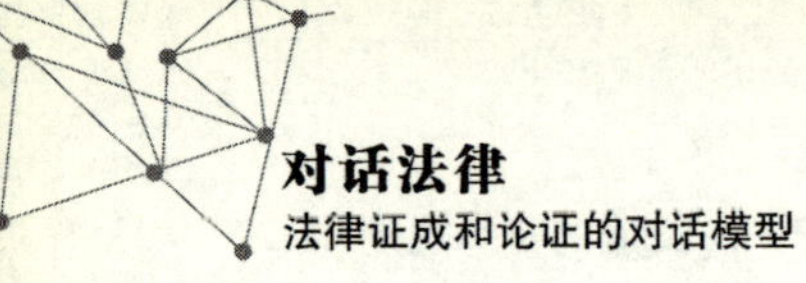

并且 M_{i+1} = （P’，接受，S，L，S）。

在讨论规则 14 的各个部分之前，先展示只包含有关句子的相关树。

规则 14a

X ← [Y]

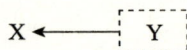

如果胜过（X）被收回，并且被主张作为该胜过主张的一个回应的理由（Y）仍然是开放的，那么对话将以类似于规则 5a 的方式继续讨论反对理由。

规则 14b

X ← Y　　　X ← [Y]

76 规则 14 的这部分是关于什么时候准备给出胜过（X），以及反对它的理由（Y）或者收回（左边的树）或者接受（右边的树）。在该情况下，对话将以类似于规则 5b 的方式继续下去。

规则 14c

首先，胜过主张（X）仍然是开放的，但是其反对理由（Y）（counter reason）是闭合的。在该情况下，如果博弈方 P 已经接受反对理由（右树），那么他受迫收回其胜过主张。他之所以受迫收回是因为博弈双方共同承诺了一个没有被包含在胜过当中的理由（反对理由）。结果是胜过不再被合理地填充，所以被迫收回（规则 14c1）。如果博弈方 P 不承诺该反对理由，那么对话将以博弈方

P’回应胜过主张的方式继续下去（规则 14c2，左树）。

规则 14d

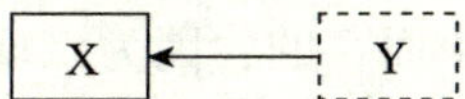

如果博弈方接受一个关于 S 的胜过主张，那么通常他受迫接受 S。这条规则是关于这样一种情况的，即博弈方 P’已经接受了该胜过主张，并且仍承诺反对 S 的理由。在那种情况下，他必须首先收回该理由。在紧跟受迫收回（forced withdrawal）的行动中，他受迫接受 S。

4.2.4　关于无效_主张

本小节是关于特殊谓词无效_主张（il_claim）的。基本上，某个主张作为句子 S 的主张的一个回应只有在该句子被拒斥的情况才被允许，～S 被主张也是如此。我们在关于胜过的规则 13 中存在这个一般规则的例外。另一个例外是博弈方可以通过主张回应某个句子的主张，即主张该特殊句子是无效的（illegal）。

规则 15 是关于这种情况的。第 16 条规则规定接受和收回句子 77
无效_主张的后果。

规则 15

当且仅当

M_{i-1} =（P，主张，S，L，B），

其中 S≠无效_主张（_）

那么

M_i =（P’，主张，无效_主张（S），L，S）是被允许的。

这条规则制定了句子无效_主张（_）的主张的条件。首先，主

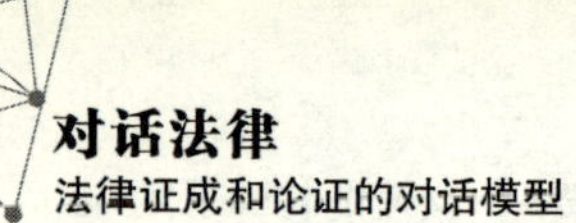

张必须紧跟由反对方给出的一个主张。其次，另一个主张的句子可能不是无效_主张（_）。为什么禁止它的理由是因为如果不是这样，毫无意义的句子无效_主张（无效_主张（_））的主张将变得可能。规则 16 是相对于规则 14 而言的，因为该规则同样可以处理不同于拒斥的两个连续的主张的后果。

规则 16

在规则 a、b、c 中，使用元素（P，主张，S，L，B）$\in D_{i-1}$。

a. 如果

$M_{i-1} \in$ {（P，收回，S，_，_），（P'，接受，S，_，_）}，

并且（P'，无效_主张（S））$\in O_{i-1}$，

那么

M_i =（P'，收回，无效_主张（S），L，S），

并且

（1）如果

（P'，~S）$\notin O_{i-1}$

那么

M_{i+1}是以下行动之一：

（P，主张，_，L，B），

或者（P，接受，_，L，B），

或者（P，收回，_，L，B）；

（2）如果

（P'，~S）$\in O_{i-1}$，

那么

M_{i+1}是以下行动之一：

（P，质疑，~S，L，~S），

或者（P，接受，_，L，~S），

或者（P，收回，_，L，~S）；

b. 如果 78

（P'，无效_主张（S））$\in O_{i-1}$，

并且 M_{i-1} =（P，接受，无效_主张（S），_，_），

那么

M_i =（P，收回，S，L，无效_主张（S））。

c. 如果

（1）（P，~无效_主张（S））$\notin O_{i-1}$

M_{i-1} =（P'，收回，无效_主张（S），_，_），或者

（2）（P'，无效_主张（S））$\notin O_{i-1}$

并且 M_{i-1} =（P，收回，~无效_主张（S），_，_），或者

（3）（P'，无效_主张（S））$\notin O_{i-1}$

并且 M_{i-1} =（P'，接受，~无效_主张（S），_，_）

那么

下一个行动是以下行动之一：

M_i =（P'，质疑，S，L，S），

或者 M_i =（P'，接受，_，L，S），

或者 M_i =（P'，收回，_，L，S）。

规则 16a　规则 16 的第一部分是关于无效_主张（S）的讨论仍是开放的，并且该句子 S 或者被接受，或者被收回的情况。无论博弈方 P 收回 S 或者博弈方 P' 接受这个句子，在下一步中，P' 受迫收回无效_主张（S）。他之所以受迫的理由是因为关于句子的讨论是不再相关的。换言之，如果博弈方 P 已经收回 S，那么就已经达到了主张无效_主张（S）的预期效果；如果博弈方 P' 接受 S，那么他对 S 的新承诺就不能与无效_主张（S）相结合。在受迫的收回之后，讨论可能以两种不同的方式继续进行。

首先，如果句子 S 被主张以拒斥 ~S：

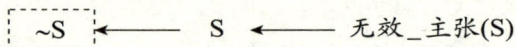

~S ← S ← 无效_主张(S)

讨论将按照规则 5a 继续下去：博弈方 P 可以质疑 ~S，接受或收回。他只是不被允许去主张（规则 16a1）。[7]

79 其次，如果句子 S 不是句子 ~S 的一个拒斥：

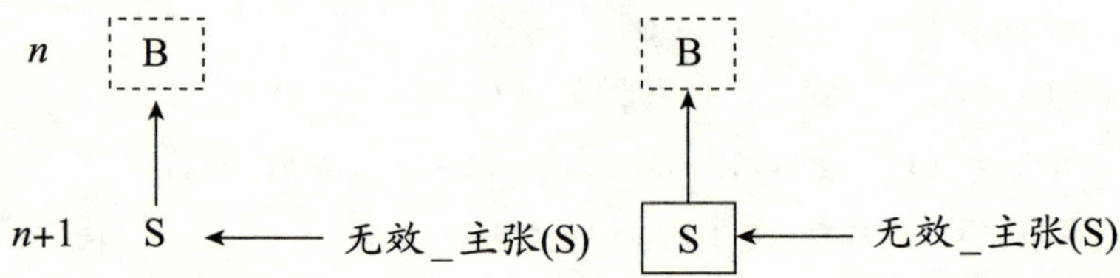

对话将按照规则 5b 继续下去：博弈方 P 可以主张（一个支持 B 的新句子）、接受或收回。他只是不被允许去质疑（规则 16a2）。

规则 16b 下面将处理以下情况。

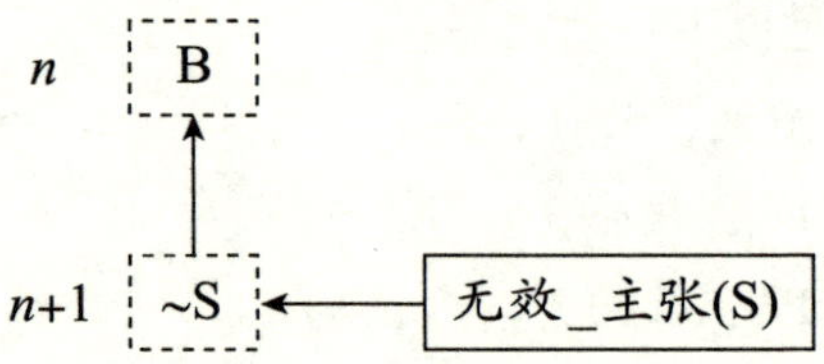

如果句子无效_主张（S）被博弈方 P 所接受，那么他受迫收回 S。收回是受迫的，这是因为句子 S 和无效_主张（S）的承诺是不相容的。

---

〔7〕 句子 ~S 仍是开放的。假使句子 ~S 不是开放的，因为它在 S 被接受或被收回之前就已经被收回了，那么讨论将以一个关于 S 的论证得以继续（见规则 5a）。~S 的这个收回的结果是关于无效_主张（S）的讨论将结束，因为根据规则 1b2，开放句子将被删除。

规则 16c　规则 16 的这部分处理紧跟无效_主张（S）的收回（规则 16c1），或者 ~ 无效_主张（S）的收回（规则 16c2）/接受（规则 16c3）。

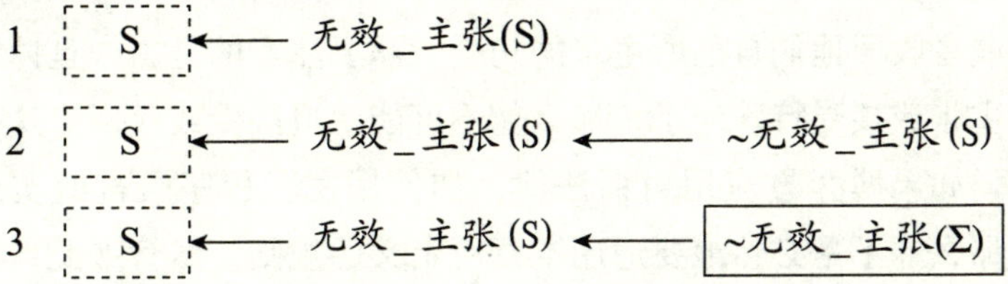

1 [S] ←— 无效_主张(S)

2 [S] ←— 无效_主张(S) ←— ~无效_主张(S)

3 [S] ←— 无效_主张(S) ←— [~无效_主张(Σ)]

前两个树（1，2）出现在无效_主张（S）被收回之后。如果无效_主张（S）还没有被拒斥，那么产生的树是 1。通常情况下都是如此。如果博弈方主张某个句子是被主张无效的，那么更合理的 80
行动是请求一个证成，而不是拒斥。然而，这并不意味着禁止拒斥。拒斥的理由可以在对话中掌握主动。如果无效_主张（S）被拒斥，那么产生的树是树 2。

最后两个树（2，3）或者产生于收回 ~ 无效_主张（S）之后，或者在接受 ~ 无效_主张（S）之后。如果 ~ 无效_主张（S）被收回，那么产生的树是 2。如果 ~ 无效_主张（S）被接受，那么产生的树是 3。

对话按照规则 5a 中的相同方式，在规则 16c 的 3 个行动的任意行动之后继续进行：博弈方 P 可以质疑 S，接受或收回。他只是不被允许去主张。

4.3　结束语

添加的特殊规则使得博弈双方有机会通过事先定义的结构化句

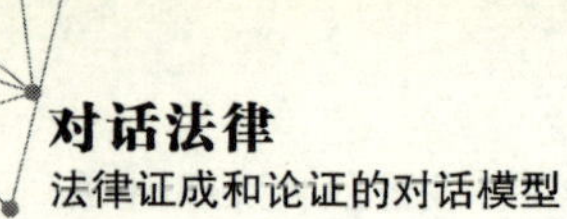

子来表达自己。本章已经定义了，如果使用这些结构化句子，承诺和连续行动有哪些后果。逻辑程序（Prolog）（参见附录）的实现将包含本章和前面章节的所有规则。

使用特殊句子的博弈双方可能会受迫接受其反对方所主张的句子，或者收回他们自己所主张的句子。需要注意的是，一旦博弈方没有主张或接受特殊句子，那么他不可能受迫接受或收回。这也意味着，如果博弈方应用对话法律，如使用逻辑程序语言的实现版本，那么并不是必然地要适用本章所定义的规则。尽管如此，不使用特殊规则也不会导致的结果是，句子不被有效地证成。因此，正如本章开头所说，实际上第 3 章的一般模型包含了法律证成的核心概念。

第 5 章 实践中的对话法律 81

本章将在对话法律中建模两个法律案例。对话的例子主要起到两个作用。首先，对话诠释了第 3 章和第 4 章的定义和规则。其次，案例展示了法律证成如何在对话法律中得到建模。由于已经分析了此前的决定，本章将只阐释对话法律如何被使用于重构证成（参见第 2 章）。使用逻辑程序（见附录）的当前实现还不适合用于证成的重构，除非使用者谙熟命题逻辑（propositional logic）。[1]

本章的结构安排如下。在第 1 节中将展示包含 21 个行动的全对话。该对话是建立在关注非法证据的加利福尼亚案（Californian case）的基础上的。在该对话中，对话法律的不同层面将接受检验。其次，还将分析夏博特案（Chabot case）[2]。该案是由对精神痛苦的病人实施安乐死的医生夏博特而得名的。基于夏博特案的例子将展示规则 7 ~ 14 是如何发挥作用的。本节中的对话是相对简短的。

为简便起见，句子是由它们所主张的行动的数字来表示。因此，在第 3 个行动中所主张的句子往后都表示为 S_3。行动的布局

---

〔1〕 阿姆斯特丹自由大学的计算机/法律研究中心的前沿学术活动之一是将改进对话法律，使得应用它构造证成变得愈加简单。

〔2〕 1994 年 6 月 21 日荷兰最高法院的判决（NJ 1994，656）。

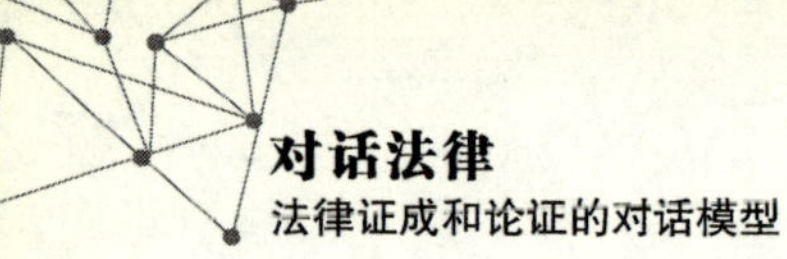

（layout of the moves）表示如下：

M_n =（博弈方，行为，
句子 1，
层次，句子 2）

行动中的第一行指出了谁是博弈方，以及他展示了何种类型的言外行为。第二行显示行为所指向的句子。连续的行将被应用于案例当中，根据句子的长度，这是必要的。最后一行开始于层次，并且结束于该行动作为某个论证所支持或者回应的句子。需要注意的是，句子 1 和句子 2 可以是相同的。

82 在括号中间将会以下列方式指出相关的规则或定义。定义将被写作 Def.，所以定义 1 被写作 Def. 1；规则将被写作 R，所以规则 1a 将变为 R1a。如果相关的规则以此前对话中的同样方式而得到使用，那么将不再被重新编号。

5.1 泰利尔案例

本节中的对话是基于加利福尼亚最高法院的一起案件：人民诉泰利尔（Tyrell）。1991 年 10 月 3 日，泰利尔同两名帮派成员参加了一场足球赛。上一周那里的比赛刚发生了一场枪击事件。警察担心灾难再次重演，因而非常警觉。泰利尔帮会的一名成员引起了警方的注意，因为他穿着厚重的棉服——尽管当时的温度是 80 度。〔3〕他们全部被搜查，而且在泰利尔身上发现了大麻（marihuana）。到目前为止，这看上去是一起清楚的非法证据的案例，但是存在一个

〔3〕 显然，温度以华氏摄氏度来表示，相当于 30 摄氏度。

复杂的因素。那就是，除其他人外，泰利尔尚处于缓刑期，受制于条件："任何执法人员，在有或无搜查令的情况下，都可以提出搜查个人及其财产……" 然而，搜查官并没有意识到该缓刑条件。由此引发的问题如下。证据是否涉嫌包含非法获得的大麻，是因为搜查缺少合理凭据（probable cause），还是在缓刑条件下被认定是非法证据？

行动的每个序列都是由对话中的非正式说明来实行的，而且紧跟其后的是行动的一个解释。

某一天，伯特和欧尼在讨论泰利尔案。伯特认为泰利尔因持有非法药物而有罪，而欧尼也完全赞同。这就结束了他们的对话。这是可能的最简短的完成对话，它可以被建模如下：

M_1 =（伯特，主张，
　　有罪（泰利尔），
　　0，对话法律）
M_2 =（欧尼，接受，
　　有罪（泰利尔），
　　0，有罪（泰利尔））

对话总是以博弈方 1 的主张而开始的：伯特主张泰利尔有罪；行动是位于第 0 层并且由对话法律（Def. 5）的规则所得到。在这
个行动之后，伯特承诺句子有罪（泰利尔）（R1a）。第 2 个行动仍 83
然是位于第 0 层，并且它包含了对该句子泰利尔有罪（R3）的回应。也就是说，欧尼接受了句子有罪（泰利尔）（R2c）。因为欧尼当前也承诺有罪（泰利尔）（R1b1），那么就不存在第 2 个行动之后的争议句子，$O_2 = \varnothing$（Def. 4）。因此，对话就结束了（Def. 5）。

第二天，美梦之后，伯特打算再次确认他关于泰利尔有罪的观点。伯特说："欧尼，泰利尔有罪，不是吗?"此时欧尼变得不那么随和并且质疑伯特的主张。伯特主张的论证是泰利尔持有大麻。欧尼反对该论证并且认为泰利尔持有大麻的主张是不被允许的。伯特大为吃惊，并且质疑欧尼的主张。

M_1 =（伯特，主张，
有罪（泰利尔），
0，对话法律）

M_2 =（欧尼，质疑，
S_1，
0，S_1）

M_3 =（伯特，主张，
持有_大麻（泰利尔），
1，S_1）

M_4 =（欧尼，主张，
无效_主张（持有_大麻（泰利尔）），
1，S_3）

M_5 =（伯特，质疑，
S_4，
1，S_4）

为回应有罪（泰利尔），欧尼在第 2 个行动中质疑了伯特的主张（R3a）。第 3 个行动的层次将变得更低，这是因为第 2 个行动中的质疑（R4）。在伯特主张泰利尔持有大麻之后，在第 4 个行动中，欧尼主张伯特的主张是无效的（R15）。伯特再质疑欧尼的主张。

在前五个行动的对话树中，即 DT_5，每个句子都由惯用的简写来表示。

84

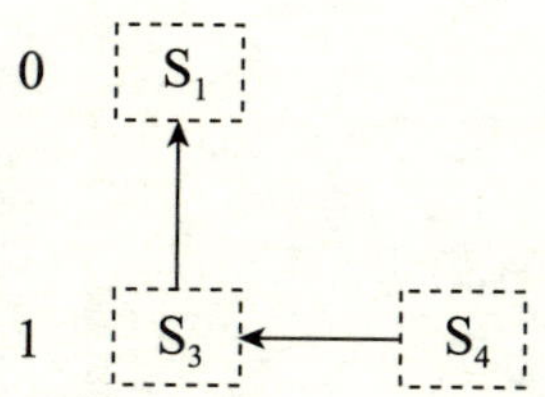

欧尼给出了案子的第二种思考，他不再认为泰利尔是有罪的。他假设不允许引证泰利尔持有大麻，因为该事实的知识是由非法证据得来的。伯特质疑该主张。欧尼开始通过主张规则“如果一个事实是基于非法证据的，那么它是被非法主张的”的有效性来进行辩护。伯特认可该规则。当欧尼继续表述证据事实上是非法获得的时候，伯特想知道为什么是这样的。

M_6 =（欧尼，主张，

　　理由（非法_获得_证据（持有_大麻（泰利尔）），S_4），

　　2，S_4）

M_7 =（伯特，质疑，

　　S_6，

　　2，S_6）

M_8 =（欧尼，主张，有效（规则（非法_获得_证据（事实），

　　　　　　　　　　　　　　无效_主张（事实）），

　　3，S_6）

M_9 =（伯特，接受，

　　S_8，

　　3，S_8）

M_{10} =（欧尼，主张，

非法_获得_证据（持有_大麻（泰利尔）），

3，S_6）

M_{11} =（伯特，质疑，

S_{10}，

3，S_{10}）

在第 6 个行动中，欧尼主张事实是证据是非法获得的，即为什么主张泰利尔持有大麻无效的理由（R9）。在第 8 个行动中，层次已经再次降低。欧尼主张伯特也接受的一条规则的有效性（validity of a rule）。仍然是在第 3 层，欧尼主张该规则的条件是得到满足的。伯特质疑该句子。下图展示了第 11 个行动之后的对话树。

85

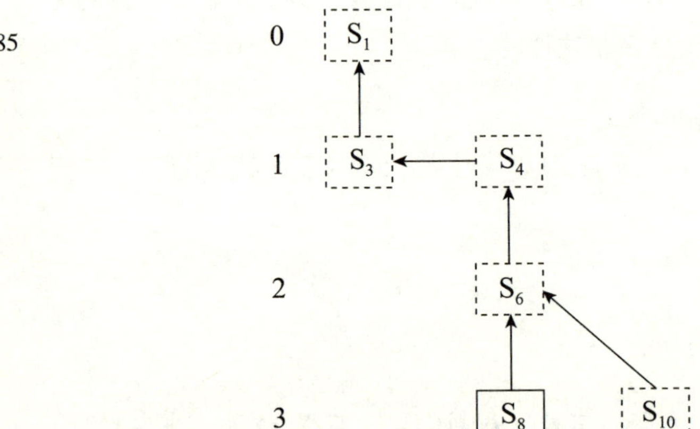

伯特和欧尼继续他们的对话。欧尼说："听着，伯特，难道你不认为泰利尔案缺乏合理凭据的事实，因为他没有涉嫌非法持有毒品，这是为什么说证据是非法获得的理由。"伯特认可这个说法，并且这使得欧尼高兴，因为欧尼相信他已经赢得了关于证据的争论。但是接着伯特提醒欧尼，因为泰利尔的缓刑条件，他不得不允许被随时搜查，即便是任意的理由或甚是完全无理由。欧尼认同，但是仍坚信他的论证强于伯特的论证。

M_{12} =（欧尼，主张，
理由（~嫌疑人（泰利尔），
非法_获得_证据（持有_大麻（泰利尔）），
4，S_8）

M_{13} =（伯特，接受，
S_{12}，
4，S_{12}）

M_{14} =（欧尼，主张，
胜过（{~嫌疑人（泰利尔）}，{}，S_{10}），
4，S_8）

M_{15} =（伯特，主张，
理由（缓刑_条件（泰利尔），~S_{10}）
4，S_{14}）

M_{16} =（欧尼，接受，
S_{15}，
4，S_{15}）

M_{17} =（欧尼，收回， 86
S_{14}，
4，S_{16}）

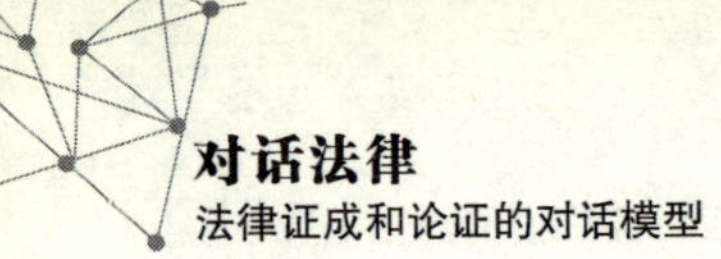

M_{18} =（欧尼，主张，
胜过（｛～嫌疑人（泰利尔）｝，
｛缓刑_条件（泰利尔）｝，
S_{10}），
4，S_{10}）

欧尼主张了一个伯特也接受的理由。接下来，欧尼主张这个理由优于理由的空集（R9，R10）。欧尼的这个主张是决定性的（伯特可能不会质疑，R11），除非伯特知道某个反对的理由。伯特打算消除 S_{10} 的承诺，因而主张了一个反对 S_{10} 的理由（R13）。欧尼接受了这个理由，并且这导致他受迫收回“胜过”（R14c）。在这个受迫的收回之后，欧尼主张了一个新的“胜过”，它包含了双方的理由。在第 18 个步骤之后，对话树如下所示。

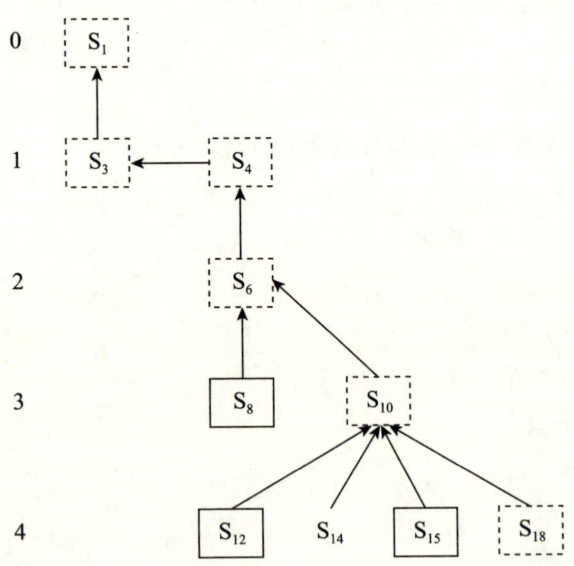

伯特想知道为什么欧尼认为他的论证强于伯特的论证。欧尼援引了一个由加利福尼亚上诉法院判决的相似案例。伯特因为这个论证感到吃惊，并且喃喃而语：“你真的难倒我了，我收回关于泰利尔有罪的初始主张。”

M_{19} =（伯特，质疑， 87
　　S_{18}，
　　4，S_{18}）
M_{20} =（欧尼，主张，
　　理由（加利福尼亚_法院（胜过（{～嫌疑人（P）}，
　　　　　　　　　　　　　　{缓刑_条件（P）}，
　　　　　　　　　　　　　　无效_获得_证据（P））），
　　S_{18}），
　　5，S_{18}）
M_{21} =（伯特，收回，
　　S_1，
　　5，S_{20}）

在伯特的质疑之后，欧尼举出了一个理由，它陈述了在加利福尼亚上诉法院关于一个类似案例的判决中，其结果与欧尼所认为的泰利尔案的结果相似。尽管伯特不被迫使这样做，但他找到了足够确信的理由来收回他的初始主张。在收回行动之后，就不存在遗留的开放句子，所以对话就到此结束。在最后一个行动，即第 21 个行动之后，就不存在遗留的争议句子，正如以下树所示。

大多数律师可能会认同上诉法院的判决。出人意料的是，加利 88
福尼亚最高法院却不认同。他们裁定证据是非法获得的。所以，如果伯特意识到这个判决，那么他可能会赢得这个对话。

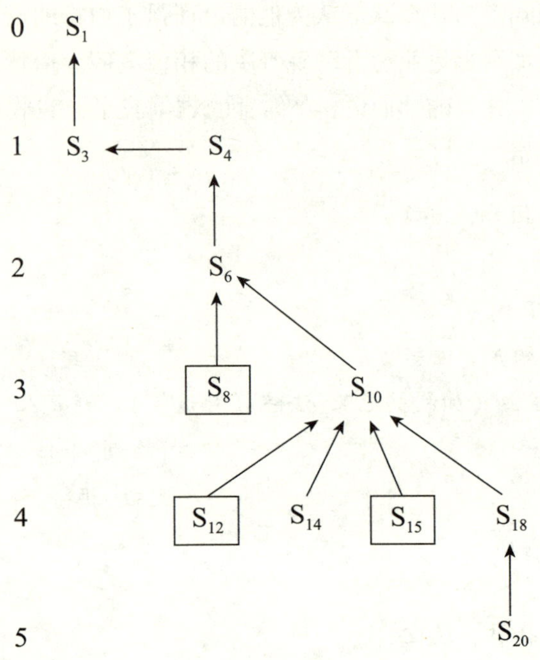

5.2 夏博特案

1994 年 6 月 21 日，荷兰最高法院裁定了一起安乐死案例，该案不仅对于法学学说（legal doctrine）有重要影响，而且还吸引了媒体的诸多关注。这个案子很特别，因为安乐死首次被认可适用于遭受精神折磨的病人。《荷兰刑法典》第 294 节规定，这里相关的内容，可以灵活翻译如下〔4〕：

〔4〕 荷兰语：Art. 294 Sr. Hij die opzettelijk een ander tot zelfmoord aanzet，hem daarbij opzettelijk behulpzaam is of hem middelen daartoe verschaft，wordt，indien de zelfmoord volgt，gestraft（…）.

故意帮助他人自杀的人是该受惩罚的。

医生有义务报告他所实施的每一例安乐死。如果他的决定谨慎，符合相关的准则，那么他就不会被起诉。不予起诉的法律根据是不可抗力（force majeure）[5]，例如，存在两个相对立的义务（contrary duties）。一方面的义务是救死扶伤，同时，另一方面的义务是尊重个人及其明确求死的意愿。

第5.2.1、5.2.2和5.2.3节将给出规则的例子，这些规则在第4章第5.2.1、5.2.2和5.2.3节中分别被介绍。以下两个行动先给出下一节中的对话。

M_1 =（欧尼，主张，

惩罚（夏博特），

0，对话法律）

M_2 =（伯特，质疑，

S_1，

0，S_1）

在第1个行动中，欧尼主张实施安乐死的医生夏博特是该受惩罚的。伯特质疑这个主张。

5.2.1　适用规则的理由 89

在以下对话中，欧尼主张了一个支持句子夏博特该受惩罚的论证。他主张适用一个特殊的规则。该规则的条件是夏博特辅助自杀，结论是夏博特是该受惩罚的。伯特质疑该主张。

---

〔5〕这就是实质法律根据。程序上，公诉人适用所谓的机会原则（opportunity principle）：如果放弃决定是基于公众利益的根基，那么就有权终止实施，《荷兰刑事诉讼法典》第167条。

M_3 =（欧尼，主张，
　　适用（规则（辅助_自杀（夏博特），
　　　　　　惩罚（夏博特）），
　　1，S_1）
M_4 =（伯特，质疑，
　　S_3
　　1，S_3）

如果博弈方不接受适用该规则，那么该博弈方必须由支持论证来使其信服。该主张的一个好策略（strategy）是：

（1）该规则是有效的，并且
（2）满足该规则的条件。

两个句子共同得到了为什么适用该规则的理由，也就是规则是可适用的理由（参见第4.1节）。

如果反对方不接受该规则是有效的，那么相关的法律条款的引用可能足以支持该主张，例如：

来源（规则（帮助_自杀（X），惩罚（X）），Sr_294）。

这个句子说的是，相关规则能够在《荷兰刑法典》第294节中找到，通常简写为“Sr”。在来源的主张之后，博弈方要么接受该规则的有效性，要么发起一个关于为什么他认为规则无效的讨论。例如，因为规则的表达不够准确，或者规则已经被废止。

证成的深度（the depth of the justification）依赖于反对方的质疑。如果句子被接受，那么他们没有必要继续证成，因为事实上被接受的句子使得它们已经是被证成的。由于本节的目的是诠释规则7，因而在接下来的对话中，伯特质疑的既不是规则的有效性，也不是满足条件的事实。

M_5 =（欧尼，主张，
　　有效（规则（帮助_自杀（个人），惩罚（个人）），
　　2，S_3）

M_6 =（伯特，接受， 90
　　S_5，
　　2，S_5）

M_7 =（欧尼，主张，
　　帮助_自杀（夏博特），
　　2，S_3）

M_8 =（伯特，接受，
　　S_7，
　　2，S_3）

M_9 =（欧尼，主张，
　　理由（可适用的（规则（帮助_自杀（夏博特），
　　　　　　　　　　惩罚（夏博特））），
　　　　适用（规则（帮助_自杀（夏博特），
　　　　惩罚（夏博特））））），
　　2，S_3）

在对话的这一阶段中，伯特既承诺规则是有效的（S_5），也承诺规则的条件得到满足（S_7）。这两个事实得到了适用该规则的理由。这就是欧尼在第9步中主张的理由，也就是规则是可适用的。由于伯特的承诺，以及事实是规则是可适用的理由是开放的，根据规则7a，伯特受迫在第10步中接受该理由。

M_{10} =（伯特，接受，
　　S_9，

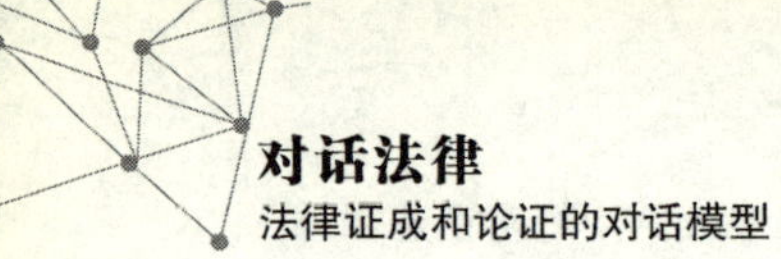

2，S_9）

假设在第 6 步中伯特已经拒斥了规则是有效的，而且欧尼变得确信规则的确不是有效的。

M_n =（欧尼，接受，
~有效（规则（帮助_自杀（个人），惩罚（个人）），
_，_）

在行动 M_n 当中，规则 7b 禁止规则是可适用的理由的主张。如果欧尼承诺该规则的条件的否定，即~帮助_自杀（夏博特），那么也同样如此。

5.2.2　关于适用、理由和排除

本节关注适用、理由和排除之间的关系（R8）。在伯特质疑夏
91 博特是该惩罚的主张之后（行动 2），可以给出一个不同于此前小节中的支持论证。换言之，夏博特协助某人自杀的事实是一个为什么他应受惩罚的理由。如果伯特质疑该理由，那么欧尼可以通过主张适用相关的规则来支持它。

M_3 =（欧尼，主张，
理由（（帮助_自杀（夏博特），惩罚（夏博特）），
1，S_1）
M_4 =（伯特，质疑，
S_3，
1，S_3）
M_5 =（欧尼，主张，
适用（规则（帮助_自杀（夏博特），
惩罚（夏博特）），

2，S_3）

M_6 =（伯特，接受，

S_5，

2，S_5）

前面的小节详述了如果适用被质疑，那么对话是如何进行的。这里，伯特接受了该规则适用，所以他承诺了该句子。与被适用规则相关的理由仍然是开放的，所以在第 7 步中，根据规则 8a，伯特受迫接受在第 3 步中主张的理由。

M_7 =（伯特，接受，

理由（（帮助_自杀（夏博特），惩罚（夏博特）），

2，S_6）

支持这个受迫接受的理由是如果适用一个规则，那么将产生相关的理由（第 4.1 节）。

假设伯特在第 6 步中不接受适用该规则，而是拒斥它并且欧尼质疑该拒斥。作为否定适用该规则的支持论证，伯特可以引证该规则被排除了。下一节将详述哪些论证可以被用于支持规则被排除了的主张。现在，让我们先假设欧尼立即接受该规则被排除了。

M_6 =（伯特，主张，

~S_5，

2，S_5）

M_7 =（欧尼，质疑，　92

S_6，

2，S_6）

M_8 =（伯特，主张，

排除（规则（帮助_自杀（夏博特），

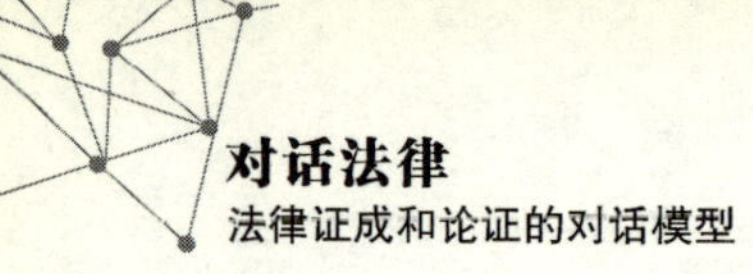

惩罚（夏博特）），

2，S_6）

M_9 =（欧尼，接受，

S_8，

2，S_8）

在这个对话之后，欧尼同时承诺适用该规则以及该规则被排除。因为这些句子的承诺不能共同存在，因而根据规则8b，欧尼受迫收回该规则适用的句子。

M_{10} =（欧尼，收回，

适用（规则（帮助_自杀（夏博特），

惩罚（夏博特）），

2，S_9）

5.2.3 关于理由和胜过

本节将给出理由和胜过的例子，规则9～14。在此前的小节中，伯特主张在第8步中，欧尼打算适用的规则是被排除的。欧尼接受这个行动，但是他现在质疑该规则被排除的主张。作为伯特给出的一个论证，即夏博特是因为不可抗力因素。欧尼质疑这个主张。伯特援引了希利（B. Hilly）（这个妇女自杀身亡）求死的意愿作为理由[6]。欧尼接受该理由。伯特主张这单个理由也优于一个理由的空集。

M_9 =（欧尼，质疑，

排除（规则（帮助_自杀（夏博特），

惩罚（夏博特）），

〔6〕 显然，伯特知道夏博特实施安乐死的妇女就是希利。

2，S_8）

M_{10} =（伯特，主张，

不可抗力（夏博特）

3，S_8）

M_{11} =（欧尼，质疑，

S_{10}，

3，S_{10}）

M_{12} =（伯特，主张， 93

理由（死亡_意愿（希利），不可抗力（夏博特）），

4，S_{10}）

M_{13} =（欧尼，接受，

S_{12}，

4，S_{12}）

M_{14} =（伯特，主张，

胜过（{死亡_意愿（希利）}，

{}

不可抗力（夏博特）），

4，S_{10}）

在第12步中，伯特主张了一个理由。根据规则9，如果某个句子在更高的层次被主张是一个支持低层次句子的理由，那么可以在确定的层次主张该理由。这里的理由在第4层被主张，而且它是一个支持夏博特的不可抗力因素的理由。由于第3个层次主张了夏博特的不可抗力因素，因而在第12步中该理由的主张是被允许的。

在第14步行动中，伯特主张了一个位于第4层的胜过句子，即为夏博特的不可抗力因素的辩护。因为夏博特的不可抗力因素被主张在第3个层次，根据规则9，所以这个主张是被允许的。规则

10 表述的是支持理由集不能是空集，并且胜过所辩护的句子仍然是存在争议的。由于还没有达成关于夏博特不可抗力因素的共识，并且在支持理由集中存在一个理由，所以这些条件也得到了满足。

对话继续如下进行。欧尼主张了一个反对理由，也就是生命应当被敬畏。伯特认可敬畏生命是一个反对夏博特的不可抗力因素的理由。

M_{15} =（欧尼，主张，
理由（敬畏_生命，~不可抗力（夏博特）），
4，S_{10}）
M_{16} =（伯特，接受，
S_{15}，
4，S_{15}）

如果反对理由集是空集（R11），那么质疑胜过是不被允许的。所以第 15 步中不允许欧尼去质疑。而且，根据同一个规则，也同样不允许拒斥。伯特给出的第 15 步是一个特殊步骤。规则 13 允许通过主张反对理由来回应胜过主张。在第 16 步中，伯特接受了该
94 反对理由。因为该理由被接受，所以胜过就不再是准确的。[7]因此，伯特受迫收回在第 17 步中的胜出（R14c）。

M_{17} =（伯特，收回，
胜过（{死亡_意愿（希利）}，
{}，
不可抗力（夏博特）），

〔7〕 伯特接受了这个理由。结果是胜过的理由集不再被博弈双方所认可的理由所填充。因此，胜过必须被收回。

4，S_{16})

这里适用规则 14c1，因为：

- 句子胜过仍是开放的；
- 伯特承诺了反对理由。

假设欧尼在第 15 个行动中没有主张反对的理由，而是接受了胜过主张。

M_{15} =(欧尼，接受，
胜过（{死亡_意愿（希利)}，
{}，
不可抗力（夏博特)），
4，S_{10})

规则 12 规定了接受胜过的后果。在第 15 个行动之后，欧尼受迫接受胜过所辩护的句子，也就是夏博特的行为是不可抗力的。

M_{16} =(欧尼，接受，
不可抗力（夏博特)），
4，S_{15})

规则 12a 包含一个补充条件，即欧尼不承诺夏博特的不可抗力因素的否定。如果他承诺了，那么他应当在受迫接受之前，首先必须先收回这个否定（R12b）。

5.3　结束语

本章诠释了第 3 章和第 4 章中的大多数规则和定义。在对话法律中，建模的法律证成的方式现在就变得清晰了，至少在主线上是 95

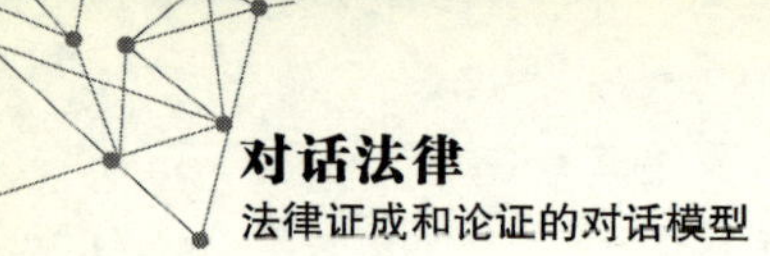

这样。在本书的余下部分将不再改变或扩展这些规则。

只有在本章被称作是实践中的对话法律之后，我才发现实践中的法律就是法理学中的基本概念。庞德（Pound，1931）引入了书本中的法律和实践中的法律的区别。这种划分意味着指明了学术研究的另一种方向；人们除了在象牙塔中专研文本，学术还必须在实践中研习法律。

我的知识受益于这些书，而不是从经验研究中习得的。尽管如此，本章在对话法律中分析了两个真实的法律案例，所以在这个意义上，本章在实践中诠释了些许法律。

第 6 章　论辩的对话模型 97

本章将描述其他的对话模型并且将与对话法律进行比较。[1]首先，在第6.1节中，将简要说明范围广泛的对话模型的发展诉求。

本章的核心包含了以下工作的探讨：

- 麦肯齐的DC系统（第6.3节）；
- 雷斯彻的论辩术（dialectics）和布鲁卡（Brewka）的形式化理论（第4节）；
- 戈登的诉答博弈（Pleadings Game）（第6.5节）；

选择这些博弈的理由是，它们如同对话法律一样都是开放模型（参见第2章）：使用的是不固定的论证、前提或命题集。[2]这些博弈都定义了行动的结构和序列；博弈方可以自由选择每个行动的内容。如果证成被建构，那么这些行动的内容的自由选择就尤其重要。尽管如此，即便这些博弈被用于重构（参见前述章节），前提集在一开始也不是固定的。

---

〔1〕对话模型的综述见较早的《从公理到对话》（Barth & Krabbe，1982）、《对话中的承诺》（Walton & Krabbe，1995）以及《论证理论基本原理——历史背景和当代发展手册》（Van Eemeren et al.，1996）。

〔2〕这就是为什么没有讨论帕肯和沙托尔的工作的原因。他们研究的是给定固定前提集下的命题的可辩护性。

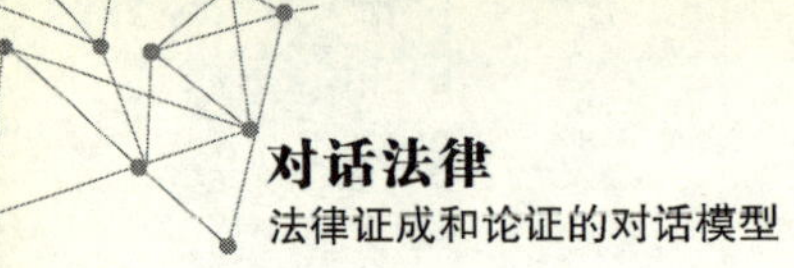

为介绍这些模型，将在麦肯齐的 DC 系统、雷斯彻的论辩术、戈登的诉答博弈模型以及对话法律（第 6.2 节）中展示同一个对话。每一个模型的讨论所特别关注的是可能的（序列）行动和承诺。第 6.6 节给出了对话法律[3]与第 6.3 ~6.5 小节所讨论模型的行动和承诺之间的一个比较研究。

最后一节将讨论对话论辩（argumentation）领域的其他成果：荷兰语言学家范爱默伦（Van Eemeren）和格罗顿道斯特（Grootendorst）的工作、弗雷斯维克的论辩术、新田（Nitta）及其同事的 HELIC 系统、路易（Loui）及其同事的工作以及法利（Farley）和弗里曼（Freeman）的证明责任层次论。

98

6.1 模型的目的

每个论辩模型的发展都有一个特定的目标。尽管在一般层次上，所有的模型的共同目标是建模论辩，它们的目的只是在特殊层次上有所不同。

汉布林（Hamblin，1970，p. 265f.）为探究谬误而发展了一个对话博弈 H。麦肯齐的博弈（Mackenzle，1979a，1990）是 H 博弈的一个深入发展，主要地意在阻断论辩中的循环使用。范爱默伦和格罗顿道斯特（Van Eemeren & Grootendorst，1982）想让他们的模型既被用作是分析讨论的工具，而且还作为理性讨论的行为规范。所有这些模型的共性是，它们都是面向语言的，意在建模实践推理（practical reasoning）。

作为人工智能与法模型（AI&Law model）的诉答博弈模型

---

〔3〕 有关对话法律的讨论，参见第 3 章和第 4 章。

（Gordon，1995），其目的是厘清民事诉讼中博弈双方的分歧点，或者，用法律术语来说，就是判定存在于博弈双方的法律问题和事实问题。HELIC 系统（Nitta，Wong & Ohtake，1993；Nitta *et al*，1995；Nitta & Shibasaki，1997）的目的是发展一个法律推理的综合模型以及一个基于该模型的便携式软件工具。而对话法律的目的是建模法律证成。模型的意图不是反映某个特殊的领域，而是旨在一般意义上的法律。

哲学家雷斯彻（Rescher，1977）意在探讨如何通过论辩术来发现知识。他认为学术争论中的理性可以由论证的论辩式交换来保证。在人工智能与法学术群体开启当前流行的论辩术理论的进程中，路易起着重要作用。路易（例如，Loui，1992）坚持不懈地强调论辩是一个过程。其论辩（dialectical）协议（Loui，1992；Loui *et al.*，1992；Loui & Chen，1992）是为了给出一个指向公正和有效的论辩协议的步骤。其工作的重要组成是研究规则和案例的合理性（Loui *et al.*，1993；Loui & Norman，1995）。弗雷斯维克（1993）的论辩术其目的是检验某个论题在给定的特殊背景下是否是有效力的。他的辩论技术被用于有效地搜索论证的大型数据库。

对话博弈还包含其他不同的目的。在中世纪，义务游戏（Obligation Game）被用于测试学生的知识。如果在一个对话中，学生能够与他们的老师避免矛盾，那么他们可以通过考试。洛伦兹（Lorenz，1961）设计了一种对话博弈，其中提出方有责任证明他的初始话语（locution）是一个重言式（tautology）。本奇 - 卡鹏（Bench-Capon）及其同事（Bench-Capon，Lowes & McEnery，1991；Bench-Capon，Dunne & Leng，1992）为了改进基于知识的系统提供解释的方式，研发了对话博弈。使用者不会被赋予某个标准的解释，这个解释却是由使用者的质疑来决定的。圣文森特和波林 99

(St-Vincent & Poulin，1994）使用群体组之间的互动来判定（基于主体的数目、整体一致性，等等）模糊法律概念的含义。帕肯和沙托尔（例如，Prakken & Sartor，1996）使用了一个对话博弈来判定某个论证在他们的论辩理论中是否是被证成的。

6.2　一个简短的对话样本

在所有的博弈中，即麦肯齐的 DC 系统、雷斯彻的论辩术、戈登的诉答博弈以及对话法律，都包含两个博弈方。在以下讨论中，对话的参与方的命名和前述工作中一样。对话使用的是此前章节中泰利尔对话的一个简短版本，而且关注两个论证：

- 只有嫌疑人才能被搜查，而泰利尔不是嫌疑人；
- 泰利尔的缓刑条件之一是他在任何时间都必须接受搜查。

伯特：不允许搜查泰利尔。

欧尼：何以见得？

伯特：只有是嫌疑人的人才能被搜查，但是泰利尔不是嫌疑人。

欧尼：我同意，但是泰利尔还在缓刑期间并且在任何时间都必须接受搜查。

伯特：有道理，允许搜查。

尽管还存在更多的方式来建模这个对话，但是我相信接下来的表达反映了初始工作的旨趣。这并不意味着完全只有通过阅读案例才能理解这些模型，而是对话意在让人有一种博弈的印象。后续部分将详解博弈的具体细节。在对话样本中将使用以下简写：

- sa = 允许搜查；
- s = 嫌疑人；

- pc = 缓刑条件。

麦肯齐的 DC 系统 100

	威尔玛（Wilma）	鲍勃（Bob）
1	~ sa	
2		为什么 ~ sa
3	~ s	
4		如果 pc 那么 sa
5	sa	
6		解决是否有 sa& ~ sa
7	无承诺 ~ sa	

博弈从威尔玛的命题开始，即搜查不被允许。在第二个行动中，鲍勃挑战了这个命题。在辩护中，威尔玛提出命题，即不存在嫌疑人的命题。鲍勃回应了命题，即如果存在缓刑条件，那么允许搜查。基于这个信息，威尔玛最后决定允许搜查。鲍勃并不完全确信冲突的命题，也就是威尔玛偏好的是允许搜查，还是不允许搜查。因此，鲍勃将通过求解需求（resolution demand）来继续下去。在最后一个步骤中，威尔玛受迫收回其中的一个矛盾命题；因而，她将收回她的初始命题。

雷斯彻的论辩术

	正方（PRO）	反方（CON）
1	！ ~ sa	
2		† sa
3	~ sa/ ~ s&！ ~ s	
4		sa/（ ~ s&pc）&†（ ~ s&pc）

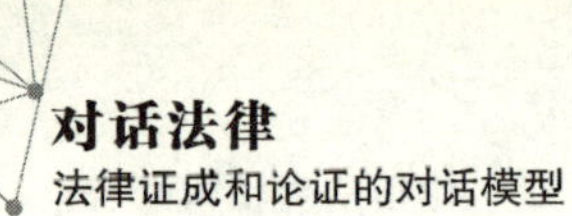

对话开始于提出方直截了当地提出搜查不被允许。反对方回应了一个谨慎的断言，即允许搜查。在回应中提出方主张，不是嫌疑人的人不应当被搜查，且没有嫌疑人。反对方回应称，如果某人不是嫌疑人，但受限于特定的缓刑条件，那么搜查应当被允许。因为提出方不能够回答反对方的最后一个行动，所以对话将停止并且反对方赢得了对话。

101 **戈登的诉答博弈**

	原　　告	被　　告
1		拒斥（主张 ~ sa ty））
2	宣告（规则，1，（X） 如果（ ~ s X） 那么（ ~ sa X）） 辩护（拒斥（主张（ ~ sa ty）） （ ~ s ty 支持 1 ap（inst 1（parms ty）） ））	
3		承认（主张（支持 1）） 承认（主张（ ~ s ty）） 宣告（规则，2，（X） 如果（pc X） 那么（sa X）） 辩护（（论证（ ~ s ty） 支持 1 ap（inst 1（parms ty） ~ sa ty） （pc ty 支持 2 ap（inst 2（parms ty）） ））

续表

	原　　告	被　　告
4	承认（主张（支持 2）） 承认（主张（pc ty）） 承认（反驳（pc ty） （sa ty）（~s ty））	

在原告（plaintiff）提出搜查是违法的之后，对话开始于拒斥该主张。在第二个行动中，原告声明了一个规则，并且提出了一个基于该规则的论证，它击败了之前的拒斥。在他的回应中，被告（defendant）承认了该规则的有效性，还承认了该规则的条件是得到满足的，而且还宣告了一个新规则。他适用这个新规则去击败原告的论证。在最后一个行动中，原告承认其所有的行动都被置于开放状态，包括反驳（rebuttal），所以他在辩论中失利。

对话法律 102

	伯　　特	欧　　尼
1	主张，~sa（ty）	
2		质疑，~sa（ty）
3	主张，理由（~s（ty）， ~sa（ty））	
4		接受，理由（~s（ty）， ~sa（ty））
5	主张，胜过（{~s（ty）}，{}， ~sa（ty））	
6		主张，理由（pc（ty）， sa（ty））
7	收回，~sa（ty）	

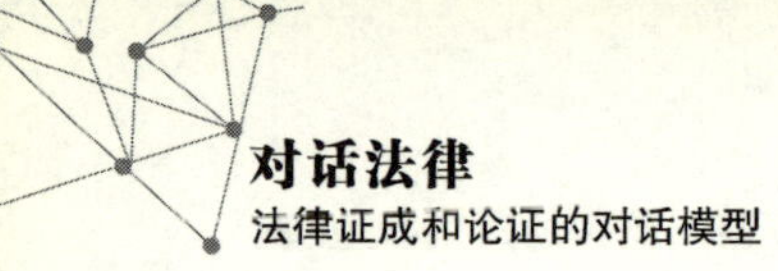

在第5章中，泰利尔对话的行动1~6类似于行动10~15，除了这个对话中的理由不是关于非法证据之外。在第7个行动中，伯特收回了在第一个行动中所做的主张。

上述模型的区别已经显现。例如，麦肯齐的DC博弈允许出现矛盾，在雷斯彻的博弈中击败是基于特殊性（specificity）的，戈登的论证是基于规则适用的，而在对话法律中理由则是要接受权衡的。

6.3 麦肯齐的DC博弈和汉布林的H博弈

为了研究谬误理论，汉布林（Hamblin，1970，p. 265f.）发展了“包含质疑的问答系统”对话博弈，通常被简写为“H”。据我所知，H博弈（the game H）是第一个在对话中使用承诺概念和收回行动的系统。[4]进一步，汉布林还创建了形式论辩术（formal dialectic）概念，而且他还首次在理性讨论中定义了交换论证规则的系统（参见Van Eemeren，Grootendorst & Kruiger，1987，p. 136）。

H博弈的著名变体是由汉布林的往届学生麦肯齐给出的DC系统。因为诸多其他的研究（例如，Finkelstein & Fuks，1990；Bench-Capon，Lowes & McEnery，1991；Pilkington *et al.*，1992；Moore，1993）都是基于DC博弈的，所以我将讨论的是DC博弈，而不是H博弈。讨论将特别关注行动和承诺的类型。

103 6.3.1 行动

博弈方轮换亮出行动，并且在每一轮只被允许给出一个话语。

---

〔4〕 戈登（Gordon，1995，p. 107）提到麦肯齐是第一个使用承诺库和收回行动的人。然而，麦肯齐（Mackenzie，1979a）却将这些新概念归功于汉布林。

DC 中的话语相当于对话法律中的言外行为及其命题内容。存在 5 个不同的话语或行动类型。[5]

行动类型	表达式
1. 命题	"P"，"Q" 等（"非 P"，"如果 P 那么 Q"，以及 "P 并且 Q"）
2. 收回	"无承诺 P"
3. 质疑	"P 的确如此吗?"
4. 挑战	"为什么 P?"
5. 求解需求	"求解是否有 P"

命题

命题行动被用于引入命题。除了标准的（normal）命题之外，还可以主张命题的一般组合。将使用"沉默暗含默许"（silent implies consent）的原则，因为它节省时间（并非博弈方认可的任意命题都必须被承认）并且它符合日常生活中的讨论（如果某人不同意某个命题，那么他通常会让人知道）。所以，在命题行动之后，博弈双方都承诺该命题。这条原则解构了对话：为了防止博弈双方本不想承诺的命题变为承诺的，这迫使他们回应对方所说的。

紧接某个命题的行动可以是 5 个行动中的任意一个，包括命题本身。

收回

收回行动被用于命题的收回。根据这个行动，给出行动的博弈方的承诺将被终止。在麦肯齐的《四个对话》（MacKenzie，1990）

[5] 实际上，麦肯齐称行动是话语（locutions）（如汉布林一样），但是为了统一起见，我把它们称作行动。

一书中收回的表达有所不同，它是由“我不确信 P”来表示的。这种另外的表达式强调了承诺的属性。原则上某人承诺其所确信的，即是他所相信的。如果存在关于某个命题的怀疑，那么通常意味着博弈方打算倾听（额外的）另一博弈方的论证。反对方可能会被要求给出包含质疑行动的论证（参见下文）。

104 一旦命题是一个“逻辑条件句”，收回就不被允许。例如，一旦使用肯定前件式论证，命题“如果 P 以及如果 P 那么 Q，那么 Q”就是一个逻辑条件句。显然，这类条件句不可以被拒斥和挑战。[6]

再次，紧跟收回行动的可以是任意行动。

质疑

质疑（P 的确如此吗?）迫使反对方使其关于命题 P 的立场变得明确。不存在这个行动的先前条件，它使得质疑已经承诺 P 的博弈方是可能的。这显得多余。但是，如果博弈方为证明 Q 而引入了实质蕴涵“如果 P 那么 Q”，那么他就是想确定反对方关于 P 的状态。

质疑行动不会对承诺产生影响。

另一博弈方可以通过 3 种方式来回应质疑。他可以通过主张它来确信该命题（P）。他可以通过主张它的否定（非 P）来拒斥它。最后，他可以通过陈述关于 P 的状态的任何事实来制止他自己（无承诺 P）。如果博弈方已经承诺了 P，那么这最后一个回应的后果是他现在就不再承诺 P。

---

〔6〕 同见麦肯齐的（1979b）《如何停止关于龟的对话》（这里的龟取自阿基里斯与龟悖论——译者注）。

挑战

挑战是支持某个特定命题的证据的一个请求。挑战的后果是，一旦发起挑战的博弈方承诺，那么将失去他的承诺。〔7〕而且，被挑战的博弈方将变得承诺。与实际的情况比起来，这看上去是一个更糟糕的后果，因为被挑战的博弈方可以在下一个行动中收回命题。例如，如果他确无证据支持该命题，那么可以打算收回它。承诺的一个最终后果是发起挑战的博弈方将变得承诺该挑战（为什么 P?）。挑战的承诺无法被终止并且在博弈全过程中被使用是为了制止乞题谬误（question begging）：不允许通过 P 或其他此前被挑战的命题来回答“为什么 P?”。所以，如果“为什么 P?”是承诺库的一部分，那么不可以主张 P 来回答挑战。〔8〕根据这条规则，无限循环将得到制止，例如，以下序列的最后一个行动将被禁止：

威尔玛	鲍　勃	105
为什么 P1?	P2	
为什么 P2?	P3	
(……)	(……)	
为什么 Pn?	P1	

如果为了回应“为什么 P?”博弈方主张 Q，博弈双方承诺 Q 和 Q→P。第二种对于一个挑战行动的可能回应是收回被挑战的命题（challenged statement）。最后，一个挑战的回答可以是一个求解

〔7〕 除了自动失去承诺之外，汉布林还允许在一次轮换中有收回和挑战。这是该规则的例外，即一次轮换只能包含一个话语在麦肯齐的博弈中不是必要的。

〔8〕 博弈方承诺挑战看上去很奇怪。更明显的是为了这个目的而使用的行动的博弈记录（game record）。令我疑惑的是为什么博弈的记录没有在这里使用。挑战被存储为承诺的可能理由是，在博弈中承诺是迄今为止最重要的概念。

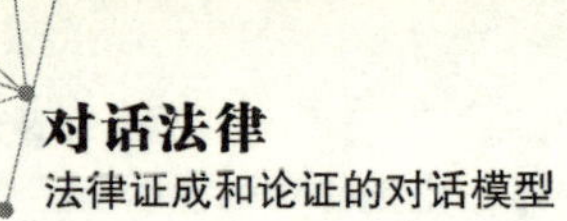

需求，其中的后件（consequent）是被挑战的命题，而条件是另一博弈方所承诺的命题：

威尔玛：为什么 P?

鲍勃：求解是否有 $Q \rightarrow P$

只有在威尔玛已经承诺 Q 以及 $Q \rightarrow P$ 的情况下，鲍勃的回应才是可行的。这个行动实质上是："如果你同时承诺 Q 和 $Q \rightarrow P$，你怎么能问'为什么 P'?"

求解需求

这个行动意在应对承诺库中包含不一致性的反对方。存在两个不同的求解需求。第一个类型是解决人们的承诺库中不一致性的需求。例如，求解是否有 $Q \& \sim Q$，或者，求解是否有 $(P \& (P \rightarrow Q)) \& \sim Q$。对于这个求解需求，唯一被允许的回应是收回矛盾合取式中的某个合取肢。

第二个求解需求的类型是在挑战之下得以讨论的类型：在 P 被挑战之后，有行动"求解是否有 $Q \rightarrow P$"。需要注意的是，如果反对方承诺 Q 和 $Q \rightarrow P$，那么这个求解需求是唯一被允许的。这个求解需求的回应或者是对后果（P）的确信，或者是 Q 或 $Q \rightarrow P$ 的收回。

6.3.2　承诺

DC 博弈的承诺库在对话开始时是空集。它不同于汉布林的《谬误》(Hamblin, 1970, p. 265)，在初始承诺库中就包含了语言的公理。但是，在后来的著述中（Hamblin, 1987, p. 240），如果不存在同样两个博弈方之间的先前对话，承诺库在一开始也只是空集。如果存在两个博弈方之间的先前对话，从中得到的信息会被包
106 含在新对话的承诺库当中。这是一个有吸引力的观点，因为在那种情况下，不是所有的对话都必须从零开始。如果将对话博弈在计算

机中实现，那么存储先前的承诺将不会是困难的。

在麦肯齐的博弈中，每个博弈方都有他自己的承诺库，存储的是他所承诺的命题。对话法律有一个近乎相同的存储承诺的方式，除了存在一个单独的承诺库并且对于每个命题而言，它可以指示哪个博弈方做出了承诺。包含两个承诺库的一个小缺陷是关于承诺的运行必须由两个集合来表示，而不是一个集合。例如，如果在承诺中无任何变化，麦肯齐的博弈需要两个等式，一个是对于每个博弈方（a 和 b）而言的，在对话法律中有等式满足：$C_{n+1} = C_n$。包含两个承诺库的优点是只有命题被存储，而不是由博弈方和命题组成的对。两种进路的强项是，每个博弈方的承诺立刻就变得清晰了。

承诺库不是逻辑后承封闭的。承诺 $P \rightarrow Q$，P 以及 ~Q 的例子变得可能。只有直接的矛盾，例如，P 和非 P，是被禁止的。这种建模承诺的方式的背后观点是，博弈方不是无所不知的而且无法意识到其承诺的所有后果，尤其是当这些后果遥不可及的时候。在汉布林（1971）讨论的一个系统〔9〕当中，承诺是在逻辑后承下封闭的，但是看上去这样的严格承诺对于建模（日常生活）对话不是太有用处。

6.3.3　结语

DC 博弈的目的是建模日常生活中的对话以及防止谬误，尤其是循环谬误。如果博弈的参与方使用自然语言，由此产生的对话就不是一个奇怪的行动序列，而是一种以自然方式进行的讨论的表达。即便在计算机中执行这些规则（Moore，1993），两个人类博弈方之间的对话仍然保持其自然特性。这就是 DC 博弈的强项。

---

〔9〕 它即是文章中的系统 7（系统被标号为 1a、1b、2、5、7）。

制止循环的方式不是万无一失的。如果某个命题被主张，它与前面的命题并非相同但却相似，那么该循环不会被认可。例如，如果博弈方挑战某人是杀人犯，那么他的反对方可以尝试通过主张他
107 是一个应当受到法律制裁的杀人者来证成它。[10]在类似的方式中矛盾不会被认可。尽管谋杀和过失致人死亡互相排斥，但是它们不会被看作是矛盾的。为了识别这样的矛盾，就需要领域知识。但是尽管增加了领域知识，也不是所有的循环和矛盾都可以被识别。这个问题同样发生在对话法律中。然而，如果在对话法律中接受了某个同义词，那么它不是必然地作为一个支持它是其同义词的命题的理由。在 DC 博弈中，实质蕴涵是被自动添加的，例如，如果 A’ 那么 A，其中 A’ 是 A 的一个同义词（参见脚注 10）。

当矛盾出现在对话法律当中时，对话可以开始于另一博弈方尝试解释，例如，为什么过失致死与谋杀罪是相互排斥的。在 DC 博弈中，这样的一个讨论同样会发生，但是主动让步又会产生以下问题。或者该博弈方始终承诺过失致死，以至于他解释这不可能是过失致死的情况，或者他在开始解释之前就收回了关于过失致死的命题。在后面的情况中，其反对方可以在紧随收回过失致死的行动中加以主张，其他命题同样需要回应。

这些规则是实质蕴涵的事实使得该模型不太适用于法律证成（参见第 2 章）。

6.4 雷斯彻的论辩术和布鲁卡的形式化理论

1997 年雷斯彻的《论辩术》问世。今天他的书在可计算

〔10〕 例如，以下对话包含了无法识别的循环（A 是 A’ 的一个同义词）。鲍勃：A；威尔玛：为什么 A？鲍勃：A’。

(computational) 论辩术领域受到高度赞扬[11]，路易（Loui，1992）首次也是最清楚地说道：

> 至今为止，最相关的工作就是尼古拉斯·雷斯彻的专著（……）该形式系统回避了一些问题。但是它毫无疑问是迄今最优雅的系统（……）我尚未发现雷斯彻工作的深入发展（……）

布鲁卡（Brewka，1994）继续谈道：

> 我们因此将回到雷斯彻并且展示其理论的一个重构。为此我们必须明确雷斯彻书中遗留的非形式的和模糊的问题。

这里将讨论雷斯彻的论辩术和布鲁卡的形式化模型。

一个雷斯彻式争议发生在两个博弈方之间，一个提出方和一个 108
反对方，两方交替轮换。在大部分对话博弈中[12]，如果提出方主张了一个论题，那么争议就开始了。提出方和反对方的角色不发生变化，所以启动对话的博弈方在整个对话中都作为提出方。反对方的角色是质疑由提出方所给出的论题。提出方的角色是消除反对方的质疑。如果提出方无法提出足够的证据支持其论题，反对方也无法举出决定性的质疑，那么判决者（determiner）也必须判定哪一方赢得争议。

在后续小节中将讨论行动类型、对话规则、结束标准以及处理承诺的方式。

6.4.1　行动

存在3个所谓的基础行动（fundamental moves）。

---

〔11〕 例如，参见弗雷斯维克（Vreeswijk，1993，p. 111）："这里，我们主要总结的是雷斯彻的杰出著作（Rescher，1977）。"

〔12〕 雷斯彻不使用对话博弈这一概念，但是他的形式论辩术可以被认为如此，同参见 Woods & Walton，1982.

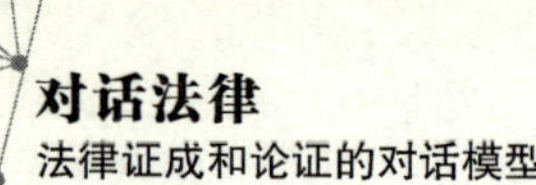

类　型	表达式	意　　义
明确断定	！P	P的确如此
谨慎断定	†P	P是你（对手）已经展示的那种情况
限制性断定	P/Q	给定Q通常得到P

第一个行动类型是提出方专有的（标记为“！”），第二个行动类型是反对方专有的（标记为†）。博弈双方都可以给出第三类行动，即必须总是附带一个关于条件的断言，因此有：

P/Q&！Q，或者

P/Q&†Q。

雷斯彻博弈的观点是提出方断言命题（!），并且反对方提出质疑（†）。在布鲁卡的版本中这个区别消失了。布鲁卡忽略了符号“!”和“†”，取而代之的是在行动中标记哪些是属于提出方说的，哪些是属于反对方说的。结果是提出方和反对方的角色就变得相同。雷斯彻博弈的非对称性就变得对称了（参见第4.4节）。

在布鲁卡的博弈中，博弈双方的行动是集合的运算。这些运算由集合中增加的要素或者删除的要素组成（或两者兼具）。存在一
109 个不能被挑战的缺省的集合D（类似于限制性断定），以及一个事实集W。[13]集合W由3个子集合构成：一般集合（common set）W，提出方的集合 W_{pro}，以及反对方的集合 W_{opp}。博弈方可以通过以下3种基本行动类型来给出这些集合的运算：

- 增加$_g$（i），“i”是一个事实或缺省；事实被移入到当前博

〔13〕 除了集合W之外，布鲁卡还使用了两个集合：一个是偶然事实（contingent facts）的集合C，另一个是背景知识的集合T。为了处理可废止性，这个区分或许是必要的，但是就当前的目标而言，只使用一个事实集W（包含C和T）就足以满足了。

弈方的集合中（g = W），缺省被移入到缺省集中（g = D）；

- 承认$_g$（i），“i”只能是一个事实；事实从反对方的事实集合中移至事实的一般集合；
- 移除$_g$（i），“i”只能是一个事实；事实从当前博弈方的事实集中移除。

博弈方的每个行动都是这些基本行动之一的任意有限序列。所以这些行动类型的任意结合都是被允许的。需要注意的是，因为只存在一个缺省的集合，增加缺省就意味着它是自动被接受的。一旦增加了一个缺省，它就不能被移除。

6.4.2　对话规则

雷斯彻的规则描述了在一个行动之后有哪些可能的回应。这些回应被分成对基础行动的回应，以及对复杂行动（complex move）的回应。

对基础行动的回应

前两种基础行动，明确（categorical）断定（!P）或者谨慎（cautious）断定（†P），可以通过两种不同的方式来回应。首先断定可以被拒斥。其次，可以主张结论是 ~ P 的限制性（provisoed）断定。以下框架就显示了对于主张 P 的提出方的回应。

正　方	反　方
! P	1. † ~ P
	2. ~ P/Q& † Q

! ~ P，† P 以及† ~ P 的可能回应是相同的，除了符号的前缀不同。例如，回应行动† ~ P，提出方可以陈述!P，或者给出一个缺省，即 P/Q&!Q。

110 回应限制性断定只有一种可能的回应。[14]那就是一个更加特殊的限定性断定的主张。

行 动	回 应
P/Q	~P/（Q&R）

雷斯彻还提到需要一个规则以防止无意义的重复行动。被称作阻塞规则（blockage rule）的特殊规则，说的是某个特殊的行动只在争议中出现一次。所以，以下框架中的第二个行动被禁止。

正 方	反 方
!P	†~P
! ~~P（=!P）	

对复杂行动的回应

复杂行动的建构使用了基础行动。因此，我不讨论雷斯彻描述的对复杂行动的所有回应，而只是讨论一些补充说明，它对于博弈的完全定义是必要的。

首先，限制性断定必须伴随着一个明确/谨慎断言。该行动的回应要么关注限制性断定，要么是明确/谨慎断言。例如，P/Q&!Q的回应可以是：

（1）限制性断定P/Q的攻击：~P/（Q&R）&†（Q&R）；

（2）明确断定！Q的攻击：a. †~Q；

b. ~Q/S&†S。

其次，有三种不同的方式拒斥P&Q，通过显而易见、但模糊的

〔14〕 要注意的是，尽管限制性断定是基础行动，但是在争议中它只能与其他的基础行动相结合给出，要么是明确断定，要么是谨慎断定。

~(P&Q)。换言之，在这个回应之后，不清楚的是博弈方指的是P和Q都是假的，还是只有P或Q是假的。如果博弈方收回了另两个方式之一：~P或者~Q，那么这种模糊性就不存在了。

最后，提出方只能回应反对方的最后一个行动。由反对方提出的怀疑必须立刻得到处理。另一方面，反对方可以回应其他的行动，而不只是提出方的最后一个行动。如果反对方认同提出方的辩 111
护，那么他可以跳回到此前受攻击的行动。考虑以下争议的例子。

正　方	反　方
P/Q&!Q	†~Q
Q/R&!R	~P/（Q&S）&†（Q&S）

反对方首先拒斥缺省P/Q的条件。在他认同提出方的解释之后，他在第二个行动中主张了一个更特殊的缺省，所以在他的第二个行动中，他再次回应了提出方的第一个行动。

矛盾不是明确被禁止的。以下序列是可能的。

正　方	反　方
P/Q&!Q	†~Q
Q/R&!R	†~R
R/~Q&!~Q	†Q

提出方在第三步举出了一个与第一个行动相矛盾的限制性断定。因为该模型的目的是表达学术争议，或许这样一个矛盾无论如何都不会发生。

布鲁卡使用缺省理论（default theory）为每一个博弈方定义了可能的行动。博弈方的缺省理论（$\triangle_{X}$，其中X是“提出方”或“反对方”）包含了缺省集（D）、受认同的事实集（W）以及还未

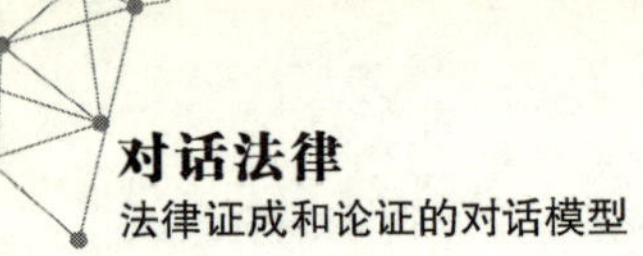

受到承认的由该博弈方所增加的事实集（W_X）的并集：

$\triangle_X$ =（D，$W \cup W_X$）。

在博弈方“X”的一个行动之后，他的新缺省理论$\triangle_X$必须是一致的。存在一个博弈记录，即所谓的博弈的表达（D，W，W_{pro}以及W_{opp}），它在每个行动后都会更新。

布鲁卡允许空集行动，这意味着博弈方不增加、移除或承认。在该情况下就再次轮换到前一个博弈方。空集行动的目的与对话法律中的质疑相同。

重复行动是被禁止的：在一个行动之后，新的表达必须与每个此前的表述有所不同，除了最后一个（允许空集行动，而不是子空集行动）。如果不满足这个条件，那么行动是无效的。

112 **结束标准**

如果提出方成功地辩护了他的初始断定，那么提出方赢得了雷斯彻式争议。这就是如果反对方不能够再给出攻击行动的情况。如果反对方成功地攻击了初始断定，那么他获胜。这就是如果提出方不能够再自我辩护的情况。如果这些情况都不出现，那么由判决者来判定谁是获胜者。这不是判决者其角色真正要做的，而应当归结为以下工作。判决者判定形式根据（formal grounds）（例如，无效行动，如循环谬误中的争辩）或者判定实质根据（material grounds）（例如，反对方迫使提出方作出难以置信的承诺的程度）。

布鲁卡使用博弈方的缺省理论去定义争议的结束。如果在行动之后某个公式是反对方的缺省理论中的一个受怀疑的后承（skeptical consequence）[15]，那么提出方赢得关于该公式的争议。相反地，

---

〔15〕 如果某个公式存在于一个缺省理论的所有扩充当中，那么该公式是一个受怀疑的后果。

如果在行动之后某个公式不是提出方的缺省理论中的一个受怀疑的后承，那么反对方赢得胜利。

6.4.3　承诺

雷斯彻在一种综合的，但不寻常的意义上使用承诺。换言之，其指示的是提出方在某个确定时刻必须支持什么："……他所承诺的辩护中的命题。"对于一个有主张的博弈方而言，通常的后果是他将会加以承诺。同样的情况也发生在雷斯彻的系统中。然而，承诺在对话中的变化却是一种截然不同的方式。如果提出方通过P/Q&!Q支持P，那么P的承诺到此结束并且转移至Q。在大多数系统中提出方在这种情况下都可以承诺P和Q。

由于承诺是根据辩护来定义的，博弈方并不会承诺如P/Q的不可争辩的限制性断定。通常来说，如果有不可争辩的断定，那么博弈双方都将承诺。

雷斯彻区分了三种不同类型的承诺：

- 提出方未卸下的（undischarged）承诺；
- 反对方的让步；
- 提出方的活跃（living）承诺。

提出方未卸下的承诺是反对方可以挑战的断定。所以在!P之后，提出方未卸下的承诺是P。如前所述，在P/Q&!Q之后，提出
方不再负有证明P的责任，而是要承诺Q。他不再有责任辩护P的 113
理由是，它是由Q和无争议的P/Q来支持的。

反对方的让步是他没有明确攻击的断定。

正　　方	反　　方
惩罚/杀人者&! 杀人者	a. ~惩罚/（杀人者 & 国王）&†（杀人者 & 国王） b. †~杀人者

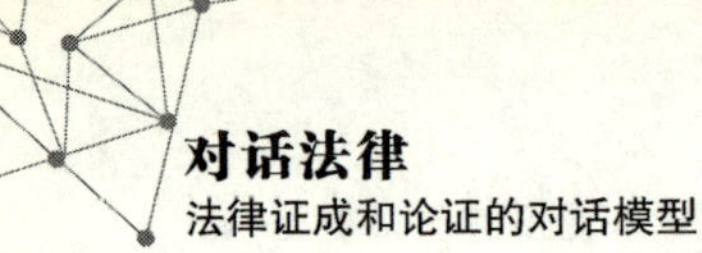

在该例子中反对方在第一个回应（a）之后承诺杀人者，因为他没有攻击杀人者。反而他是通过主张一个更特殊的缺省来攻击惩罚/杀人者，即如果杀人者是一位国王，那么他不被惩罚。在第二回应（b）之后，他不再承诺杀人者，因为他通过主张～杀人者来攻击杀人者。最后，提出方的活跃承诺是其未卸下承诺的子集。如果反对方已经攻击了一个断定，那么未卸下的承诺也是一个活跃承诺。例如，在第二个回应（b）之后，命题杀人者是一个活跃承诺。

雷斯彻的承诺的受限范围是可辩护的。通常情况下承诺被用于迫使反对方，或者，在麦肯齐的系统（Mackenzie，1979a）中，是使得反对方应对不一致性。在雷斯彻的系统中，可能的攻击会被限制，而且争议是非常结构化的。博弈方只能够攻击不被限制性断定所支持的命题，或者通过给出更特殊的限制性断定来攻击限制性断定。这就是为什么提出方的承诺只对他还未支持的断定来说是必要的。

尽管布鲁卡没有使用承诺概念，但是他使用了与通常使用的承诺库有相同作用的四个集合。[16]首先，一个是与缺省有关的，博弈双方都可以承诺的集合。其次，另三个集合与事实有关：一个是对每个博弈方以及一个普通集合而言的。另两个是包含任一博弈方承诺的集合，这与麦肯齐的承诺库是相似的。除了共享存储在两个单独集合中的承诺之外，布鲁卡还使用了普通集合。这些普通集合的优点是，它们清晰地显示了博弈双方所认可的承诺。布鲁卡的承诺不同于雷斯彻的承诺，它更像是对话法律：博弈方承诺他们的主张和承认，并且在收回后失去承诺。

---

〔16〕不同于这三个集合（W，W_{pro}，W_{opp}），布鲁卡使用了六个集合（C，C_{pro}，C_{opp}，T，T_{pro}，T_{opp}）。参见前述注释13。

6.4.4　结束语 114

雷斯彻试图在形式论辩术中刻画（学术）争议的过程。提出方始终在主张，而反对方只需要怀疑提出方已给出的主张。在布鲁卡的系统中，这种非对称性被去除，因为博弈双方扮演着同样的角色。

布鲁卡的贡献在于，他的形式化方法使得明确指出对话在什么时候获胜或失败，以及行动在什么时候被允许或禁止变得可能。他使用缺省理论的方法类似于戈登的方法（参见第 6.5 节）。布鲁卡作出了一些变化，例如去除！和†，引入空集行动和明确同意，这是使得其系统不同于雷斯彻博弈的本质所在。

布鲁卡将争议转入到一个对称的对话博弈当中。根据雷斯彻的观点，对称博弈（symmetric game）是两个非对称性（asymmetric）博弈的结合，因此不能提供任何新的洞见。我认为在这一点上，他低估了对话模型的力量，在该对话模型中，博弈双方都可以占据主动。例如，考虑以下简短对话。

正　方	反　方
P!	~P/Q&†Q

假使提出方对 Q 一无所知，并且他想知道关于 Q 的更多信息，那么他只能通过回应！~Q 来获取该信息。但是，那就意味着他主张 ~Q 的确如此，然而他只对 Q 一无所知。这里更理想的情况是，如果他能够质疑 Q，那么就能断定†~Q。但是，因为博弈是非对称性的，所以他不能这样做。

改进办法是布鲁卡提出允许以下争议。[17]

〔17〕 雷斯彻所使用的概念。

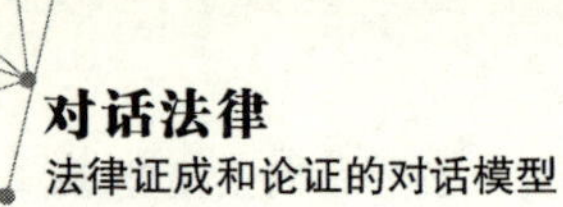

正　方	反　方
P/Q&!Q	~P/R&†R

在这两个行动之后，该争议将在没有判定的情况下结束，但是根据布鲁卡的观点，问题现在就清楚了。如果对话可以在判定存在矛盾的缺省之后继续进行，就像可能在对话法律中一样，那么这才是一个真正的改进。[18]

115 缺省在雷斯彻的博弈（以及布鲁卡的形式化理论）中是无可争辩的。那些缺省不能被攻击，不是因为雷斯彻认为没有必要去争辩缺省的真值，而是因为他想集中于争议的核心。如果他已经包含了有争议的缺省，那么争议的结构将会比现在更加模糊。

6.5　戈登的诉答博弈

在1993年，当人工智能与法领域开始对在对话或论辩模型中的法律表达感兴趣的时候（参见，例如Hage，Span & Lodder，1992；Loui，1992；Nitta，Wong & Ohtake，1993），戈登就已经完成了他的博士学位论文，它描绘了法律的对话模型的形式化模型及其实现：诉答博弈。

帕肯（1995）认为类似于戈登的模型都是由图尔敏（Toulmin）

〔18〕 布鲁卡使用的例子被称为尼克松悖论（Nixon paradox）：假使民主党人不是和平主义者，贵格会教徒是和平主义者，尼克松既是民主党人也是贵格会教徒，这可以得到什么呢？在对话法律中，对话可以在布鲁卡停止的点继续进行，也就是在判定理由（贵格会教徒，和平主义者）和理由（民主党人，~和平主义者）之后。在对话法律中，例如，讨论能够以这样的方式继续进行：胜过（｛民主党人｝，｛贵格会教徒｝，~和平主义者）。所以，博弈方能够主张民主党人的论证优于贵格会教徒的论证，或者是相反的。对话可以通过讨论为什么这种权衡关系是被证成的来继续进行。

的建议所启发的。[19]然而，戈登的亲密同事布鲁卡（Brewka，1994）关于诉答博弈的起源还有其他的观点："戈登的方法的根基可以追溯到哲学家尼古拉斯·雷斯彻。"[20]以下来自戈登的引文展示了其根基和灵感：

> 诉答博弈需要借鉴其他的方法，它建立于由罗伯特·阿列克西发展的法律论证的话语理论。(Gordon，1995，p. x)
>
> (……）我们的目标是一个诉讼的规范模型，它建立在首要的原则之上，受到罗伯特·阿列克西的法律论证的话语理论的启发。(Gordon，1995，p. 112)

诉答博弈在许多著述中都有报告。一个清楚、简短的介绍是他的 ICAIL 作品（Gordon，1993a)。他的博士学位论文（Gordon，1993b）给出了完全的讨论，而且包含一些细小的变化的论文还被重新发表在《诉答博弈——程序正义的一个人工智能模型》一书中(Gordon，1995)。在他的博士学位论文中，戈登在评估法哲学理论 116
以及论辩的形式系统之后，定义了诉答博弈。[21]这里我将根据戈登(Gordon，1995）来讨论诉答博弈[22]的定义，因为它是最容易获得的来源。

戈登的目标之一是提炼阿列克西（Alexy，1989）的法律论证理论，使之成为计算机可以实现的模型。与阿列克西的一般理论不

---

〔19〕 图尔敏（Toulmin，1958，pp. 7－8）的建议是，想要研究实践推理的逻辑学家，应当从数学转向研究法学理论。然而，戈登不是一个为他的逻辑需要某个恰当领域的逻辑学家，而是一位运用逻辑去研究法律的法学家。

〔20〕 戈登（Gordon，1995，p. 107）只提到过一次雷斯彻："雷斯彻的系统是一个早期试图处理可废止（defeasible）论证并且是第一个利用特殊性来排序的系统。"

〔21〕 有关这些主题参见我对诉答博弈的评论，它将于1999年或2000年见刊于《人工智能与法》杂志。

〔22〕 同参见 Gordon，1994.

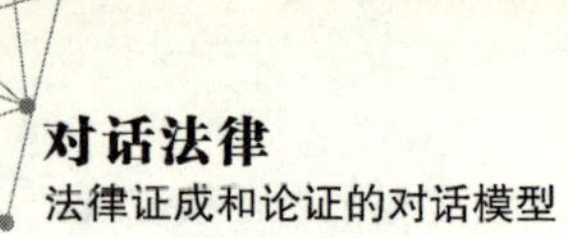

同的是，戈登将他的注意力专注于很小部分的法律学科：民事诉讼。

民事诉讼可以被刻画作为在民事案件中博弈双方为说服对方而做的努力。戈登的诉讼所指的法律领域是美国的统一商法法典（UCC）第9条，它覆盖了担保交易。诉答博弈调解两个博弈方之间交换论证的过程（原告和被告）。

诉答博弈的目的是识别博弈方在哪些点上不予认同，或者，在法律术语上，判决博弈方之间存在哪些“法律问题和事实问题”。

6.5.1 诉答博弈的形式化描述

诉答博弈在原告申诉之后开始。这个诉讼请求被称为主要主张（main claim），原告将决定对话的主题。对话的第一个行动是被告对于该主要主张的回应。被告可以承认该主要主张，或者拒斥该主要主张。如果被告承认该主要主张，那么诉答博弈将结束，但是他通常会拒斥。拒斥意味着他想要有进一步的证据来支持该命题，也就是，他想要他的反对方来证成该命题。在被告已经拒斥该主要主张之后，原告必须举出论证支持他的诉讼请求。[23]论证是由以下内容组成的集合：

（1）表达某条特殊规则有效的公式；

（2）对应该规则的（具体化）（instantiated）条件的公式；

（3）表达该规则是可适用的公式。

117 通过适用一个（有效）规则可以生成一个支持该规则的结论的论证。如果原告已经作出了他的论证，那么就再次轮换到被告。为

〔23〕原告也可以反对该拒斥。在该情况下，诉答博弈结束于一个问题：主要主张。无疑，原告知道支持其主张的论证，因为否则他不会开始博弈。

了回应原告的论证，被告必须在下一轮给出以下断言之一。

i. 他必须拒斥或承认该规则是有效的。如果规则的有效性被承认，那么有效性则变得无可争议。如果规则的有效性被拒斥，那么原告在下一步将有机会举出支持该规则是有效的主张的论证。

ii. 他必须承认或拒斥规则的具体化条件。这些断定的结果与前述（i）中的一致。

iii. 他必须承认该论证，或者举出一个反论证。承认与前述（i）有同样的结果。然而，要注意的是，如果某个论证被承认，这并不必然意味着可以得到论证的结论。这只发生在如下情况中，如果还存在关于该规则的有效性和该规则的具体化条件的共识。另一种可能是举出一个反论证。该反论证是由前述论证描述的相同要素准确构成。反论证的结论与该论证的结论是相反的。

博弈双方承认和拒斥命题，以及交换论证（反论证，反反论证，等等）的过程将一直持续到每个命题是：

a）被承认的；

b）被两次拒斥的；

c）被反对的。

如果某个命题被承认，那么博弈双方认同没有必要进一步讨论该命题。如果某个命题被拒斥，并且另一方拒绝该拒斥，那么也无需继续进行。否则，结果将得到毫无意义的回答是或不是的“讨论”。当某个命题两次被拒斥，那么该命题就成为在诉答博弈中不会被深入讨论的问题；但是，它仍然会被遗留给法庭审判（审判博弈)。[24]最后，某个命题还可以被反对。某个拒斥（例如，非 p）被一个论证所反对，该论证支持被拒斥的命题（p）；某个论证被一个反论证所反对。如果每个命题都是以上述（a～c）所描述的方式
118 来回应，那么诉答博弈就结束了，因为不存在遗留的开放命题有待讨论。因此，如果博弈方再无新命题引入，那么他的轮换就是博弈的最后一步。满足以下条件即是如此：

（1）没有论证被举出；[25]

（2）除拒斥外，没有命题被拒绝。[26]

6.5.2 行动

在诉答博弈中，行动是关于命题的断定。存在 4 种不同类型的行动。[27]第一，如果博弈方认为其反对方的某个命题是真的或是可接受的，那么他会承认它。

第二，如果他不确定其反对方的命题，那么他可以拒斥它。在非正式描述中，拒斥的含义已经得到了阐释。拒斥相当于雷斯彻的谨慎断定，还相当于对话法律的质疑。

第三，博弈方可以宣告规则。如果博弈方宣告了某条规则，那么他主张他所表达规则的方式是准确的。规则表达的是在条件和结论之间的一般关系。规则不必然基于法规，还可以基于法律原则，或者基于博弈方想要表达的任意的其他一般关系。规则在诉答博弈中起着

---

〔24〕 戈登定义了（Gordon，pp. 152～155）审判博弈，其中诉答博弈的所有问题都有所判定。诉答博弈的这些问题要么被承认，要么被拒斥。它只是定义了必须要有所判定的问题，而没有定义如何判定。该博弈是一个单人博弈，其中无论证和根据的要求，所以该博弈不是一个真正有意义的博弈。

〔25〕 每个被引入的论证伴随着至少一个表达该论证的新命题。

〔26〕 如果某个命题被拒斥，那么有新命题，也就是拒斥，将成为博弈的一部分。拒斥可以被拒斥，这是由所谓的被两次拒斥的命题（见 b）得到的。

〔27〕 戈登称这些行动为断定，但为了统一起见，我将这些断定称作行动。

重要作用，因为论证是基于规则的。这就产生了被引入论证的行动。

论证被引入就要求反对方为辩护其命题而对抗该论证。所以，论证只能够直接地支持他自己的观点，并且直接攻击反对方的命题。[28]当讨论对话规则时，将给出如何提出论证的例子。在以下框架中将展示四种可行的行动，包含了它们的形式化表达。

119

	形式的	含　义	条　　件
1	(承认 s)	s是被接受的	s是一个命题
2	(拒斥 s)	挑战s的确如此	见1
3	(辩护 s A)	通过A辩护s	见1，并且A是一个公式集(关于语言L的)
4	(宣告 r)	r是一条有效规则	r是一条规则

是否允许行动与行动的后果一样，将在对话规则中被规则化。由于这些行动都是关于命题的，而且命题概念的使用贯穿于关于诉答博弈的讨论，我将在一个类似于被用于展示行动的框架中展示不同的命题。

	形式的	含　义	条　　件
1	(主张 p)	主张p的确如此	p是一个公式（关于L）
2	(论证 A p)	A是一个支持p的论证	见1，并且A是一个公式集(关于语言L的)
3	(反驳 A p C)	C击败论证A	见2，并且C是一个公式集(关于语言L的)
4	(拒斥 s)	拒斥s的确如此	s是一个命题

〔28〕 被主张是辩护的论证（拒斥（主张p）A）被存储为（论证A p）。

6.5.3　对话规则

6.5.3.1　序言

诉答博弈并不包含存储博弈行动的记录。取而代入的是，行动的结果将被存储在所谓的博弈记录中。这种记录是一个三元组 $< b$，π，$\delta >$，其中 b 是博弈的背景，π 和 δ 分别是原告和被告的命题。[29]

背景 b 是一个三元组 $< \phi$，S，$R >$，其中 ϕ 是博弈的主要主张（原告在诉答博弈一开始就提出的主张），S 是一个公式集并且 R 是博弈双方都认同的规则集。两种集合都可以是空集，所以初始背景可以是 $< \phi$，$\varnothing$，$\varnothing >$。不仅如此，背景知识（background knowledge）还
120 可以由在预先的诉答博弈商谈中被认可的公式和规则来填充，预先的诉答博弈商谈是“某种未被详述的程序”（Gordon，1995，p. 141）。

博弈方的命题被存储在以下三元组中：$< O$，D，$C >$。对于每个博弈方而言都存在一个三元组，他在博弈中所引入的命题被存储其中。集合 O 包含了开放命题：另一博弈方还没有回答它们。这个集合类似于雷斯彻博弈的活跃承诺集、对话法律中的争议句子以及布鲁卡博弈中附属于博弈一方的集合。集合 D 和 C 分别包含了由另一博弈方所拒斥和承认的命题。

轮换到的博弈方，无论它是原告还是被告，都被称作行动的提出方，另一博弈方被称作反对方。因此，提出方和反对方的角色在每次轮换后都将发生改变。单独的轮换可以包含多个行动。

6.5.3.2　条件蕴涵

诉答博弈中的论证概念是使用盖夫勒和珀尔（Geffner & Pearl，

---

〔29〕 因为回应命题是不被允许的，我认为在博弈的每个阶段，准确重构前面的行动是可能的。

1992）的条件蕴涵（conditional entailment）来定义的。[30]我关于条件蕴涵的讨论是不完全的，但是包含了理解诉答博弈的必要内容。

缺省理论 T 是一个二元组 $<K, E>$，其中 K 是背景（包含规则）并且 E 是证据（包含事实）。背景 K 也是一个二元组 $<L, D>$，其中 L 是一个严格规则集并且 D 是一个缺省规则集。

缺省规则在条件蕴涵中表达如下：

（1）阳光_明媚 $\wedge$ $d_1 \rightarrow$ 好_天气；

（2）阳光_明媚 $\Rightarrow d_1$。

第一个规则是一个实质蕴涵，也就是严格规则集 L 中的一个元素。第二个规则是可废止的，也就是缺省规则集 D 中的一个元素。这两条规则意味着：（1）如果阳光明媚并且适用缺省 d_1，那么是好天气；（2）如果阳光明媚，那么通常情况下适用缺省 d_1。

规则可能互相冲突。例如，规则“如果天下雨，那么通常天气不好”产生的结论与此前的规则相反。这个有关下雨的规则可以被表达为：

（1）下雨 $\wedge$ $d_2 \rightarrow \sim$ 好_天气；

（2）下雨 $\Rightarrow d_2$。

假设事实（E）是｛下雨，好_天气｝。在该情况下，缺省 1 证成了这是好天气的结论，而缺省 2 证成了这不是好天气的结论。在 121
该情况下存在两个模型。一个其结论是这是好天气的模型是被证成的，另一个其结论是这不是好天气的模型是被证成的。如果不存在更多的信息，那么无法判定哪个模型是受偏好的：包含好_天气的

---

〔30〕 条件蕴涵结合了条件解释（conditional interpretation）（允许论证的排序）的优势以及扩展性解释（extensional interpretation）（忽略不相关的信息）。

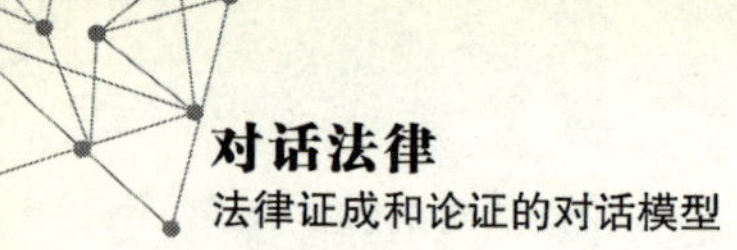

模型或者是包含~好_天气的模型。

通常情况下，适用大部分缺省的模型容易受到偏好，或者，换言之，只有很少的缺省被排除。在我们的例子中，缺省在每个模型中都被排除。但是，如果存在多个缺省，并且在一个模型中只有一个缺省应当被排除，而所有其他的模型将排除至少两个缺省，那么前一个模型将被偏好。可以有一个关于模型的排序。

在条件蕴涵中关于模型的排序将通过以下方式进行处理。可以明确地排列缺省的优先性。如果在该例子中缺省 d_1 应当受偏好，那么这也可以表达为缺省 d_2 有一个更低的优先性：$d_2 < d_1$。这就意味着如果两个缺省都是可适用的，那些适用缺省 d_1 的模型要偏好于那些适用缺省 d_2 的模型。

6.5.3.3　诉答博弈中的论证

在诉答博弈中，为了使得使用条件蕴涵变得可能，博弈方宣告的规则有着特殊的形式。每个规则被分成一个缺省部分（缺省集 *D* 的元素）以及一个严格部分（非-可废止、严格规则集 *L* 中的元素）。

"蓄意行凶的人是凶手，除非他是自我防卫"的规则在诉答博弈中被宣告如下：[31]

（宣告（规则sr-289-41（x y）
　　　　如果（行凶 x y）
　　　　那么（凶手 x）
　　　　除非（自我_防卫 x）））。[32]

〔31〕因为这条规则建立在两条规则结合的基础之上，这两条规则来自于《荷兰刑法典》，art. 289 Sr 和 art. 41 Sr，这条规则被称作 sr-289-41。

〔32〕这条规则的表达依照简便符号（Gordon，1995，p. 117）。

该规则有五个部分：规则的名称、自由变元、规则的条件、规则的结论以及（可选择的）例外。如果宣告的博弈方知道不能适用该例外，那么他可以放弃它。[33]但是，放弃这样一个例外的问题是另一博弈方可能会争辩该规则没有被正确地表达。每个被宣告的规则都被分为四个严格规则和一个缺省规则。此前被宣告的论证的四 122
条严格规则（*L*）的含义是：

（1）如果某人是凶手并且规则得到支持（由图尔敏（Toulmin 1958）的支持（backings）得到），那么就满足该规则的条件；

（2）如果某人是凶手，规则得到支持，并且该规则是可适用的，那么适用该规则。

（3）如果适用规则，那么某人是凶手；

（4）如果规则是可适用的并且某人是自我防卫，那么不能得到结论（假的）。

对应的缺省是：如果某条规则受到支持并且满足该规则的条件，那么一般情况下该规则是可适用的。规则宣告的一个后果是，该规则的支持被添加到提出方的开放命题集当中，也就是：

（主张（支持　规则 sr-289-41））。

反对方受迫接受提出方宣告的每个规则。然而，如果博弈方不满意该规则的表达式，那么他可以拒斥该规则的支持。要注意的是，尽管博弈方承诺了一条被宣告的规则，但是该规则只有在支持和该规则的条件都被认同的情况下才有效力。

假设（主要）主张是阿尔伯特是凶手，并且辩方已经拒斥了该

〔33〕（规则 d　如果 a 那么 c）而不是（规则 d　如果 a 那么 c 除非 e）。

主张。如果控方[34]提出论证，即阿尔伯特杀害了他的母亲（并且因此是凶手），那么这个断定可以读作如下："辩护拒斥阿尔伯特是凶手的命题，反对有效规则 sr－289－41 的适用"。这个断定的后果是如下命题：

（论证｛（行凶　阿尔伯特　母亲）
（支持　规则 sr－289－41）
（ap（inst sr－289－41（parms 阿尔伯特　母亲）））｝
（凶手　阿尔伯特）），

它变为提出方的开放命题集中的一部分。不允许直接拒斥一个论证。拒斥意味着请求证成，而且在诉答博弈中只有被证成的或真实的论证和反驳才会得到承认。如果一个论证的结论已知是由该论证所蕴涵，在给定的当前背景情境下，已知（known）是一个被形式化定义的弱蕴涵关系，那么该论证是被证成的。[35]

123 除了应用假设[36]，论证的所有公式将成为提出方的开放命题集中的主张。如果提出方举出了刚才被提及的关于杀死自己母亲的阿尔伯特的论证，那么结果是，

（主张（行凶　阿尔伯特　母亲））

---

〔34〕我坚持诉答博弈的术语。由于这是一个刑事案件，所以原告应当更准确地被称为控方，而且被告应当被称为被告人。

〔35〕公式 p 已知由论证 A 所蕴涵，如果满足以下条件：p 是 A 和背景性情境合取的一个元素；或者已知论证 A 会产生不一致；或者存在一个论证 B 支持 p，并且 B 的每个公式都已知由 A 所蕴涵。

〔36〕应用假设是一个假设，面对新信息，它可能会被击败。因为对主张的回应是不可能的，应用假设的承诺能导致不一致性。因此，应用假设不能成为开放命题集当中的一部分。

（主张（支持　规则 sr－289－41）），

这将成为控方的命题的开放集当中的元素。

反驳（反论证）被如下定义：论证和反驳的合取一定是假的。如果论证被一个反驳 R 所反驳，那么在下一步中，该反驳可以被一个攻击该反驳的论证所反对（以及支持这个被反驳论证）。接下来，这个新论证还可以被反驳，等等。只有真实的论证/反驳被允许。反驳可能表现为“假的”，因为矛盾是唯一地由反驳所导致的（不是因为反驳和该论证的合取）。[37]尽管如此，根据条件蕴涵，同样在这个例子中反驳是一个真实的反驳。

6.5.4　相关性和问题

在诉答博弈中，博弈方不被允许去断定他们所喜好的任何事情。行动的提出方可以给出一个或多个以下行动：

（1）受迫的—回应相关的反对方的开放命题；

（2）可选择的—回应反对方的不相关的开放命题；

（3）可选择的—宣告（任意数目的）规则。

如果某个命题是关于某个问题的，那么该命题是相关的。如果 p 是一个问题，那么博弈知道四种不同命题，（主张 p）、（拒斥（主张 p））、（论证 A p）以及（反驳 A p C）是相关的。为解释问题是如何产生和终止的，我将引入一个可判决的（decisive）论证 124
或反驳的概念。一个论证（反驳）是可判决的，如果反对方有以下行动：

（1）承认论证（反驳），并且；

〔37〕如果反驳是自我矛盾的，那么必须抵御一个空论证。在博弈中增加虚假的反驳的后果之一，是（反驳 R 假）将成为被承认命题集当中的一部分。

（2）承认该论证的规则的支持，或者承诺该支持，因为某个支持它的可判决的论证，并且；

（3）承认基于规则的条件，或者承诺基本规则的条件，因为某个支持它的可判决的论证。

因为每个命题只能被回应一次，因而被承认的论证同时还被反对是不可能的。所以在可判决论证是被承认的论证的情况下，不再存在反论证。

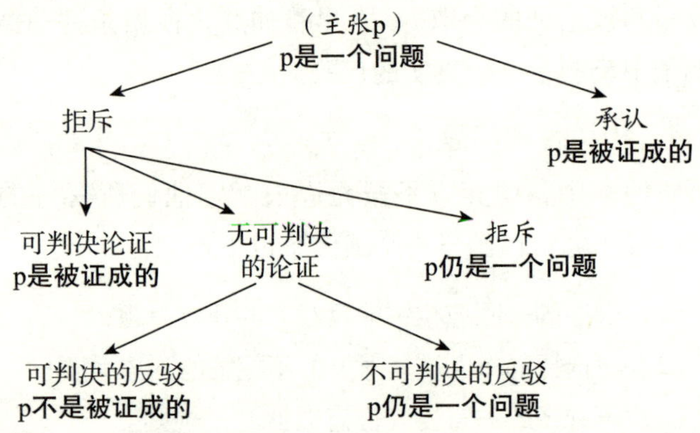

如果反对方承认某个主张，那么主张所关涉的公式就不再是一个问题；公式 p 是被证成的。在拒斥之后，存在 3 种不同的方案。首先，如果拒斥被拒斥，那么公式仍然是一个问题，它必须在审判博弈中被加以判定。

其次，如果已经给出了一个可判决的论证，那么公式 p 是被证成的。可判决的论证不必然是为了回应拒斥的论证而举出的，还可以在一个或多个反驳之后被举出。论证包含以下结构：（论证（$A_n \cup R_{n-1}$ p））[38]，其中 $n \geqslant 1$。如果 $n = 1$，那么第一个论证就是成功的，

〔38〕 A 表示意在支持公式 p 的公式集合。R 表示意在反驳该论证的公式集合。

并且不存在反驳；如果 $n=2$，那么成功反对第一个反驳。一般而言，如果 $n=k$，那么就成功反对第（$k-1$）个反驳。

最后，可能不存在可判决的论证。接下来会出现什么取决于反 125
对方的回应。如果反对方能够给出一个可判决的反驳，那么可以确定的是公式 p 不可能是被证成的。反驳有如下结构：（反驳 A_n p R_n），其中 $n \geqslant 1$。如果 $n=1$，那么第一个反驳就是成功的，如果 $n=2$，那么第二个反驳就是成功的。一般而言，第 n 个论证是被成功反驳的。假使论证没有被反驳，或者没有给出可判决的反驳，那么公式 p 仍然是一个问题。

6.5.5　承诺

戈登处理承诺的方式颇为复杂。每个博弈方在 4 种不同的集合中承诺命题。博弈方的命题被存储在一个三元组 $<O, D, C>$ 当中。

提出方（p）在第一时间就承诺了他所主张的所有命题并且反对方不予回应（O_p），拒斥（D_p），或者承认（C_p）。进一步，他承诺由其反对方（o）所主张而由他所承认的命题：C_o。反对方（o）的承诺也是类似的，它被存储在 4 种不同的集合中：O_o、D_o、C_o 和 C_p。

除了属于每个博弈方的命题集之外，还存在博弈 $<\phi, S, R>$ 的背景（参见第 5.3.1 节），其中 S 是一个公式集并且 R 是博弈方所认可的规则集。如果某个命题是 C_o 或 C_p 中的一个要素，那么对应的公式就是 S 中的一个要素。例如，如果命题（主张 p）在 C_o 中，那么公式 p 就是 S 中的一个要素。由于被宣告的规则是被自动承认的，因而所有的被宣告的规则都是 R 中的要素。

博弈方还可以承诺其主张的逻辑后承。这种后承关系不是传统的蕴涵，而是较弱的已知关系。事实上，戈登（Gordon，1995，

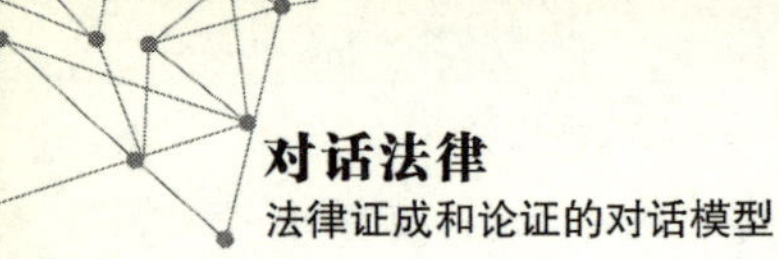

p. 110，p. 204）认为其诉答博弈的新奇特点就是“推论被用于博弈方承诺其主张的已知后承”。这个承诺的强化发生在如果反对方的开放集中的某个命题已知被提出方的命题所蕴涵。在那种情况下，提出方也将变得承诺该命题。而且，如果某个主张已经被知道是由提出方自己的主张所蕴涵的，那么该主张不会变成提出方的开放命题集当中的元素。尽管这是理论上的旨趣，但是不幸的是在戈登的蕴涵例子中，并没有出现承诺的强化。

126 ### 6.5.6 建议和结束语

诉答博弈毫无疑问是一个重要的成就。它不仅仅讨论了对话式表达法律推理的可能性和必要性，还是一个如前所述的形式化理论和实现程序。本节将给出一些建议用于可能的改进。

拒斥的含义有点模糊。它并不意味着否定，如（主张 ~ p）是（主张 p）的一个回应。它是反对方为某个公式承担证明责任的一个要求。相反的，被拒斥的命题同样看上去像是一种否定。也就是说，拒斥某个主张的博弈方可能不会在他自己的论证中使用它。这种反馈（repercussion）看上去对于博弈方而言太过于强烈，他只是在博弈中的某个确定的点表达了没有确信。在我看来，如果拒斥被某个不会改变命题集的内容的质疑行动所取代，那么断定将变得更加自然。

诉答博弈	建　议
（拒斥（主张 p））	（质疑（主张 p））

与前面的建议相关，还可以更加精致地形式化支持回应拒斥的主张的行动。支持公式 p，存储为命题（论证 A p）的论证 A，以一种稍不自然的方式被引入：辩护（拒斥（主张 p））A）。论证能够以一种更加同构于它们被存储的方式来被举出。例如，不同于前

述的辩护行动，论证可以被举出：（断定（论证 A p））。所有行动的条件和后承在很大程度上保持不变。以断定来替代辩护将导致以下变化。

诉答博弈	建　　议
（辩护（拒斥（主张 p））A）	（断定（论证 A p））
（辩护（论证 A_n p）R_n）	（断定（反驳 A_n p R_n））
（辩护（反驳 A_n p R_n）{ }）	（断定（论证 R_n　假））
（辩护（反驳 A_n p R_n）B）	（断定（论证 A_{n+1} p））[39]

博弈规则改进的第二点就是，并非所有的命题都必须被明确承 127
认。在民事诉讼中，不回应某个命题的博弈方将变得被迫承诺它。因此，如果已经使用了“沉默暗含默许”的原则，那么这将更加贴近真实的法律实践。另外一个优点是，在该情况下，博弈方能够给出明显减少的行动。

看上去博弈方必须回应的命题数量在使用相关性（relevancy）概念之后已经有所减少，相关性概念意味着博弈方必须回应所有的相关开放命题。然而，在给定博弈的限制条件下，看上去不相关的开放命题很难出现。[40]例如，在戈登描述的详述例子中并没有博弈的哪个阶段存在不相关的开放命题。

如果允许举出论证的反对主张，那么博弈还可以大大加快速度。在论证被举出的那一刻，所有的公式（除了适用假设）都将变为必然被承认或被拒斥的主张。如果博弈方知道其中一个为假，那

〔39〕 注意 $A_{n+1} = A_n \cup R_n \cup B$。

〔40〕 为回应我的命题，帕肯认为不相关的开放命题不可能出现。尽管我不认为他是对的，但是如果他是对的，那么回应相关开放命题的需求就将变得多余（相关性将会被抛弃）。

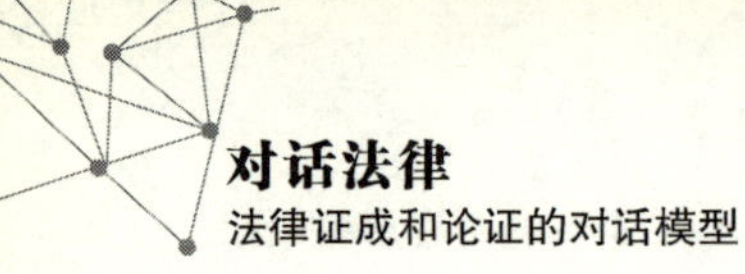

么他并没有机会立即证明它。反而，他必须等待其反对方的证明。更加人为的（artificial）是，握有证明某个命题不是真的证据的博弈方可能不会立即展示他的证据，而是首先必须要求他的反对方承担证明责任去证明该命题是真的。

在法律中重要的是可以争辩规则的有效性。诉答博弈提供了这样的机会。戈登是通过添加条件到被支持的规则当中来实现的。然而，在我看来，戈登的解决方法并不是完全充足的，因为不只是规则的支持，还有规则适用的整个程序都是该规则的条件的一部分。规则的条件包含了太多的信息。在我看来，规则的有效性或适用性不应当是该论证的条件的一部分，而应当被建模为独立的命题，它可能会被用于证成该论证。这是重要的，因为在我看来不是所有的论证都有基本的规则（Lodder，1997a）。

对每个命题而言，只允许一个回应。这条规则的缺点是一个辩论的结果可能与允许更多论证的结果相反。例如，生成某个被击败
128 论证的博弈方将在冲突中失利，尽管他可能还有更多的论证。只允许一个回应的限制的优点是，诉答博弈会更快地结束。

诉答博弈就是，无需放弃辩论，充当非建构性（non-constructive）角色的博弈方所拒斥的辩论也能够被制止，只是简单地通过拒绝该博弈方的拒斥即可。这意味着无限倒退不需要承认没有被证成为真的命题就可以被终止。

最后一个评论是关于诉答博弈的博弈方的。由于基础逻辑（条件蕴涵）的难度，以及博弈方在一个轮换中必须回应的大量命题，似乎只有超人可以玩转这个博弈。可以确定的是需要花费时间来学习博弈。然而，诉答博弈背后的观点是有价值的并且尽管事实是根据戈登的理论，该博弈没有打算真正地予以实现（它有其理论目的），在我看来人们实现该博弈可以学到更多关于法律推理的知识。

6.6　行动和承诺的研究

本节将要给出的是第6.3～6.5节讨论的博弈的行动和承诺，与对话法律给定的行动和承诺之间的一个研究（survey），它包含了展示博弈的特征的表格。将首先讨论行动，其次讨论承诺。

6.6.1　行动

对话法律包含有4种行动：主张、接受、收回和质疑。因为这些类型是基础类型，所以对话法律将与第3～5节描述的其他博弈的行动在4个方面进行比较，即主张、让步、撤回（retractions）和质疑。

主张（Claims）

断定或主张行动为讨论提供了给养。它们是将新信息加入到博弈中的行动。因为这类行动是主要的，所以每个博弈都包含了一个这种类型的行动。

我将会在命题的主张、规则的主张和论证的主张之间做一个区分。区别对待的原因首先是因为有些博弈为规则的引入而包含了不同的行动（戈登，雷斯彻）。而且，在其他博弈中规则有一个特殊的位置，因为它们就是前面所说的争议（布鲁卡）。戈登同样为论证的引入包含有一个特殊的规则。

在麦肯齐的博弈中，命题是由命题的行动所引入的。在雷斯彻的博弈中，命题被引入作为断定：如果是由提出方给出的，那么它
是明确断定；如果是由反对方作出的，那么它是谨慎断定。布鲁卡 129
的博弈包含了加入的行动，这在对话法律中使用的是主张的行动。

在诉答博弈中，命题只被直接引入：一个行动的后承可以是一个被加入的命题。

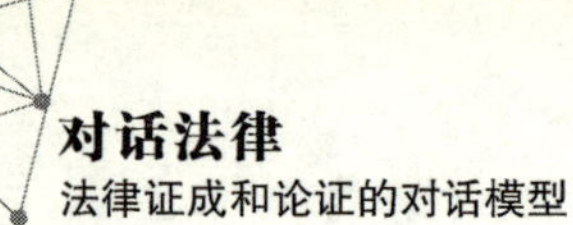

麦肯齐的博弈中的实质蕴涵可以被看作是一条规则。实质蕴涵是通过命题的行动引入的，但是也可以被间接引入。[41]雷斯彻对（缺省）规则的引入包含有一个特殊的行动：限制性（provisoed）断定。它们也可以同一个表达缺省成立的条件相伴出现。最后，在诉答博弈中规则是被宣告的。

对话法律对规则（主张）的引入不包含特殊行动，也没有像布鲁卡那样引入缺省（加入）的特殊行动。

诉答博弈包含有一个特殊行动，即辩护，其中的论证将被引入。在对话法律中，理由和胜过谓词都是由一般主张来引入的。

让步（Concessions）

在对话法律中，证成是基于共识的。由于大多数博弈方都坚信自己是正确的，因而他们根本上是想让他们的反对方认同他们。对话法律能读懂接受行动，布鲁卡和戈登有类似的让步行动。

因为沉默暗含默许的原则是麦肯齐的博弈的组成部分，因而不存在让步的行动。类似的技术在雷斯彻的博弈中也得到使用，也是缺少一个清晰的接受行动。如果命题不被攻击，那么至少暂时认为它是被接受的。

在明确和模糊的接受之间，有意义的区别在于它们的后果。在博弈方有机会明确接受的博弈中，博弈中的命题在接受性之后就是固定的。如果接受性是不清晰的，那么共识只是暂时的：博弈方总是可以撤回他的认同。

收回（Retarctions）

麦肯齐的博弈的逻辑条件句以及布鲁卡的博弈的缺省，都不能

〔41〕 参见第 6.3.1 节。

够被撤回。这两个博弈都允许命题的收回，其分别通过收回和去除的方法。在对话法律中，收回只在博弈方自己承诺并且另一方不承诺的情况下才被允许。在麦肯齐的博弈中，尽管博弈方自己不承诺，但他还是可以收回。在该情况下行动意味着清晰地表达承诺的缺位。在布鲁卡的博弈以及对话法律中，收回的意义就是为了针对性地结束真实的承诺。

雷斯彻的博弈和诉答博弈都没有收回命题的行动。 130

质疑（Questions）

在对话法律中，质疑是由博弈方要求其反对方支持某个命题的行动。布鲁卡的空行动类似于质疑，并且戈登的拒斥被认为是一个质疑。反对方被要求支持其命题，或者，根据诉答博弈，要求举出一个攻击该拒斥的论证。

麦肯齐有三个与质疑相似的行动。类似于前面讨论的挑战。特殊行动是质疑[42]和求解需求。首先博弈方想知道反对方关于某个特殊命题的观点。求解需求被用于应对承诺中包含不一致性的反对方。

雷斯彻的博弈不包含质疑。尽管如此，如果提出方主张一个命题，并且反对方主张一个看似同样成立的该命题的负命题，反对方的后一个行动就相当于一个质疑。换言之，该行动的后果是提出方必须举出支持证据来支持该命题。

包含行动的表格

这个表格提供了所有被讨论的不同行动的一个概览。关于特殊命题存在 3 种可能的观点：

---

〔42〕 名字是令人困惑的。质疑有一个不同的含义，而不是通常被理解是疑问。

（1）确信某个命题：A

（2）确信其反对命题：~A

（3）不确信某个命题或其反对某个命题：A？~A？

表格将指出以上3种观点的任意一种能否被某个确定的行动所表达。

	麦肯齐	雷斯彻	布鲁卡	戈　登	对话法律
主张命题	命题（1，2）	明确断定（1） 谨慎断定（3）	增加 （1，2）	–	主张（1，2）
主张规则	命　题	限制性断定	增　加	宣　告	主　张
主张论证	–	–	–	辩　护	主　张
接　受	–	–	承认（1）	承认（1）	接受（1）
收　回	收回（3）	–	–	–	收回（3）
要求支持	挑战（3）	–	空行动（3）	拒斥（3）	质疑（3）
要求观点/求解	质疑（3）/求解需求	–	–	–	–

131　被主张的命题表达的观点是博弈方确信命题（1）或者是其矛盾命题（2）。由于博弈的非对称性特点，只有在雷斯彻的博弈中命题的否定才不能被表达。反对方的谨慎断定不是一个积极主张，但是，正如其名字诠释的一样，它是一个谨慎的断定。[43]因此，提出方对于该主张的回应不是一个否定命题。

规则的主张和论证的主张都不能表达关于某个命题的观点。规则意味着表达命题间的一般关系，而论证表达的是一个命题的支

〔43〕谨慎断定可以被列在质疑栏中，因为反对方寻求证据为的是击败谨慎断定。但是由于它被称作为断定，所以我偏向于考虑它是某个命题的主张。

持。可以主张的是，论证表达的观点是博弈方确信由该论证所支持的命题。然而，这使得命题和命题的支持之间的区别变得模糊。

如果博弈方接受了一个命题，那么他所表达的是他确信这个命题。任何博弈都不可能的是，在博弈方承诺某个命题的否定的前提下，他还接受这个命题。因此第二个观点，确信其矛盾命题，在这里无法应用。

显然，如果博弈方收回（明确指出不再确信），或者质疑（明确要求支持，所以还没有确信），那么没有观点是被确信表达的。

6.6.2 承诺

接下来的问题将讨论除了挑战之外的所有行动，它不影响任何博弈方的承诺。某些行动不影响反对方的承诺，例如对话法律中的主张、布鲁卡的博弈中的去除和承认以及麦肯齐的博弈中的收回。

	承诺		失去承诺	
	行动	反对方	行动	反对方
麦肯齐	命题 挑战	命题 **挑战**	**挑战** 收回	–
雷斯彻	明确断定	明确断定	明确/谨慎 & 限制性断定 谨慎断定	–
布鲁卡	增加 承认	**增加**	去除	–
戈登	所有行动	宣告	–	–
对话法律	主张 接受		收回 **接受**	**收回** **接受**

黑体的行动并不总是包含被描述的后果。例如，如果挑战一个 132
已经被反对方所承诺的命题，显然，他将不会变得承诺；如果挑战

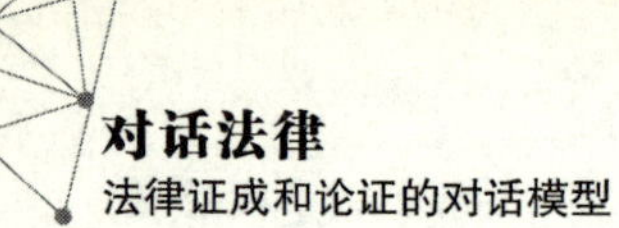

的博弈方没有在一开始就加以承诺的话，那么他不会失去他的承诺。在对话法律中，如果存在开放命题在刚被接受的句子被主张之后得到主张，那么接受会导致失去承诺。

在诉答博弈中，行动的博弈方在其所给出的每个行动之后都将变得承诺：辩护、让步、宣告和拒斥。在布鲁卡的博弈中，一旦他加入或让步了某个命题，那么行动的博弈方将变得承诺。在对话法律中，在主张和接受之后，行动的博弈方将变得承诺。在雷斯彻的博弈中，提出方和反对方对于每个明确断定都将变得承诺。由于承诺在雷斯彻的博弈中被定义为辩护义务，所以博弈方并不承诺无可争议的缺省。

反对方只承诺在博弈中由其对立方所主张的命题，这些博弈不包含接受行动（麦肯齐，雷斯彻）。在其他的博弈中需要明确的接受，又称为承认（布鲁卡，戈登）或者接受（对话法律）。

在麦肯齐的博弈中的一个挑战之后，如果被挑战的博弈方还没有承诺，那么他将变得承诺。另一个后果是挑战的博弈方将变得承诺其挑战。

在诉答博弈中，在一个行动之后失去承诺是不可能的。在麦肯齐的博弈、对话法律和布鲁卡的博弈中，承诺将在收回之后结束。而且，在麦肯齐的博弈中，如果博弈方挑战一个他所承诺的命题，那么他将失去该承诺。在雷斯彻的博弈中，提出一个限制性断定的提出方，将失去他对该命题的承诺，它符合该缺省的结论。反对方将失去对他所攻击的命题的承诺。

在雷斯彻和布鲁卡的博弈中，承诺只有当是博弈方所作行动的一个后承时才发生改变。基本上，同样的情况在麦肯齐的博弈中也成立。如果挑战被某个命题所回应的话，唯一的例外是博弈双方都承诺的实质蕴涵。而且，尽管博弈方不能够承诺后承，但是他们可以基于这些后承来应对不一致性。在诉答博弈中，博弈方承诺其命题的已知后承。对话法律使用受迫行动来关注所谓的承诺的强化。

6.7　其他相关研究 133

还有诸多其他学者也研究了对话模型，这里只讨论一部分：范爱默伦和格罗顿道斯特，新田及其同事以及法利和弗里曼。[44]

范爱默伦和格罗顿道斯特引领描绘了论证（非形式）理论的蓝图，并且他们的工作启发了对话法律的发展。弗雷斯维克（Vreeswijk，1993）是第一个在形式论证领域发展论辩模型的学者。从人工智能与法对对话模型感兴趣的第一刻开始，新田及其同事就报告了 HELIC 系统。最后，焦点又投向了路易和诺曼（Loui and Norman，1996）的基本原理（rationales）以及法利和弗里曼（Farley and Freeman，1996）的证明责任层次。

6.7.1　范爱默伦和格罗顿道斯特

范爱默伦和格罗顿道斯特（Van Eemeren and Grootendorst，1982）合作了一篇名为“理性话语规则”的论文。[45]他们的目标是发展一种能够被用于作为分析讨论并且作为支持理性讨论的一项行为守则的框架。该框架意在处理人们之间的普遍的、日常生活中的讨论。为此他们制订了一个讨论的参与方都必须遵守的一般（完全的）条件。他们的工作的一个重要出发点是他们的观点，即交际有一个社会特质。但这并不必然意味着其他人被直接包含在该交际当

〔44〕 有很多遗漏，例如很多来自人工智能与法领域在这里没有讨论，但是令人颇感兴趣的包括：St-Vincent，Poulin & Bratley（1995），Prakken & Sartor（1996），Kowalski & Toni（1996），Zeno 系统（Gordon & Karacapilidis，1997）。

〔45〕 荷兰语的标题是：Regels voor redelijke discussre.

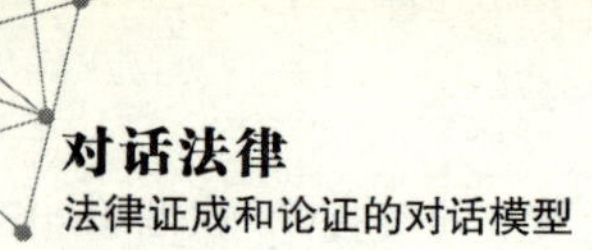

中。尽管一个本质的对话（interior dialog）强调了论证的社会特质，因为它引导了这样一个对话，博弈方可以预测其他人的可能回应。他们的论证理论在今天被称为语用论辩术（参见 Van Eemeren *et al*, 1996, p. 274）。

他们的工作的一些关键问题被显示出来，我将逐个指出对话法律是如何处理它们中的每一个问题的。论证的一个基本（fundamental）条件是：

> 一个命题集合 U_1，U_2，……U_n被用于说话者（S）说服听者（L）相信命题 M 是正确的（不正确的）。

这个条件在对话法律中也是真的。在对话法律中，说话者逐个引入命题 U_1，U_2，……U_n。例如，如果 U_1 足以使听者确信，那么说话者将停止；如果 U_1 被听者所质疑，那么 U_1 将变为—暂时是—听者必须确信的新命题。

134 除了基本条件，论辩的预备条件和诚信条件都限制了讨论中说话者的行为。

> • 预备（preparatory）条件——说话者相信听者：
> （1）没有（尚未）接受命题 M；
> （2）接受命题集 U_1，U_2，……U_n；
> （3）接受命题集 U_1，U_2，……U_n作为 M 的一个证成。

如果预备条件没有得到满足，那么论证被认为是无效率的（inefficient）。根据这个条件对话法律是无效率的。如果对话法律中的博弈方相信其反对方将接受一个命题（1），那么他可能仍然会主张它。我并不认为这种无效率是一种缺点。如果反对方完全不接受该命题，根据效率条件，什么也不会失去。如果反对方接受了该命题，存在共识至少是清晰的。对我而言，这种清晰的共识比可能的无效率要更加重要。其他两个条件也不同于对话法律。在对话法律中，博弈方只是希望，而不是相信听者将接受该命题（预备条件2）或者作为证成的命题（预备条件3）。

- 诚信条件——说话者认为以下是可接受的：

  （1）M；

  （2）U_1，U_2，……U_n；

  （3）U_1，U_2，……U_n作为 M 的一个证成。

如果诚信条件得不到满足，那么论证被认为是不真实的。然而，在实践中不可能去检验一个说话者是否会相信了他所主张的，因为信念是个人的事情。因此诚信条件不是对话法律的一部分。对话法律只处理承诺。尽管博弈方一般会相信他所承诺的，但是这无需必然如此。

至今所讨论的条件应用于论证的最一般层次。在一个更低的一般层次上还定义了理性讨论的8个初步（preliminary）条件，例如：说话者说他所想的并且承诺他所说的（3），说话者准备辩护他所证成和减弱的命题（8）等。在对话法律中，博弈方同样承诺他们所说的，但是他们不总是必须准备辩护他们所主张的每个命题。如果博弈方没有准备，那么他被允许收回该命题。

范爱默伦和格罗顿道斯特的工作在论证理论领域有着巨大的影响力。在随后的工作中，该框架被用于为法科学生定义论证指南，并且还被用于分析法律推理的不同层面，如民法和刑法的程序
（Feteris，1989），类比和反面（contrario）论证（Kloosterhuis， 135
1996），司法判决（Plug，1996）等。

6.7.2　弗雷斯维克的基于论证的论辩术

在1980年非单调逻辑被引入作为人工智能的一个特殊问题之

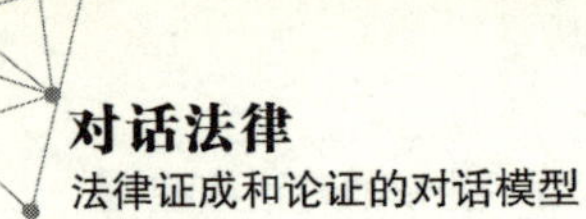

后，许多新的非单调逻辑得到了发展。一般的特点是，这些逻辑通过使用可废止的知识瞄准建模人工推理。最近的是基于论证的方法，又被称作形式论辩理论（formal argumentation）[46]（例如，Simari & Loui，1992；Gordon，1993b；Vreeswijk，1993；Pollock，1994；Dung，1995；Prakken & Sartor，1995；Verheij，1996）。在这些方法中，论证和反论证是核心概念。简而言之，在基于论证的理论中结论只有被一个不被击败的论证所支持才能是被证成的。

讨论弗雷斯维克的工作的理由是，其论证的论辩模型是第一个充分发展的基于论证的论辩模型之一。尽管弗雷斯维克不是第一个在论证中使用层次的人，但我是在查阅他的工作之后才决定在对话法律中使用层次的。

为搜索一个论证的大型数据库弗雷斯维克发展他的论辩系统。通过论辩协议的方式，它定义了正方和反方的论证如何来评估一个确定的结论。弗雷斯维克试图减弱可计算问题，它通常是在能否导出结论（在给定的特殊理论中成立）的时候所要面对的。只有与证明主要结论相关的论证才会被评估。

特殊序列（其中的论证会被考量）将影响推理过程的最终结果，因为“顺序和方向（其中的论证被发展）是重要的，例如程序”（Vreeswijk，1993，p. 125）。论辩方法的另外一个优点是“它以原始的方式处理论证——恰如我们一样”（Vreeswijk，1993，p. 111）。当前讨论关注如何交换论证。

6.7.2.1 主线的辩论

论辩协议定义了一个人工辩论。这个辩论被称作是人工的是因为辩论中的博弈方没有假定是人类（例如，这与诉答博弈和对话法

〔46〕 这与非形式论证相反，例如 Van Eemeren，Grootendorst & Kruiger，1987.

律相反），而是互相对抗的两个独立的计算机程序。[47]辩论的目的 136
是检测某个论题是否在给定的特殊背景下是生效的（in force）。这个背景在辩论的一开始就是固定的，并且在辩论过程中没有新的信息被加入。辩论开始于提出方给出主要论题（main thesis）。在辩论中提出方增加论证直接（间接）支持主要论题，反对方提出论证直接（间接）击败主要论题。

每个争议都在与论辩系统的背景相博弈。论辩系统包含一个语言 L 和一个规则集 R。规则可以是严格的和可废止的。最后存在一个共有的基 E。[48]

严格规则可以表示为：$a \to b$，可废止规则可以表示为：$a \Rightarrow b$。规则的条件可以是空的，例如，$\to b$（b 总是真的）或者 $\Rightarrow b$（b 在没有出现反对证据之前是真的）。可选择的条件不被允许，合取的条件则被允许。规则（$a \vee c$）$\to b$ 表示为 $a \to b$ 和 $c \to b$。一条规则应当只包含一个结论。例如，规则 $a \to$（$b \wedge c$）表达为 $a \to b$ 和 $a \to c$。矛盾用 $\bot$ 来表示。严格规则的结论可以是一个矛盾，例如，$a, b \to \bot$。[49]这条规则指的是 a 和 b 共同导致了矛盾。

除了在第一个行动中，论证必须击败前一个层次的论证[50]，通过：

（1）导致矛盾

假设在辩论中一个确定阶段，结论 b 是被证成的，并且 a 在一个共有的基当中。假使严格规则 $a, b \to \bot$ 是规则集的一部分，那么

---

〔47〕 在随后的工作中弗雷斯维克（Vreeswijk，1994）实现了其博士学位论文中所描述的观点。

〔48〕 弗雷斯维克命名共有基为 P。为避免与我所用于标记提出方的 P（弗雷斯维克使用 $\boldsymbol{P}$）相混淆，我称该共有基为 E，通常用于表示证据。

〔49〕 逗号表示合取。

〔50〕 随后解释层次的含义。

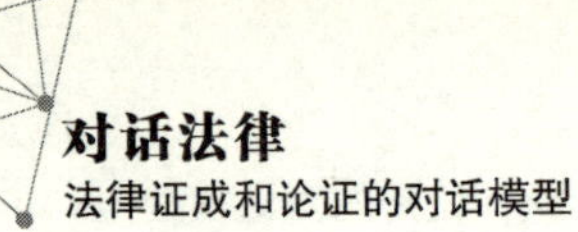

a 是一个击败论证，因为这个命题导致了一个矛盾。

（2）支持反对前一个层次的论证的某个命题

论证 a⇒b 可以被论证 c⇒ ~ b 所击败。

要注意的是，击败论证 c⇒ ~ b 不会导致矛盾，因为论证 a⇒b 是被击败的。

论证能够以任何方式排序。一个基础排序（basic ordering）是基于严格规则的论证击败基于可废止规则的论证。一个特殊排序
137 （special ordering）如（a⇒b）≤（c⇒ ~ b），这意味着第一个论证被第二个论证所击败。如果不存在关于论证的排序，那么包含反对结论的可废止论证将互相击败。

6.7.2.2　*行动*

博弈允许以下行动。

（1）陈述主题；

（2）提出问题；

（3）给出回答。

如果一个论题 τ 被陈述，那么它总是伴随着一个感叹号，τ!。[51]论题总是需要一个论证。

提出问题的博弈方想让他的反对方确认某个论证包含一个特殊的子论证。行动 σ⊆τ? 指的是：“你承认 σ 是 τ 的一个子论证吗?”给出该行动的理由是为博弈方的论题的某个子论证清晰地承诺 P。在这个明确的承诺之后，通常情况下该子论证会遭到攻击。

回答行动是强制性的。在一个质疑之后博弈方必须予以回应，其中他要确定某个论证的确是一个子论证。回答没有额外的符号，而是子论证的重复。

---

〔51〕 其含义类似于雷斯彻的“！”。

考虑一个包含以下规则的论辩系统：[52]

{杀人者⇒凶手，自我_防卫→非_惩罚} ∪
{非_惩罚，凶手→⊥}。

假设存在一个论证的基础排序，那么基于可废止规则的论证被基于严格规则的论证所击败。规则集包含：杀人者是凶手的可废止规则；实施自我防卫的人无罪的严格规则；如果某人是凶手但是不被惩罚那么会导致矛盾的严格规则。如果共有基 E 是 {杀人者，自我_防卫}，那么以下辩论是可能的。

P：杀人者⇒凶手！
O：自我_防卫→非_惩罚！

可废止规则被严格规则所击败（根据论证的基础排序，而且提出方将输掉辩论），因而提出方将输掉辩论。其他可能的辩论是：

P：自我_防卫→非_惩罚！

由于提出方开始于基于严格规则的论证，所以反对方无法给出 138
一个反对论证并且将输掉辩论。

6.7.2.3 分层辩论

辩论（debate）总是开始于提出方陈述主要论题。辩论的初始层次是1。[53]所以提出方开启论辩是在层次1上陈述论证。如果反对方陈述了某个论题，那么层次变为第2层。通常情况下，每陈述一个论证，层次都会变低。只有在承认一个论题时，辩论才会回到一个更高的层次。让步不是一个单独的行动。如果一个博弈方不回

〔52〕 在这个例子中，论辩系统的语言是：{杀人者，凶手，自我_防卫，非_惩罚}∪{⊥}。

〔53〕 我把它称作最高的层次。层次2、3等都是较低层次。（同见第3章）

应最新的论证，却回应一个更高的层次的论证，那么就假设他承认了那个更低层次的论证。[54]

下图给出了所有可能行动的一个概览。

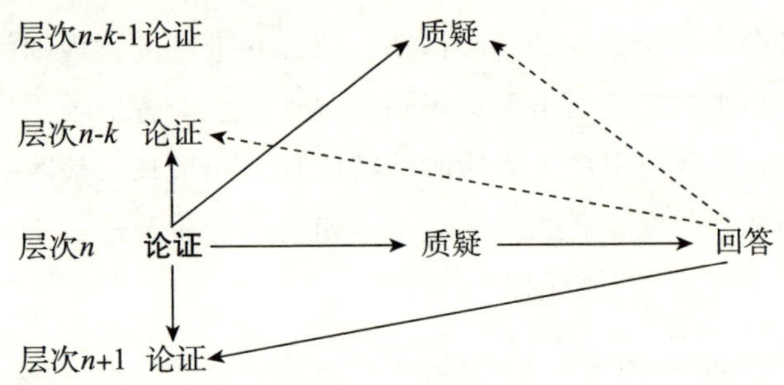

这张图完整地定义了行动的可能序列。

我们开始于被强调的论证。博弈方能够以 4 种不同方式来回应一个论证。首先，他可以攻击该论证。在该情况下，他在第 n+1 层举出一个论证。其次，他可以询问该论证是否包含某个子论证。在该情况下，层次仍然保持不变。最后，存在两个不同的方式承认论证。要么通过质疑一个高出两个层次（或者 4 个层次）的论证，要么通过攻击这样一个更高层次的论证。[55]

139 箭头显示的是存在对质疑的唯一可能回应，也就是回答。

在回答之后存在三种不同的回应。唯一的合理回答是子论证被攻击，例如，某个论证在第 n+1 层中被给出。其他两个回应不太可能，因而用虚线箭头来表示。如果该论证最后被承认，那么为什

〔54〕 在例子 6.3 中（Vreeswijk，1993，p. 117）让步可以被描述如下：“在第 5 行中 P 立即反驳位于第 4 行的论证 O。因为 O 在第 6 行下降两个层次，因此在这一层次获胜。”

〔55〕 图中的符号 k 是奇数。如果一个论证被承认，那么 k=1。如果是一个新反对论证，那么层次是 n-1，并且如果是一个质疑层次，那么层次是 n-2。如果多个论证被承认，那么 k=3，5，7，……如果 n≤2，那么承认，所以向上的箭头意味着辩论结束。

么要给出一个质疑（回答是一个强制性回应）呢？

通常情况下，一个向下的箭头指的是举出一个反论证。一个水平箭头指的是层次保持不变。向上的箭头指的是一个论证被承认。需要注意的是，假使第 n 层的论证是博弈的第一个论证，那么该图的上半部分将不存在。

如果博弈方无法举出一个击败论证[56]，那么辩论在确实理由（substantial grounds）上获胜。如果博弈方能够回应，但是却无法这样做（例如，因为时间到了），那么辩论在程序理由（procedural grounds）上获胜。由于提出方 P 给出的行动数目总是奇数，并且反对方 O 的任意行动的数目总是偶数，因而包含一个奇数行动的辩论将由提出方获得胜利，而包含一个偶数行动的辩论将由反对方获得胜利。

6.7.2.4　结束语

由于回答是强制性的，质疑/回答行动看上去对我而言是多余的。相反的是，陈述论题可以通过明确哪些论证被该行动攻击来加以拓展。如果完全论证被攻击，那么不需要明确什么。如果子论证被攻击，那么博弈方必须明确他所攻击的子论证。

由于层次被用于建构辩论并且论证的排序不是必然要基于特殊性的，而是可以基于任意的排序。弗雷斯维克的可废止论辩术是例示的雷斯彻方法的一个改进。

类似于弗雷斯维克的抽象方法的支撑点是语言和推导的自由使得可以建模大部分的辩论。但是，与这个优点相关的缺点是：论辩

---

〔56〕 弗雷斯维克（Vreeswijk，1993，p. 116）："……对无法回应的另一方给出回答。"这个描述是令人疑惑的，因为，尽管辩论可以在给出一个回答后结束，但是它通常在给出某个论证之后结束。例如，弗雷斯维克的论文所讨论的例子是在某个论证被陈述之后结束的（所以也在给出某个论证之后）。

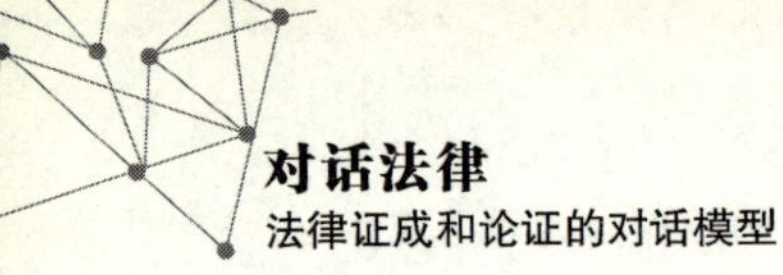

的建模者很难在其建模活动中被加以引导。因此这些系统通常主要适用于研究论证的一般层面，而且或多或少地能够在一个特殊领域中建模常识推理（Commonsense reasoning）。

140

6. 7. 3　HELIC 系统

HELIC-II 系统（Nitta，Wong & Ohtake，1993），后来称作新 HELIC-II 系统（Nitta *et al*，1995；Nitta & Shibasaki，1997），是一个审判推理的可计算模型。其适用的法律领域是日本刑事诉讼法。

在对话法律和诉答博弈中，辩论发生在人类之间，而在弗雷斯维克的论辩术中参与方是两个计算机，HELIC-II 系统的辩论则发生在人类博弈方和计算机之间。辩论开始于计算机或博弈方作出某个论证时。开始的博弈方是控方，另一博弈方是辩护方。在辩论的过程中，博弈方按如下方式交换论证。

每个论证都是基于规则的，它可以是以下任意规则：法律规则、常识规则、由判例法引申的规则等。计算机自动产生由规则的前缀集合所得到的论证。因为给定了新 HELIC-II 系统中的规则，所以不可能争辩它们的有效性。

该系统不只是产生论证，而且为博弈方提供最佳的可行论证。博弈方只需要指出其目标（论证的结论），以及他的视角（viewpoint）（控方或辩护方）。博弈方的一个目标对应于另一博弈方的论证的问题之一。这个系统由另一博弈方的论证得到问题的列表。博弈方的任务就是选择最佳的论证予以攻击。所以，博弈方的角色受到限制。在对话法律中，博弈方可以举出论证，主张命题；在诉答博弈中，博弈方可以宣告规则和举出论证。在新 HELIC-II 系统中，他只能选择问题。如果博弈方选择了一个问题并且该系统不能够创制出一个反对论证，那么该博弈方将输掉关于该问题的讨论。

在特殊案例中，什么是最佳的论证将在两个不同的步骤中有所判定。首先，论辩模块在给定博弈方目标的情况下创制所有可能的论证。例如，如果博弈方的目标是确信杰克是凶手，那么系统将产生所有基于规则的论证，它们包含结论，即某人（这里指的是杰克）是一个杀人犯。如果可能的话，这个系统还会产生所有的反对论证，反反对论证等。接着，依赖于博弈方的观点，最佳论证将被选择。例如，如果观点来自控方，那么在最佳的可能方式中，支持杰克是杀人者的论证会被选择，这还考虑到了可能的反论证。论证的排序是基于规则间的优先性。

一个论证每一次只能由一个论证来反对。不可能在一个时刻举
出多个论证，因而论证间的比较只能逐个进行。但是，如果某个论
证被收回，那么另一个新论证可以取代前一个论证。所以，可以存 141
在多个论证在辩论过程中支持同一个问题，但是不能在同一时刻。
只要存在可行的反论证，论证就会遭到深入地反对。反论证还可以
被反反论证所反对，等等。

每次有论证支持或反对一个问题时，博弈方可以主张他的论证更强。如果他的反对方接受该主张或者他接受反论证，那么他将输掉该问题，或者，如果仍存在其他的支持论证，那么他可以举出一个新的论证。如果存在一个正方论证和反方论证，博弈双方都可能会主张他们的论证更强。在该情况下论证间的关系仍然是一个悬而待决的问题。类似于对话法律中的胜过关系的行动是不可能的。

如果初始论证是被接受的，或者更准确地说，如果辩护方指出他不再知道反对该论证的反论证，那么辩论结束。辩论结束的这个定义的后果是控方失败是不可能的。控方接受辩护方的论证击败其自己的情况是不清楚的。人们会设想控方失利，但是根据博弈的定义，辩论只有在初始论证被接受时才会终止。

有一个与事实相关的缺点，即 HELIC 是一个封闭系统，然而法律是一个开放系统（参见第 2 章）。博弈方可能会输掉一个辩论，即便是在他拥有较强论证的情况下，只是简单因为该系统不会创设它们。这暂时仍将是人类和计算机之间的关于法律论证博弈的一个问题，因为如果博弈方被允许自由输入行动，那么计算机可能无法理解每个行动。

另一方面，该系统还包含一些强项。首先，该系统使用了一种丰富的语言。对于那些对法律知识表达感兴趣的人而言，它是值得研究的。其次，如果博弈方作出一个坏的论证，那么他仍然有机会提出一个更好的论证。

6.7.4 路易：协议和原理

对话式推理领域的一个有意义的贡献是路易的原理（rationales）的使用，它在《基于规则、先例和合理性的推理构思》（Loui *et al.*，1993）一书中被简单介绍并且在《合理性和论证行动》（Loui & Norman，1995）一书中得到成熟发展。简单地说，原理解释了为什么一个案例的特殊结论是正确的或者为什么某条特殊规则被假定是有效的。原理相当于图尔敏的术语中的保证（warrants）的支持（backing）。

在讨论原理的使用之前，先讨论在《过程与策略：限制来源的非演证性推理》（Loui，1992）一书所提出的不同协议。在第一个
142 协议下[57]两个博弈方交替作出行动，每个行动都包含两个话语，既有句子也有支持该句子的论证。论证必须基于证据[58]，并且在

〔57〕 基于 Simari & Loui，1992；Loui et al.，1992.

〔58〕 所以，论证的前提必须是证据集的一部分，类似于条件蕴涵中的集合 E。

每个行动之后关于主要主张的观点必须被改变。在第二个协议下[59]，允许博弈双方挑战并且可以举出他们喜好的多个话语。尽管如此，在一个行动之后，观点必须被改变，或者，论证的一个前提必须被挑战。在第三个协议之下，观点必须在一个行动之后改变，但是目前没有必要的是主要主张的观点必须发生变化，但是任意其他主张的观点的变化都足以满足条件。在第四条协议之下，允许元论证（meta-arguments），就比如论证 A1 击败论证 A2。

五种原理类型是在协议中所使用的论证行动，它们类似于那些前述所描述的论证行动。原理类型是：

（1）压缩（compression），或 c－原理

（2）特殊性（specialization），或 s－原理

（3）争议（disputation），或 d－原理

（4）求解（resolution），或 r－原理

（5）符合（fit），或 f－原理

不难理解第一个原理类型。某人可以举出一个形式如"a 因此 b"的论证，然而论证实质上是两个相连接规则所产生的，例如，"a 因此 c"和"c 因此 b"。如果反对方知道 c 并非如此，那么他不能直接攻击初始论证"a 因此 b"。使用 c－原理在这个情况下有所帮助。通俗的说，原理的使用可以被描述为"你介绍你的论证'……'，但是它实际上可以归结为'……'（如上所述）。"一旦引入原理，就可以举出支持 c 的否定的论证作为一个反论证。

s－原理要更加复杂。再次假设论证是"a 那么 b"，但是真实的论证是："d 因此 e"，"a 或非 e"以及"d 或非 b"。如果反对方知道一个论证，即为什么"e"并非如此，那么他可以使用这个

[59] 基于 Loui & Chen，1992.

原理。

如果论证基于先例，那么可以使用 r－原理。该案例可能在考虑指向相反方向的两种事实之后才会得到判决。例如，判决是“a”，但是还存在支持“非 a”的论证。如果事实趋向于反对“a”，由于某个其他的事实，先前判决可能不会再被简单地采纳。

143 d－原理类似于 r－原理，不同的不只是包含了论证及反论证，还有该反论证的反驳。

如果博弈方使用一个适用于两个先例的论证，它们非常符合当前案例的事实，但是还存在包含一个不同结论的第三类案例，那么 f－原理可以被用于通过给出一个论证来处理所有的第三类案例。

原理的使用是一个重要的特征，它应当被包含在一个论辩系统中。对话法律的一个重要扩展是允许关于原理的讨论。一些原理能够在当前的对话法律版本中得以建模，但是这将会导致不自然的行动。因此，在对话法律的未来版本中将会吸收原理的概念。

6.7.5　法利和弗里曼的证明责任层次

从法律的视角看，证明责任的不同层次间的区别是有意义的。法利 & 弗里曼（Freeman & Farley，1995；1996）详述了这种区别。

论证在他们所称的图尔敏论证单元中得以建模。论证的保证包含两种领域，第一种类型把条件和保证的结论之间的关系分为：要么作为解释，要么表明一种关联。第二种类型使用保证所得到的结论的强度来表示：

（1）充分的　－强度是结论性的，例如，定义；
（2）缺省　　－通常，几乎总是；
（3）证据性的　－或多或少确定，仍有可能。

论证的强度依赖于保证类型（1～3）的强度，以及使用了哪些推理步骤。他们所区分的推理步骤是分离规则（MP）、逆分离规则（MT）、肯定后件规则（AB）以及否定前件规则（CO）。[60]

论证的强度要么是未知的，要么按照减弱强度的顺序，依次是有效的、强的、可信的或弱的。论证的强度可以被判定如下。如果推理步骤是MP，那么：如果保证类型是充分的，那么论证是有效的；如果保证类型是缺省，那么论证是强的，并且如果保证类型是证据性的，那么论证是可信的。对于无关的保证类型，使用CO或AB作为推理步骤的论证总是弱的。最后，如果保证是充分的，那么使用MT建构的论证是有效的，否则它是弱的。以下表格展示了论证强度的一个概览。 144

	充分的	缺 省	证据性
MP	有 效	强 的	可信的
MT	有 效	弱 的	弱 的
AB/CO	弱 的	弱 的	弱 的

论证的强度被用于区分支持的不同层次，或者，换句话说，证明责任的不同层次。[61]使用论证的每个层次成立都必须是可防御的，它指的是它不能被击败（例如，基于特殊性）。以下支持的层次分类容易应用于人们自己所喜好的论辩论证系统。

（1）微弱证据（Scintilla of evidence）：至少有一个弱的，可防御的论证（包含缺省或证据性保证的AB，CO以及

〔60〕 给定蕴涵p→q，不同的推理步骤是：MP（给定p，得到q）；MT（给定～q，得到～p），AB（给定q，得到p），CO（给定～p，得到～q）。

〔61〕 证明责任的重要方面之一是哪个博弈方承担它。对于法利和弗里曼而言，总是给出主张的那一方有责任去证明它。

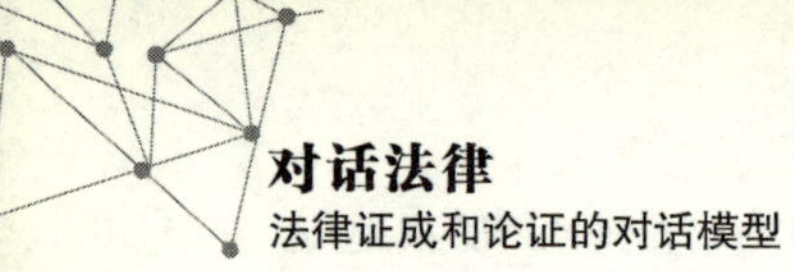

MT），不考虑任意竞争主张的支持。

（2）优势证据（Preponderance of evidence）：至少有一个弱的，可防御的论证要胜过另一方的论证（参见1）。

（3）论辩有效性（Dialectically valid）：至少有一个可信的，可防御的论证击败另一方的所有论证（包含一个证据性保证的MP）。

（4）排除合理的怀疑（Beyond a reasonable doubt）：至少有一个强的，可防御的论证击败另一方所有的论证（包含一个缺省保证的MP）。

（5）不容置疑（Beyond a doubt）：至少有一个有效的，可防御的论证击败另一方所有的论证（包含一个充分保证的MP，MT）。

或许还应当考虑其他类型的推理，如归纳推理，但是这样做除非是对一个特殊的论辩系统，或者一个特定的领域是有必要的。

尽管大多数的法律规则是缺省类型，但是清楚的是给保证赋予合理的强度并不是一件容易的事情。在哪些情况下保证是证据性的或充分的并不容易得到判定。然而，正确的赋值是重要的，因为错误的赋值可能会导致假的结论。

尽管有这种困难，但是法律应用支持的不同层次的划分看上去成果颇丰。例如，根据刑法宣告某人有罪的支持（“合法的且确信
145 可证的”）与根据民法使索赔有效的支持（“似真的”）的层次的区别就可以予以说明。

尽管如此，尚不存在其他谨慎的理由。如果保证被标记为“缺省”，如大部分的法律规则都是如此，那么不可能证明某事是排除怀疑的。所以在该情况下，证明某事排除怀疑的责任并不能得到满足。必须要认识到这些困难。

这并不是说支持的层次只有这5种类型[62]，第三条没有提及保证的强度，第四条甚至也没有描述限制推理的步骤。所有这些区别可以根据人们自己的喜好来修改。如果某人是谨慎的，那么基本原则就是判定支持的层次是一个有用的层次。

6.8　结论

本章已经广泛地讨论了3个模型，麦肯齐的DC、雷斯彻的论辩术（以及布鲁卡的形式化理论）以及戈登的诉答博弈。本章已经给出了关于行动和承诺的一个概览。由于每个讨论都是以结束语来结尾，因而这里只是粗略描述了系统间的差异。

麦肯齐的DC博弈中基于命题的对话是自然的，即使该系统是可实现的，但是如果要建模某个法律领域，那么非可废止规则的使用会是一个缺陷。雷斯彻系统中的对话同样是自然的。尽管使用了可废止规则，但是缺陷是击败只是基于特殊性的，并且规则是不可争议的。戈登的诉答博弈使用了丰富的语言，尤其适用于法律领域并且他使用了可废止规则。然而，由此产生的对话不是自然的，并且其系统的缺陷是论证可能必须是真实的论证，而且只有支持同一个命题的论证才能被举出。对话法律中的对话不像麦肯齐的DC系统一样是自然的，但是刚提到的缺点并没有出现在对话法律中。对话法律的缺点是，例如，对话不能在没有分出输赢的情况下而被终止；这个问题在诉答博弈中得到了合理的解决。

在对话法律中否定主张是在一个对话中获得主动权的强有力方

〔62〕例如，在《论辩论证模型的框架的一个研究计划》（Freeman，1994）书中的排除怀疑尚不是一种类型。

式。由于雷斯彻的论辩术是一个非对称性的博弈，因而主动权始终掌握在提出方手中。在 DC 系统中，如果反对方作出了提出方自主承认的新主张，那么关于其中某个主张的否定的讨论是不成立的。在诉答
146 博弈中有证据（某个命题不是真的）的博弈方，可能不会立即举出他的证据，而是首先要求他的反对方证明命题是真的。

所有被讨论的模型都有强项和弱点，所有模型都有它们的优点。模型共有的基本观点是，如何通过命题和论证的论辩式交换的方式来确定被证成的命题。如果建模论证，尤其是建模法律论证，那么论辩性层面尤为重要。

未来的模型将改进现有的模型，但是必要的是这些模型要坚持论辩性原则。只有建模论辩性过程，论证的一般模型，特别是法律证成的模型，才能是正确的模型，才能是能够反映论证的灵魂和精髓的模型。

第 7 章 什么是论证？论辩的程序模型的性质 147

本研究的出发点是观察一个表面上失败的案例通过确信论证也能够取胜。我现在要做的是，将在介绍对话法律模型和其他论辩的对话模型的讨论之后，详述论证的概念。

本章的结构如下。首先，从两个角度分析论辩：逻辑视角和心理视角。这些角度关联两种论辩类型：理性和 a－理性。在本章的背景下，后一种论辩的类型被称为对话式理性。其次，要说明的是对话模型应当同建模对话式理性论辩一样允许建模理性论辩。再次，在建构论辩的视角和类型的讨论的同时，论证的概念还将被分为程序性论证和结构化论证。最后，将评估由帕肯（Prakken，1997，p. 272f.）提出的论辩的层次。

7.1 论辩：两个视角

人们通常接受，论辩的目标、甚至可能其主要目标是为了证成结论。本节将通过两种视角来分析实现这个目标的方式。首先是逻辑视角，其次是心理视角。

逻辑视角有着悠久的传统并且仍然主导着论辩的研究。中心问题是论辩必须满足哪些要求才能保证接受前提的那些人可以接受其

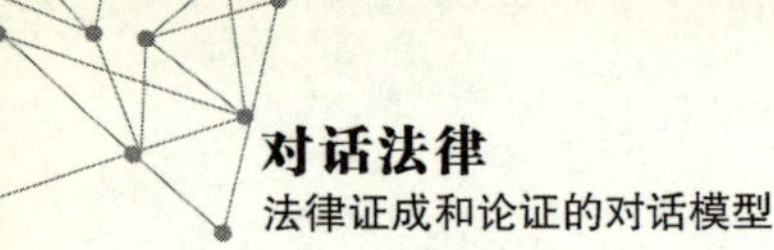

结论。

在心理视角，论辩的分析不是根据逻辑上令人信服的论证。中心问题是论辩在什么时候是有效力的（effective）。

148 7.1.1 逻辑视角

在逻辑视角，必须保证如果前提被接受，那么必然接受其结论。满足条件的显见例子是肯定前件式论证。

A→B

A

———————

因此 B

如果某人接受 A 的确如此，并且他接受 A→B 的确如此，那么保证他接受 B 也的确如此。需要注意的是，演绎论证包含三个要素。首先，一个前提集：{A→B，A}。其次，一个结论：B。最后，一个推导规则（在演绎论证中省略），它保证如果前提集被接受，那么必然接受其结论：[1] 如果 {A→B，A}，那么 B。

逻辑视角的论证概念还可以在当代可废止论证理论中得以展示。例子是 Gordon（1995）、Vreeswijk（1993）和 Nitta *et al.*（1995）的模型中已讨论的论证。简而言之，在这些所有的模型中，论证建立在适用某条规则的基础上。与演绎论证的区别是结论只是暂时地得到。新信息可以改变结论的状态。如果某个结论是由演绎论证得到，那么该结论永久成立。

基本上，在逻辑视角下程序起着微弱的作用。引导某个程序选择前提或结论是可能的。然而，无论论证是否是有效的，也无论论

〔1〕在命题逻辑中存在两个等价的方法来解释演绎论证（参见 Van Dalen，1980），这里两个方法被合并。从语义视角来看，如果前提真，那么论证的结论真；从证明理论的视角看，结论是由前提推导得出。

证是否是被证成的，确定论证都与程序无关。如果存在一个逻辑有效的论证，那么存在一个标准能够被用于判定结论是否可以由前提所得到。这个标准并不适用于程序。这并不能排除在一个程序中产生论证的可能，但是这个程序与论证的证成力度无关。

尽管在戈登和其他人的模型中，论证被定义在程序中得以使 149
用，论证的定义仍是独立于程序的。正如演绎论证被定义与程序无关一样，但是论证仍能够在程序中得以使用（参见 Lorenz，1961；Alexy，1989）。论证的部分要素甚至能够在程序中得到确立，例如，论证所基于的前提，或者在论证中适用的规则。然而，规定论证的结构仍然与程序无关。例如，论证有一个条件部分，一个结论部分和一个基本规则，或者论证是基于规则适用的。

以下基于对话法律的例子解释了被定义为独立于程序的论证是逻辑视角下的论证，尽管如此，它仍能够在一个程序中得以使用。如果某人接受胜过（｛理由｝，｛｝，结论），那么能保证他接受结论。结论结论被证成与任意程序无关。一般而言，如果存在支持结论的一个非空的理由集以及反对结论的一个空理由集，那么能保证接受该结论。这个论证还可以被用于程序当中，正如在对话法律当中一样。尽管如此，这个论证的有效性并不依赖于对话法律中论证的使用。

7.1.2　心理视角

据我所知，心理视角是由史蒂文森（Stevenson，1944，p. 113）引入的：

> 支持或攻击一个道德判断（……）的理由与心理判断有关，而不与逻辑判断相关。他们不能以公理蕴涵定理的方式来严格蕴涵判断（……）

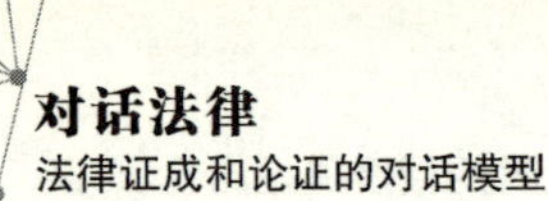

在逻辑视角下结论是由有效的论证所证成的，就像由公理得到定理一样。在心理视角下结论是由生效的、确信的论证所证成的。论证的结构并不重要，其效力（effect）才重要。这种效力只有在真正使用了该论证，或某个听众被论证所说服的时候，才能被衡量。如果一个论证使得听众接受了已经被证成的命题，那么该论证是有效力的（effective）。

心理视角的论辩在某些方面与逻辑视角的论辩相反。通常而言，如果命题在心理视角被证成，那么论证的结构是不相关的。为了确立一个命题是否被证成，论辩必须在程序中展开；在逻辑视角
150 下论证的结构决定了命题是否是被证成的，并且程序是可选择的，而不是必要的。

7.2 论辩：两种类型

回到最根本的基础上，理性（rational）是由理性人思考的理性。[2]然而，还有关于理性的被更广泛接受的观点。在该观点下理性论辩与逻辑视角相连接。与心理视角相连接的理性论辩就是我所称的对话式理性。

需要注意的是“理性概念是（……）模糊的并且可应用于截然不同的领域”（参见 Peczenik，1989，p. 56）。本章中理性的讨论关注法律结论的理性。

似乎看上去逻辑视角表示的是阿尔尼奥（Aarnio，1987，p. 189）所称的逻辑理性（L－理性），而心理视角表示的是阿尔尼

---

〔2〕 我可能是一个怀疑论者，绝非是一个基础主义者，而且我坚持这个看似循环式的理性定义（该循环看上去把我推向成为一个融贯主义者，但我却不是）。或许最好形容我是一个程序主义者。

奥（Aarnio，1987，p. 190）所称的话语（discursive）理性（D－理性）。[3]对于所关注的L－理性而言，这几乎是真的。唯一的区别是所使用的推论类型。阿尔尼奥需要一个演绎推论，然而在第2章中备受争议的是法律证成不应当使用演绎逻辑来建模。对应地，这里讨论的逻辑视角的推论可以是基于多种逻辑的，而不仅仅是演绎逻辑。[4]

D－理性不同于对话式理性。D－理性只是关于在一个理性讨论中证成前提，而这里讨论的对话式理性不仅仅是关于在讨论中证成前提，而且还关于在讨论中证成结论，甚至无需使用逻辑上令人信服的论证就可以证成结论。

在本节中我阐述了什么能够被看作是理性的，以及什么是能够被看作是对话式论辩的。判例法的例子可以被用于解释容许对话式论辩的论辩模型的必要性。

7.2.1 理性和对话式理性论辩 151

如果前提足以证成结论，那么论辩是理性的。前提是否足以证成结论，是由普遍被接受的导出规则所判定的：给定前提，结论必须被推导出。显然的是逻辑就是该任务的合适候选者。再次，演绎论证作为一个例子可以被提及。基础的逻辑、命题逻辑，定义了演绎论证的前提足以使得接受（sufficient to accept）其结论。这与结论是否被实际地接受是不相关的。所以，在理性论辩中结论是否被真正地接受是不相关的，它只关心前提是否足以使得接受该结论。规则是理性论辩的核心。证成结论的论证，或者理由，都是基于规

〔3〕 佩策尼克（Peczenik，1989，p. 57）增加了第三种类别，S－理性。这种理性类型考虑了前提的融贯性。如果一个结论是由一个前提的融贯集逻辑地得到的，那么该结论是S－理性的。

〔4〕 同参见关注逻辑层次的第6节。该层次看上去相当于L－理性。

则的。[5]规则指明了从哪些前提中，能够证成性地导出一个结论。

当前，大多数研究形式论辩模型的学者都是基于规则来建模论证的（例如，Lin & Shoham，1989；Vreeswijk，1993；Gordon，1995；Dung，1995；Prakken & Sartor，1996）。在所有这些进路中，基础逻辑都是被用于定义有效的推论。给定前提，就能够判定一个结论是否是可接受的。

如果被举出的前提得出结论的可接受性不需要这些前提足以使得接受该结论，那么论辩是对话式理性的。在对话式论辩的情形下，结论为什么是被接受的并不是完全清晰的。真实的可接受性是必要的，因为前提不足以使得接受该结论。

规则能够在对话式论辩中起作用，但不是一定要使用。在对话式论辩中使用一条规则的例子如下。结论俄狄浦斯（杀害了他的父亲）应当被惩罚，只有在举出一般规则杀人者是要受惩罚的来支持此结论之后，才能被接受。在该情况下论辩不是理性的，因为前提不足以使得接受该结论。一个更加明显的例子是无需举出规则，该结论也被接受，例如，只在举出命题俄狄浦斯是杀人者之后。在该情况下，论辩仍然是对话式理性的，因为前提不足以使得接受该结
152 论。增加一个前提从而使得论证是逻辑上令人信服的，这似乎看上去是合理的。尽管在某些例子中增加前提能够言之有理，但是下一节将讨论存在增加前提但并不合理的情况，因而，还不如不增加额外的前提。

---

〔5〕 一个明确表达规则的逻辑论证的例子是（Walton & Krabbe，1995，p. 180）：

（规则：n） $Mx \rightarrow Px$
Mo
规则 n 适用于当前案例

因此 Po

7.2.2　判例法中的对话式论辩

无论是学者的论辩，或是满腹经纶的律师的论辩，还是法庭的论辩，都通常是 a－理性的。常见的例子是某个判定通常以如下方式被证成。列出几个命题，接着由神奇的短语“如上所述”（荷兰语是：gezien het bovenstaande）来连接结论与前述命题。

命题$_1$

命题$_2$

……

命题$_n$

“如上所述”

结论

这种类型的判定最好被建模为对话式理性论辩。法庭主张一个或多个命题，接着假设它是不证自明的，即结论可以由这些命题所得到。足够吸引人的是，一旦论辩起作用，论辩就是有效力的；大部分的法庭论辩是令人信服的，尽管它是 a－理性的。

通过增加一个前提，论辩能够被转换为被广泛接受的理性论辩。备受争议的是这样一个被隐含表达的前提。例如，如果某人认为结论 B 是由给定的 A 得出的，那么可以增加前提 A→B。[6] 然而，论证的这种重构不是必然地可以建模真实的论证。结论并不总是可以逻辑地由被主张的命题得出。反而，命题被主张是为确信展示结论是被证成的（或者真、正确的）。命题是修辞指的是，它们意在说服。通过增加一个前提所获得的命题和结论间的关系在某些情况中是符合要求的，而且对于那些只相信逻辑有效论证的所有情况都 153

---

〔6〕 关于这个主题，同见佩策尼克的所谓“跳跃”（Peczenik，1989，p. 115f. ）。

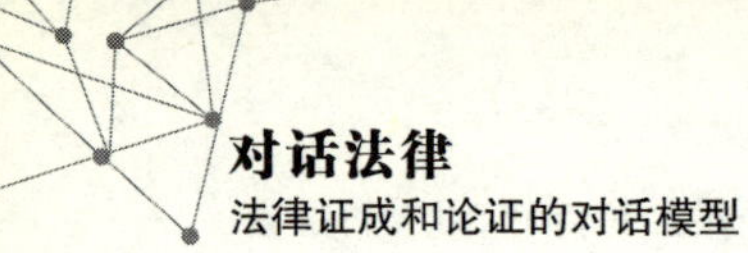

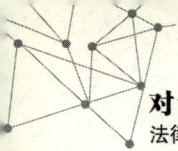

是如此。然而，这样一个重构不能表达实际的论辩，因为无法处理修辞的成分。从一个心理学或修辞学视角看，“遗漏”的前提不能够真正地为论证增加什么，除了一个在前提集和结论之间的通常不自然的关系。而且，如下一个例子所示，不是在所有的情况下都能添加遗漏的前提。

以下情况是一个不同的类型（不使用短语“如上所述”），但仍是荷兰最高法院论辩的 a－理性特征的另外一个例子。

在荷兰道路交通法当中有述，如果一个事故发生在一个机动车人员和另一个非机动车人员之间，例如，步行者或骑自行车的人，那么机动车人员必须赔付伤害，除非他的行为缘于不可抗力。〔7〕在 20 世纪 90 年代初，荷兰最高法院裁定如果一个年龄不超过 13 岁的孩子被事故殃及，那么机动车人员必须赔付伤害，除非当孩子行事鲁莽或故意为之。〔8〕在随后的一个案例中，荷兰最高法院还裁定了这条关于青少年的法规是否应当同样适用于老年人。〔9〕荷兰最高法院裁定该规则不是可适用的，基于以下（简写）命题：

（1）为青少年定义规则的论证用于老年人效果并不好；

（2）法律没有规定老年人的确定年龄标准（青少年有）；

（3）老年人不容易被认出来。

这三个命题组成了荷兰最高法院的判决。然而，这个命题组合，还无法足以使得接受结论。受争议的是遗漏的前提是一条能够被重构使得前提足以接受其结论的规则。然而，与其创建一条人工

〔7〕 相关法规在那时的道路交通法（交通法规第 31 条）中有所规定。在当前的道路交通法中相关的是第 185 条（交通法规第 185 条，1994 年）。

〔8〕 在 1990 年 6 月 1 日的判决（NJ 1991，720），以及 1991 年 5 月 31 日的判决（NJ 1991，721）。

〔9〕 在 1992 年 2 月 28 日的判决（NJ 1993，566）。

规则[10]，不如对话式地建模论辩，其中的结论只在举出命题之后才被接受。所以，荷兰最高法院的论辩最好能够以一种对话理性的方式来建模，其中的命题导出结论的可接受性。 154

7.3 面向进路的整合

理性和 a－理性论辩被展示为两个极端。因为在实践论证中前提总是隐含的，很少有论辩可以根据以上描述被认为是理性的。论辩理论的任务是定义什么是好的论辩。假设我们在搜寻证成俄狄浦斯是凶手的论证。什么被认为是支持该命题的论证呢？

a. 我们厌恶他；

b. 他冷血地杀害了他的父亲；

c. 他冷血地杀害了他的父亲，并且那些冷血地杀害了他们父亲的人都是凶手。

如果俄狄浦斯被认为是凶手，只是基于我们都厌恶他的命题，那么论辩显然是坏的。至少看上去，该前提与足以使得接受结论相差甚远。如果俄狄浦斯被认为是凶手，是基于他冷血地杀害了他的父亲的命题，那么该论辩更加令人信服。尽管如此，同样在这个例子中前提不足以使得接受结论。例如，在戈登的诉答博弈中，第二个命题不能被允许作为一个论证，只有根据基础逻辑的真实的论证才能被允许。这个论证不是那种类型，因为它不是基于某条规则的适用。[11] 只有主张第三个命题，前提才能足以使得接受结论。

---

〔10〕 我并不主张，建模一个案例的判决理由（ratio decendi）作为一条规则是永远不可能的［关于这个主题参见 Loui & Norman（1995）；Prakken & Sartor（1997）］。

〔11〕 要注意的是，在戈登关于 Zeno 系统的新研究中（Gordon & Karacapilidis，1997）论证可以被建模。他已经舍弃了基于规则的论辩。

第 2 章已经论述了法律证成应当被对话式建模。我认为现有的对话式进路（dialogical approach）趋向过于坚持使用逻辑上令人信服的论证，而且过多地使用论辩中的规则。后者对于麦肯齐的博弈而言甚至是真的，它与大部分人工智能与法模型不同，它不是基于论证的，而是基于命题的。[12]也就是说，在麦肯齐的博弈中，某个命题（被引入证成一个被挑战的命题）的后果是博弈方不只是承诺被引入的命题，而且还承诺连接被引入命题和结论的类似于规则的
155 实质蕴涵。在当前的例子中，这意味着论证，即俄狄浦斯冷血地杀害了他的父亲，将会自动伴随命题“如果俄狄浦斯冷血地杀害了他的父亲，那么俄狄浦斯是凶手”。尽管增加基本规则似乎看上去在这里是合适的，但是我认为在荷兰最高法院判决的分析中，这并非总是如此。

程序（其中论辩的效力可以被建模）是一个对话模型。因此，对话模型适用于表达论辩的修辞层面；对话模型适用于建模对话式理性论辩。而且，如果对话模型使用了基础逻辑，那么它还可能建模理性论辩。下一节将展示如何在对话法律中整合两种类型的论辩。

总之，结论可以通过以下两种方式之一而被证成：

a）通过逻辑上令人信服的论证；

b）通过确信论证，它不必然需要是逻辑上令人信服的。

所以，结论不是必然要通过逻辑上令人信服的论证来证成。而且，如果证成被重构，那么论辩不需要通过增加额外的前提转化为一个逻辑上令人信服的论证。

---

〔12〕 基于命题和基于论证的模型之间的区别，参见 Lodder（1998b）。

7.4　对话法律：理性和对话式理性论辩

在理性论辩的情况下，包含被引入前提的序列是不相关的。历史记录是不重要的。唯一重要的是前提是否足以使得接受结论。

在对话式论辩的情况下，引入前提的序列是重要的。因为前提不足以使得接受结论，通过分析引入前提的背景也能够理解为什么结论被接受。

对话法律是一个整合了基于规则的证成和不基于规则的证成的模型。所以，它整合了本章所讨论的基于规则的理性主义，以及如美国现实主义学派所表达的规则怀疑主义。因此，我想把对话法律的基本理论称为理性的现实主义。据我所知，对话法律是整合理性论辩和对话式理性论辩的第一个博弈，并且对话法律是唯一一个其理由能够包含基本规则，但不是必然要包含它们的模型。我将在对话法律中给出一个关于理性和对话式理性证成的例子。

如果证成是理性的，那么前提就足以使得接受结论。参与对话 156
法律的博弈方必须遵守博弈的规则，并且这些规则包含理由逻辑的要素，它定义了确定的前提足以使得接受结论。假使一个博弈方，如欧尼，已经接受了这样一个充分前提，而且他的反对方，如伯特将主张或已经主张由这些充分前提所得到的结论成立。在该情况下，伯特受迫接受这个结论。以下非形式对话就是对话法律中理性论辩的一个例子。

> 伯特：俄狄浦斯是凶手。
>
> 欧尼：为什么？
>
> （……）
>
> 伯特：正方理由“俄狄浦斯是凶手”胜过反方理由。

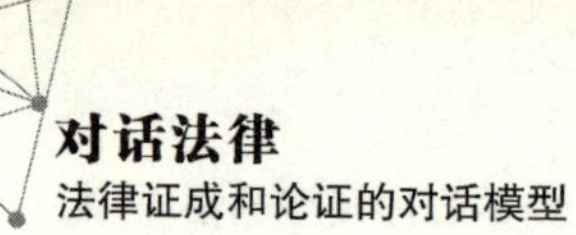

欧尼：我接受正方理由“俄狄浦斯是凶手”胜过反方理由。

（欧尼受迫展示下一行动）

欧尼：我接受“俄狄浦斯是凶手”。

因为欧尼接受支持结论的理由胜过反对结论理由，因而他受迫接受该结论。另一个理性论辩的例子就是欧尼接受规则是适用的。如果伯特主张或已经主张基于该规则的理由，那么欧尼就受迫接受相关理由。〔13〕

如果证成是对话式理性的，那么结论无需受迫接受就可以被接受。在该情况下，为什么结论被接受不是明确清晰的。一个简单的关于对话式理性论辩的例子就是一个被立即接受的命题。然而，这仍被认为是理性论辩的，因为前提和结论在这个例子中重合。也就是说，前提就是结论，所以前提足以使得接受结论。如果某个结论被质疑并且已经不存在被引入的前提足以使得接受该结论，那么该结论是真正地被对话式理性所证成的。以下非形式对话就是对话法律中的对话式理性论辩的一个例子。

157 伯特：俄狄浦斯是凶手。

欧尼：为什么？

伯特：它冷血地杀害了他的父亲。

（欧尼自愿展示以下行动）

欧尼：我接受“俄狄浦斯是凶手”。

命题“俄狄浦斯是凶手”被质疑。在伯特主张命题“俄狄浦斯冷血地杀害了他的父亲”之后，该命题被接受。尽管这个命题不足以使得接受结论，但是总之欧尼还是接受了该结论。所以欧尼只

〔13〕 更多的受迫接受的例子，以及受迫收回的例子，可见于第4、5章。

在对话式理性论辩之后才接受该命题。

在对话法律中，如果命题被接受，那么它们被证成。如果博弈方受迫接受一个命题，那么他此前在博弈中就已经主张了或接受了前提，它们足以使得接受该命题。这就是一个理性论辩的例子。博弈方还能够在不受迫的情况下接受一个命题。在该情况下，论辩就是对话式理性的。

7.5　程序化和结构化论证

在《程序性论证》（Lodder，1997）一书中我关注了论证的类型，它可以在论辩的对话模型中使用，并且给出了关于结构化和程序性论证的区别。前者被称作论证的理由是由于它们的结构。例如，理性论辩是基于结构化论证的。对话式人工智能与法模型大多数建模了结构化论证的交互，它通常包含以下结构：一个公式集（条件）支持一个公式（结论），并且论证是基于规则适用的（例如，Gordon，1995）。结构化论证是论证的事实，不依赖于这些论证被引入对话当中。[14]

前面我所主张的证成不应当只是基于逻辑上令人信服的论证。现在我想增加的是，在确定条件下，只要是句子就应当被称为论证，也就是程序性论证。称这些句子为论证的理由是它们是论证，因为它们被引入在对话当中。[15]主张的特殊序列可以使得句子成为
前一个句子的一个论证。换言之，如果程序的结构使得某个句子成 158

---

〔14〕 参见前述，逻辑视角（第7.1.1节），以及，理性和对话式理性的论辩（第2.1节）。

〔15〕 参见前述，心理视角（第7.1.2节），以及，理性和对话式理性的论辩（第2.1节）。

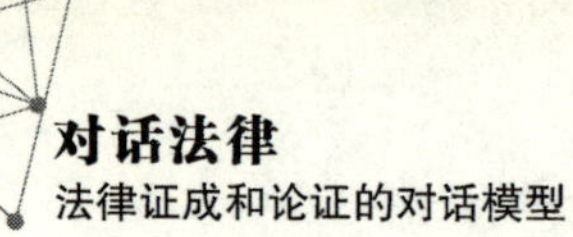

为一个论证，那么该句子可以成为该程序中的一个论证。在对话法律关于对话式理性论辩的例子（第7.4节）中，命题“他冷血地杀害了他的父亲”是一个程序性论证。它被认为是一个论证〔16〕的理由是因为程序的结构使得它成为一个论证，也就是说一个论证支持了另一个句子。论证是否是一个程序性论证，取决于谁主张它并且为什么要主张它。某个句子作为一个程序性论证的资格是由程序来决定的。

定义7（程序性论证）

如果

M_i =（P，主张，S，L，B），

并且（P，主张，S，L-1，_）$\in D_{i-1}$

那么

对于博弈方P，S是一个支持B的程序性论证。

要注意的是，根据这个定义，在对话法律中被用于支持其他句子的结构化论证也是一个程序性论证。〔17〕如果某个句子被看作与程序中的其他句子相连接，那么该句子可能转变为一个程序性论证。任意被主张支持其他句子的句子对于主张它的博弈方而言，是一个程序性论证。这就意味着由博弈方所主张的任意句子对他而言都是一个程序性论证，除非：

- 如果该句子被主张以回应另一个句子；
  如果一个句子S在第L层被主张，为回应另一个句子，那么（P，主张，B，L-1，_）$\notin D_{i-1}$。在这种情况下S被主张作为一个回应，而不是支持；

---

〔16〕 然而，这不是一个论证，因为它自身的结构，所以它不是一个结构化论证。

〔17〕 例如，参见第4章，关于理由和胜过的规则9。

- 如果句子是对话中的第一个句子

  对话的第一个句子不可能支持其他句子，简单地是因为不存在其他句子。

程序性论证只能从主张句子的博弈方的视角来定义。对于反对方而言，很难指出某个句子是否是一个程序性论证。对于不主张该句子的博弈方而言，可能的程序性论证的定义可以定义如下。如果某个句子被接受，那么任意的程序性论证（参见定义 7）对于接受该命题的博弈方而言是一个程序性论证，该论证被引入支持该句子并且要么是被接受的，要么是有争议的句子集中的一个元素（参见 159
定义 4）。尽管这个定义是可辩护的，但是我仍决定因为以下原因而不考虑它。假使博弈方主张了一个句子以支持另一个句子，那么他引入该句子以澄清为什么他认为这另一个句子是被证成的，为什么他引入该句子来支持。至少，那会是他的反对方在质疑该命题的时候所质疑的。以下面的对话为例。

伯特：外面很热。

欧尼：为什么？

伯特：这是中午。

欧尼：我接受这是中午。

伯特：万里无云。

欧尼：我接受外面很热。

句子“这是中午”并且“万里无云”对伯特而言都是程序性论证。因此，这些句子被引入支持“外面很热”。根据以上所列的定义，句子“这是中午”和“万里无云”同样对欧尼而言也是程序性论证。这看上去是当前例子的一个似真观察。然而，我们只知道伯特接受了“这是中午”并且他在“万里无云”被主张之后接

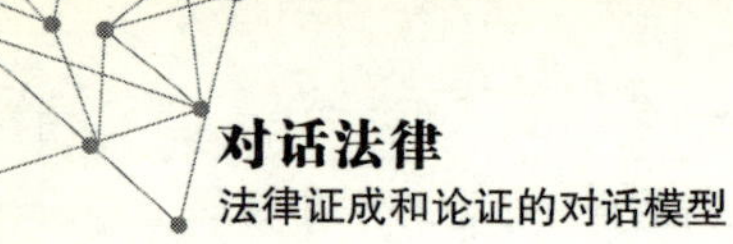

受了“外面很热”。为什么欧尼接受“外面很热”这个句子，不是真正清晰的，这就是为什么我想专门地使用程序性论证术语的原因，该程序性论证是为支持博弈方所主张支持的句子，而不是被认为支持反对方的句子。也就是说，对于接受句子的博弈方而言，不可能准确判定哪些句子对其他句子的可接受性起到了作用，所以也不可能准确判定什么是程序性论证。

7.6 法律论证模型中的层次

到目前为止，我对于问题“什么是一个论证?”的回答将变得非常清楚了。尽管如此，关于“论辩层次”概念的讨论能有助于更好地理解我关于论辩的观点。当我在 1994 年初拜访布鲁卡和戈登时，他们给出了一个调解系统的三层模型，在随后的关于可计算论辩术的美国人工智能协会（AAAI）会议上进行了展示（Brewka & Gordon，1994）。他们明确了以下 3 种层次：a. 基础或底部层（关注逻辑的选择）；b. 第二层次（所有可能的行动被定义，例如增加
160 和删除一个理论中的命题）；c. 顶层（包含关于哪些行动被许可的定义）。

帕肯（Prakken，1995）已经提出了一种不同的三层模型：逻辑层（包含了一个非单调逻辑），论辩框架层（包含了一个关于如何由逻辑层中的要素来建构论证的理论）以及程序层（包含对话的规则）。帕肯的《建模法律论证的逻辑工具》（Prakken，1997，p. 270f）一书中加入了第四个层次。帕肯与布鲁卡和戈登的模型之间的联系是，布鲁卡和戈登的第一个层次对应于帕肯的第一个层次和第二个层次，而布鲁卡和戈登的第二个层次和第三个层次对应于帕肯的第三个层次（参见 Prakken，1995）。因为第四个层次是由帕肯最近提

出的，而且是最成熟的模型，因而我的讨论将基于这个模型。

第一个层次是逻辑层。在这个层次中定义了什么是矛盾，或者一个论证是否支持其结论。肯定前件式论证可以是逻辑层的一个要素。第二个层次是论辩性层。在这个层次中定义了论证的概念、反论证和击败等。例如，某个支持一个特殊结论的论证可以被一个支持反对结论的反论证所击败。第三个层次是程序层。在这个层次中定义了如何进行对话的规则以及哪些言语行动可以被使用。第四个层次是策略层。正如帕肯所准确主张的，知道博弈的规则只是成为一个好的博弈方的一方面。当然，好的辩论缺少辩论技巧，缺少如何玩转博弈的策略，是无法想象的。对我而言，发展程序模型的理由之一是应当考虑修辞层面。我相信论辩的修辞角度是策略层的一部分。

据我理解帕肯的模型，每个层次都是建立在前一个层次之上的。这可以图示如下。

策略层
程序层
论辩性层
逻辑层

帕肯认为论辩性层次提供了逻辑模型和程序模型的链接。我认 161
为他是对的，但只是部分的。实际上，程序模型加入了逻辑、结果模型。论证间的互动是重要的。但是，无论是起源（第一个层次）还是逻辑论证的使用（第二层）都应当被包含在一个程序模型当中（第三层）。研究命题或者所谓的程序性论证是重要的。因此，除了程序层建立在逻辑和论辩性层次的基础上，也就是在理性论辩的情况下，程序层还必须包含没有建立在逻辑层基础上的论证，也就是

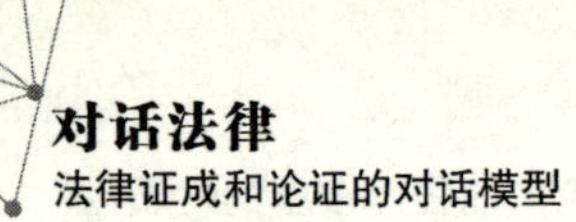

在对话式理性论辩的情况下。同样对于策略层和修辞层也是成立的。上两个层次更多的是建立在下两个层次的基础上，这可以被描述如下。

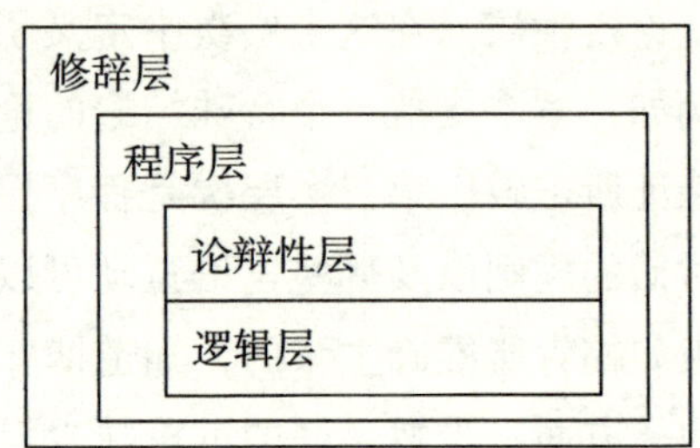

所以，帕肯的前两个层次属于被描述为逻辑视角的范围，或者理性论辩。结构化论证被定义在第一个层次，论证之间的互动（击败，反驳等）被定义在第二个层次。在我看来，最后两个层次应当表示的是什么被描述为心理视角，或者对话式理性论辩。对我而言重要的是，当争议一个特殊的句子是被证成的时候，除了逻辑论证之外，程序性论证也能够被使用。程序的规则定义了结构，它能够使普通命题变为程序性论证。所以，在我看来，程序性论证应当属于第三个层次。这些程序性论证的修辞、心理方面是策略层的一部分，我更愿意称之为修辞层。

如果在论辩的程序模型中，这些层次交叉建立，正如帕肯所建议的，那么所有论证必须是逻辑上令人信服的。如我前述所说，这就是程序性、对话模型的力量，论辩既可以使用逻辑上令人信服的
162 论证来建模，也可以使用确信但不必然是逻辑上令人信服的论证来建模。帕肯只是容许了逻辑上令人信服的论证，在我看来，很可惜，因为如果这些论证被忽视了，那么不是所有的论辩都能够得到充分地建模。

7.7　结论

什么是论证？在法律证成中，理性和对话式理性论辩同样发挥着作用。在一个对话模型中，被引入的前提不需要足以使得接受结论，因为可以在对话程序中决定前提的效力。所以被建模的论辩可以是对话式理性的，程序性论证的使用是被允许的。然而，如果对话模型使用了基础逻辑，那么可能迫使反对方接受结论。根据基础逻辑，如果反对方已经承诺了前提是充分的，那么他受迫接受其结论。因此，被建模的论辩仍然是理性的，允许使用结构化论证。

对话法律包含一个基于理由逻辑的基础逻辑。因此，在对话法律中证成可以是理性的。然而，因为命题能够在不需要前提足以使得接受结论的情况下而被接受，所以在对话法律中通过对话式论辩来证成命题也是可能的。

163 第8章 结论

在这一总结性章节中，我将从主线上梳理本书关于法律证成的结果。首先，我将概括我关于法律证成的观点。其次，概括第一章所提出的问题，它们在本研究过程中逐个得到了回答。最后，讨论对话模型（以一种自然的方式来表达论证）在法律实践中的未来应用。

8.1 关于法律证成

作为结果和作为过程的论证在法律证成中都是重要的。然而，如果一个模型仅仅关注结果，那么就无法刻画法律证成的所有方面。例如，当证成法律命题，但是无法在一个结果模型中被加以考虑的时候，包含被展示信息的展示序列（程序的结构）就显得重要。另外，只建模结果的更为基础的问题是，这预先设定了一个标准，根据它能够判定是否证成了论证。当然，人们可以思考论证结构（结果），它无可置疑地导出了被证成的结论。但是这样的结构无法普遍应用，所以它们无法为判定某个命题是否被证成提供一个万无一失的标准。结果模型不令人满意的另一个理由是，如果得到了结论，那么重要的是知道哪些例外或反论证被考虑了。但是证成的结果并不会显示这个。也就是说，如果某个例外被认为不是足够相关的得到应用，或者一个反论证不是足够强的去反驳，那么这都不能在证成的结果中得到识别。在一个过程模型中，所有导致最终结论的步骤都被包含在内，那便是一个弱的反证论。这就是过程模型的一个重要特征，因为不仅仅要知道一个结论的支持，还必须知道在证成一个结论时哪些论证是被击败的。

尽管现有的程序模型符合以上目标，但是这些模型仍然不能完全充分地建模法律证成。这是因为这些模型的目标在于表达论辩的
结果起源，而法律结论不必然是根据结果来证成的。对于法律结论 164
中的证成，有时提出一个或多个命题就足以支持它们。一般而言，这样一个证成被认为是基于 a - 理性的论辩，但是我已经说明了在这样一个证成的环境下总是如此。当然，通过增加前提论辩可以变得是理性的，但是被增加的前提通常无论如何与法律证成毫无干系。此外，根据我关于被证成命题的定义，可以得到，尽管某个前提的确与法律证成相关，例如，增加被忽略的一般规则，但是前提只有在被要求的情况下才会被增加。特殊对话中的参与方无论何时都可以决定情况就是如此。法律是基于协约的（conventions），法律证成是基于一致意见（agreement）的。

最终，共识（consensus）决定了一个法律命题的状态是否是被证成的。这是否意味着由于缺少共识，许多命题不可能变为被证成的呢？是或不是。

是的，在两个参与方之间的一个特定争议中，对话总是保持一种未完成的形态，这意味着并没有达成共识。后果是，命题在参与方之间没有变为被证成的。如果对他们（之一）而言处置争议是重要的，那么他们必须诉求于一个独立的第三方，例如，一个仲裁者或一位法官。假使争议是在法庭上争论的，那么共识就位于一个元 -

层次的位置。换言之，博弈方认同他们将尊重法律诉讼的结果（除上诉之外）。然而，判决与其求相反的博弈方，通常不会认为该决定是被证成的。尽管如此，他仍将依从裁决而行动。

不是，它取决于听众。例如，在一个特殊群体中能够就应当使用死刑达成共识，因为它是一个好的办法。对于该特殊群体，这个命题是被证成的。同时，其他群体包括我自己，认为死刑根本就不是一个好的办法。所以在同一时刻两个冲突的命题能够在两个不同的群体中被证成。如果这些群体相遇，那么毫无疑问就不会达成共识，所以也没有命题（既不是死刑是一个好的措施，也并非不是）变为被证成的。在这种情况下，议会（parliament）可以被认为是一个独立的第三方，由它来决定是否使用死刑。

165

8.2 回答

8.2.1 如何判定法律命题是被证成的？为了证成法律命题，是否存在必须要满足的标准？

> 不存在能够判定法律命题被证成的准则或独立的标准。由于缺少独立的标准，因而关于程序性、对话式的证成模型应运而生。如果对话模型中的法律命题由参与方达成一致，那么它是被证成的。被证成的命题是否是公正的（*just*），仍是一个无法回答的问题（参见第2章）。

在讨论完证成的结果和过程的区别之后，这里简要重温一下前面讨论的反对证成模型的3个异议。

首先，提出了尤其是反对演绎模型的众所周知的异议：法律证成的可废止性。其次，有人认为由于法律的开放性，法律证成的模型应当是开放的。最后，明希豪森三重困境被提出作为反对任何证成模型的异议。如果证成是基于“被证成”的前提，那么这些前提要么是循环的一部分，要么是教条的一部分。如果命题在一个开放系统中被证成，那么证成不会自然结束，因此将无限继续下去。

为处理这些异议，证成的对话模型被提出。基本上，证成的对话模型可以刻画如下：

- 有两个参与方；
- 规范参与方之间论证交换的规则；
- 如果参与方认同命题，那么它们是被证成的。

某个命题在对话博弈中被接受当且仅当该命题是被接受的。什么是被证成的只是对特殊对话中的参与方而言是成立的。而且，在某个对话中被证成的命题可以在一个新的对话中被拒斥。所以证成不仅仅是听众-依赖的，而且是时间-依赖的。命题的证成对于所有人，或者对于所有的理性人而言，在我看来是不可能的。尽管决定一个命题是否是被证成的独立标准是不存在的，而且命题是否是被证成的只能由程序来判定，但是仍然不可能定义一种程序来保证在程序中所有被证成的命题都是公正的。

8.2.2 法律证成的何种模型是令人满意的？是否可能界定 166
和实现这种模型？

> 第2章中已经论证了法律证成应当被对话式建模。为了这个目标，定义并实现了对话博弈，即对话法律。该博弈的目标是博弈方通过展示言语行为，互相说服对方。该模型整合了命题的交换和论证的交换。层次建构了对话，博弈方的承诺被存储，而且对话的历史记录可以通过树的方式来描述（参见第3~5章）。

对话模型，即对话法律已经得到了发展并且在逻辑程序中作为一个原型而得以实现（见附录）。句子是否已经被证成依赖于另一

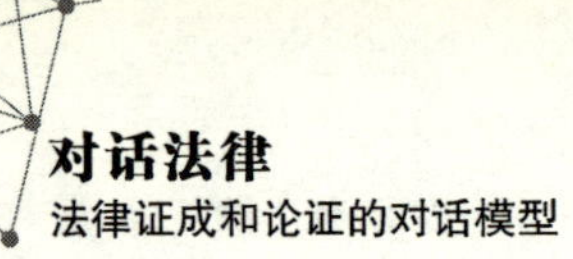

博弈方的回应；对话法律是一个基于回应的博弈。主张只有存在一个与前面行动的链接时，才会被保证是一个回应。这个链接被保证：一个被主张的句子要么是对于一个证成要求的回应（质疑），要么是对一个被主张句子的回应（拒斥）。

博弈的语言是基于理由逻辑的（Hage & Verheij，1994）。[1]根据主要基于这种逻辑的特殊语言要素（Lodder & Herczog，1995），反对方受迫接受或收回。然而，博弈方只有在双方至少就某个点达成一致时，才会是受迫的。

对话的分层结构为论辩提供给了一个好的洞见，最突出的是通过对话树的方法。据我所知，对话法律是唯一的模型，其所包含的论证，例如，理由可以包含基础规则，但不是必然地要包含它们。

对话法律建模了两个法律案例，即泰利尔案和夏博特案。由此产生的对话解释了对话法律的定义和规则，并且广泛地展现了法律证成如何在对话法律中得以建模。

8.2.3 可比较的模型如何表达论辩?

本书已经广泛地讨论了对话式论辩的开放模型：雷斯彻的论辩术、麦肯齐的 DC 以及戈登的诉答博弈。而且，本书给出了一个关于这些模型的行动和承诺的研究。对话式论辩领域的其他贡
167 献也被讨论：范爱默伦和格罗顿道斯特、弗雷斯维克的论辩术，新田和其他人的 HELIC 系统，路易和其他人的理由模型，以及法利和弗里曼的证成责任层次论（参见第 6 章）。

论辩的三个开放模型已经得到广泛的评估。作为这些模型的简介，每个模型都建模了同一个对话。总体而言，这些模型的特点如下：

---

〔1〕 理由逻辑的最新发展见 Hage（1996，1997a）以及 Verheij（1996）。

在麦肯齐的DC中基于命题的对话是自然的，即便系统得以实现，但是如果建模法律领域，那么非可废止（indefeasible）规则的使用是一个缺陷。

雷斯彻的系统中的对话同样是很自然的。尽管使用了可废止规则，但是缺陷是击败只是基于特殊性的，而且规则是无可争议的。

戈登的诉答博弈使用了一种尤其适用于法律领域的丰富语言，并且他还使用了可废止规则。然而，由此产生的对话不是自然的，其系统的缺陷在于论证或许只能是真实的论证，并且只能由一个论证引入支持同一个命题。对话法律中的对话不像在麦肯齐的DC中一样是自然的，但是在其他模型中出现的缺点并没有在对话法律中出现。对话法律的一个缺陷是对话不能在舍弃它们的情况下而被终止，这个问题在诉答博弈中得到了很好的解决。

范爱默伦和格罗顿道斯特、弗雷斯维克，新田和其他人，路易和其他人给出的模型要素，以及法利和弗里曼的证成责任层次论也得到了讨论，并且都与对话法律进行了比较。

8.2.4 对于法律证成中的论证，什么是可接受的?

> 如果前提保证结论，那么论辩是理性的。如果在无需前提足以使得接收结论的情况下结论仍是被接受的，那么论辩是 a - 理性的，又被称为对话式理性的。对话模型必须允许论辩的两种类型（参见第6章）。

本书区分了论辩的两个视角：逻辑视角和心理视角。在逻辑视角，结论由逻辑有效的论证所证成，如定理是由公理所得到的。在心理视角，结论是由有效力的、令人信服的论证所证成的。

论辩的两种类型同样要加以区别：理性和对话式理性论辩。在理性论辩的情形下，论辩的程序并不重要。唯一重要的是前提是否 168

足以使得接受结论，所以程序性论证被使用。在对话式论辩的情况下，程序是必要的。因为前提不足以使得接受结论，只能通过分析引入前提的背景才能够理解为什么结论被接受。命题被引入支持一个结论，但是不是逻辑上令人信服的论证，该命题被称为程序性论证。因此，已经说明了如帕肯所提出的论辩的层次对于解释程序模型的结构是有用的，但是这些层次应当被重新定义，其目的是为了吸收这个对法律证成而言是如此典型的特征：程序性论证。

在证成的对话模型中，理性和对话式理性论辩能够，也必须被整合。据我所知，对话法律是整合这两种论辩类型的唯一模型。因为基于理性主义的规则和美国现实主义所表达的怀疑主义的规则都被整合在一个模型当中，对话法律的基础理论被称为理性现实主义。

8.3 未来：面向自然对话〔2〕

在本书第一章中，我认为当前的工作属于理论的人工智能与法，但是理论成果在实践中的应用还值得努力发掘。是否有可能发展对法律实践有用的论辩的对话模型呢？我认为答案是肯定的，而且这样的模型可以通过法律证成和论辩的当前模型的结果来加以实现。

今天的法律实践越来越自动化。法官可以由工具来支持，法律公司正在将他们的专家意见形式化，法学教育正在谨慎地推动探索万维网。〔3〕因为法律实践基本上是由程序驱动的，例如，起草程

〔2〕 本节来自于 Lodder（1998c）.

〔3〕 或许我们可以开始一个被称为人工智能 &LAWWW 的子领域。

序、法律应用程序、法律诉讼等，法律论证的对话模型可以在法律实践的自动化过程中起着重要作用。

由于法律实践是由程序控制的，人工智能与法的对话模型是适用的，从而为法律工作者和/或普通人所使用。这些关于法律领域
的自动化预期是好的。对话模型被用于实践的必要条件是由此产生 169
的对话是自然的。

标记对话模型是具有说明性的，如同以自然或非自然的方式来表达对话。至今为止，这个概念并没有基于基础的、清晰的标准。我认为对话的结构度是一个重要的标准，通过它可以判定一个对话是否是自然的。如果一个博弈过于结构化，那么就难以掌握博弈。玩转对话法律是容易的而且甚至比 DC 还要容易。相反的，诉答博弈比较难以掌握。

尽管结构是判定一个对话是自然与否的重要标准，但绝不是唯一的标准。其他标准也同样有意义，例如，建模什么以及为何而建模。

首先，对话模型是否是以一种自然的方式来表达对话的，取决于建模了什么：初始建模的目标是不是一个对话？一方面，法律实践熟知广泛迥异的对话，它们可以在不同的环境中进行：议会、法庭、教室、国际会议等。另一方面，被建模的论辩可以表达什么在一开始就不是一个对话：一份备忘录、裁决的根据、教学材料、一个展示等。

其次，它还依赖于模型的目标。模型是否是经验性的、理论性的或规范性的？第一，经验和描述性模型描述的是一种现象，例如，论辩。第二，分析性和理论性模型为分析一种现象提供了工具。抽象语言和概念集被用于分析，例如，逻辑学或本体论。凭借被定义的工具，能够获得关于（例如）论辩更多的洞见和更好的理

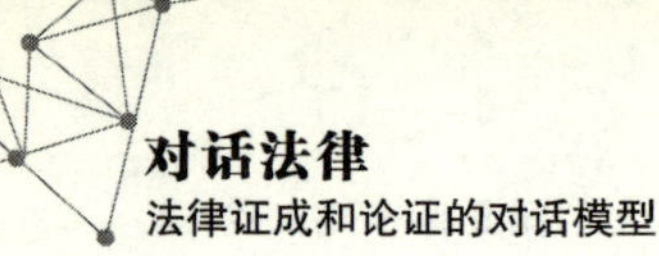

解。第三，规范性或规定性模型规定了人们应当如何考虑某种现象（例如论辩）而行动。该模型规定了哪些应当以及哪些不应当。

如果对话模型被用于重构一个对话，那么如果该模型是经验的，重构的结果必须与真实的对话作比较。真实的对话和被重构的对话的度都是彼此相似，而且一个显然的、直接的转化是否可能从真实的对话到被重构的对话，能够被用于判定被建模对话的自然属性。如果模型是规范性的或分析性的，那么自然属性就不那么重要。前一类的模型必须允许根据好的或坏的论辩来评估真实的对话，后一类模型必须清楚地展示论辩的（argumentative）要素。

如果对话模型将在实践中得以使用，那么模型将调解一个最初由人类来决定是否调解的讨论。分析模型在这里就不是很有用。因为我们正在处理的是法律实践，模型必须主要是规范性的。参与方
170 必须由模型监控和引导。模型还必须是经验的，它类似于初始讨论的程序，否则将显著改进初始程序。可能最重要的是，命题和论证的交换是容易做到的，并且因此能够轻松玩转对话博弈。

结构的度是一个因素，建模的目标和模型的目的同样是相关的。在未来的研究中，所有这 3 个标准，以及最可能的额外标准，必须得到更加详实的研究。这对于理论性模型的发展和实践中的调解对话博弈的引入而言都是重要的。在这两个例子中，所概述的标准必须被加以考虑。

未来的研究必须关注现有的模型究竟如何才能准确地适用，从而在实践当中发挥用武之地。这种研究是有意义和前景的。我们应当尽力达到这样的目标，即律师们正在使用应用成果，它是由人工智能与法研究整合所得到的。

8.4　结束语

有可能永远不会存在一个法律证成的终极模型。然而，进步却是可能的，所以仍然值得在发展更好的模型方面继续研究。对话法律的批评以及该模型在实践中的评价将是两个可能改进的来源。泰勒（Taylor，1984，p. 165）曾经说过：

> 某些事被假定是假的，而其他事则不是，这与对和错的任何原理都是完全不相关的，而且整个讨论是瞄准发现某个原理，它与确已被假设的相契合。

前面我假设了对话模型是一个关于法律证成的优秀的人工智能与法模型。我希望本书就是这样一种与假设相契合的原理。

171 # 附　录　对话法律的逻辑程序代码

第 3、4 章中对话规则的形式化描述本身就是一件有意义的事，而且对于促进对话法律的实现是重要的。在这个附录中该实现首先在主线上被讨论，而后由真实的逻辑程序代码来得到。[1]

创建窗口的结构或博弈方接收信息的结构将在以下讨论中省略。而且，如果一个结构包含一个或多个目标，这些目标只在有必要解释代码的时候显示。否则，目标的数目将由一个指示其参数的数字所替换。例如，结构日期（年，月，日）将变为日期/3。

行动、对话和承诺库

行动、对话和承诺库都是基于第 3 章中的定义。行动是一个变元对话行动，它指的是包含三个要素的结构：

（博弈方，（行动，句子），（层次，行动关涉））

这个结构的三个要素包含以下特征：

（1）变元博弈方指的是轮换到行动的博弈方，它要么是伯特（博弈方 1）要么是欧尼（博弈方 2）；

（2）（行动，句子），变元行动指的是由对话行动的博弈方给出的言外行为，变元句子指的是言外行为的命题内容。

〔1〕 如果人们熟悉逻辑程序或一个类似的描述语言，那么这个附录就很好理解。

(3)（层次，行动关涉），变元层次指的是给出对话行动的那个层次，变元行动关涉指的是该行动是论证支持句子的或者是论证回应句子。

对话是一个变元对话行动，它指的是包含一个或多个对话行动类型的要素的逻辑程序列表。对话行动中的要素数字指的是博弈的有效行动的数目。例如，在三个有效行动之后，对话行动是包含三个要素的一个列表。

变元承诺库指的是逻辑程序列表，它包含了每个博弈方在对话 172
的某个特定阶段的承诺。假设只有第一个博弈方承诺凶手（oj），而且双方都承诺射击_妻子（oj）。那么承诺库将呈现如下列表：

```
[（伯特，凶手（oj）），
  （伯特，射击_妻子（oj）），
  （欧尼，射击_妻子（oj））
]
```

主句

输入“对话法律”开启程序。它调取以下逻辑程序规则，即该程序的主句。

```
对话法律/0 ： -
第一个_行动/3，
对话/3。
```

这条规则定义了在什么环境下对话法律/0 是真的，或者，换言之，在什么环境下程序结束。如果第一个_行动/3 和对话/3 都是真的，那么确实如此。

关于第一个_行动/3

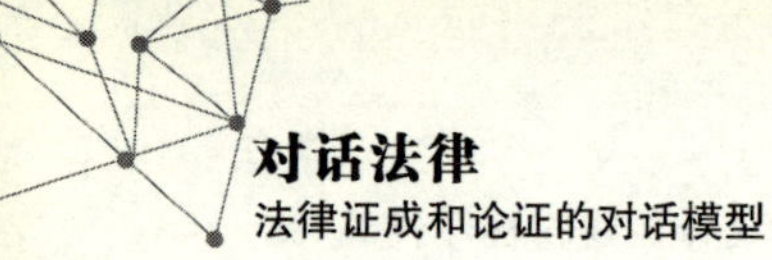

因为第一个行动是无包含前继行动的唯一行动，所以要把它和其他行动区别开来处理。以下句子表达了第一个行动：

第一个_行动（承诺库，第一个句子，对话行动）

每个对话都开始于博弈方的某个主张，为什么第一个行动的言外行为的理由被固定作为主张。第一个行动的博弈方拥有的唯一自由是，输入该主张的命题内容。如果他已经这样做，那么第一个_行动就变为真。在第一个行动承诺库只包含一个元素之后，第一个博弈方将承诺他在第一个行动中已输入的句子。列表对话行动同样只包含一个要素，也就是说第一个行动已经在第0层次主张了一个特殊的句子。因为他的行动不是其他行动的回应，变元行动关涉被
173 初始化为对话法律（见定义5）。假设伯特在第一个行动中主张句子杀手（oj）。在该情况下第一个_行动/2变为真，它包含以下内容：

第一个_行动（[（博弈方1，凶手（oj））]，
凶手（oj），
[（博弈方1，（主张，凶手（oj）），（0，对话法律））]）

关于对话/3

句子对话/3与第一个_行动/3包含相同的要素，也就是：
对话（承诺库，第一个句子，对话行动）。

在第一个行动之后，程序将继续，直到对话/3是真的为止。存在两种基本情况，在其中对话/3变为真的，还存在其中对话结束的情况。首先，如果在一个行动之后，开放句子集是空集。如果以下四个句子之一是真的，那么确实如此：

```
对话（_，S，［（_，（接受，S），_）｜Rest］）。
对话（_，S，［（_，（收回，S），_）｜Rest］）。
对话（_，S，［（_，（接受，非（S）），_）｜Rest］）。
对话（CS，S，［（P，（收回，非（S）），_）｜Rest］）：-
    非_inCS（（_，S），CS）。
```

在前4个行动（（接受，S）、（收回，S），等等）其中之一之后，开放句子集变为空集。如果第一个句子被接受或被收回，或者如果第一个句子的拒斥被收回（并且第一个句子已经被收回）或者被接受，在所有这些情况中对话是完成的。

其次，如果一个博弈方已经输入退出作为一个言外行为，这种情况下仍然保持是一个未完成的对话。

```
对话（_，_，［（_，（退出，_），_）｜_］）。
```

退出选择被嵌入，否则的话，假使博弈方不想继续一个未完成的对话，那么程序将保持运行。

除5个句子之外，它们在对话/3为真的情况下定义环境，存在第六个对话/3句子，也就是以下循环的逻辑程序规则。

```
对话/3：-                                                174
    行动_输入/5，
    有效_行动/6，
    更新_CS/5，
    对话/3。
```

行动_输入/5是由轮换到的博弈方以及轮换到的层次来决定的。这里同样处理受迫的行动。假使博弈方受迫展示一个独立的行动，那么他不会被要求键入一个行动，而是自动展示该行动。

如果轮换到的博弈方已经键入了一个行动，那么该行动的有效性就得到了检验（有效_行动/6）。需要注意的是，尽管一个受迫行动的有效性是“被检验的”，但是它不可能不是有效的。假使一个自由（非受迫的）行动的出现是无效的，那么博弈方被要求给出一个新的行动。

只有在行动是有效时，承诺库才会更新（更新_CS/5）。如果承诺库更新，那么对话/3 再次启动。此时还包含一个对话要素的新集合，以及更新的承诺库。

一个真实的对话

以下是程序执行的一个例子。屏幕转储表示在第 6 章第 2 节就已讨论的样例对话。上面的窗口，被称作状态，指示行动的状态。在例子中，它就是第 7 个行动，层次是 1，行动是关于理由（缓刑条件（泰利尔），非（非_搜索（泰利尔））。这个理由指的是，由于一个缓刑（pc）条件，允许搜查（sa）泰利尔[2]，或者，更准确地说，它拒斥不允许搜查。下一个窗口，被称作行动，载入博弈方的输入。博弈方首先给出一个言外行为。在言外行为之后，博弈方必须键入命题内容。如果一个行动是有效的，将显示在窗口中，它被称作对话。在当前的例子中，对话是完成的，所以不可能键入新的行动。使用者被问及他是否想退出程序。最后，在最下面的窗口中，被称作 cs_欧尼和 cs_伯特，在博弈方的承诺所展示的行动之后。由于当前对话是一个完成的对话，因而在第 7 个行动中，伯特和欧尼的承诺库是相同的。

〔2〕 进一步的解释见第 6.2 节以及第 5.1 节。

175

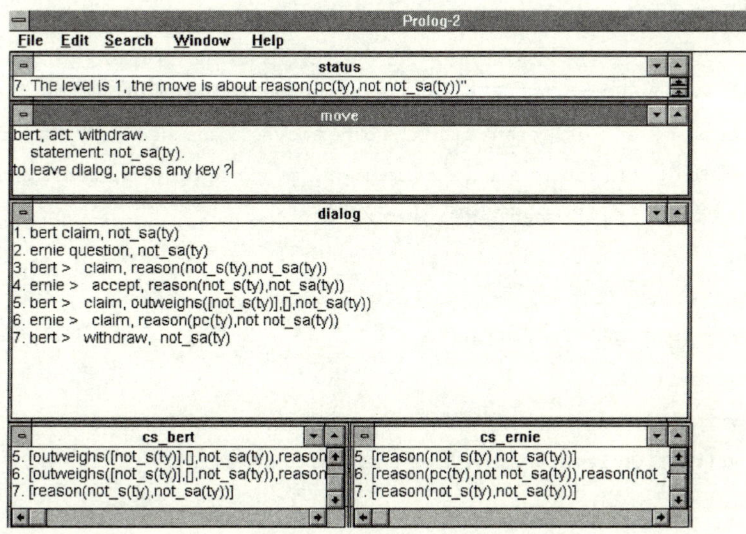
Prolog-2
File Edit Search Window Help
status
7. The level is 1, the move is about reason(pc(ty),not not_sa(ty))".
move
bert, act: withdraw.
statement: not_sa(ty).
to leave dialog, press any key ?
dialog
1. bert claim, not_sa(ty)
2. ernie question, not_sa(ty)
3. bert > claim, reason(not_s(ty),not_sa(ty))
4. ernie > accept, reason(not_s(ty),not_sa(ty))
5. bert > claim, outweighs([not_s(ty)],[],not_sa(ty))
6. ernie > claim, reason(pc(ty),not not_sa(ty))
7. bert > withdraw, not_sa(ty)
cs_bert
5. [outweighs([not_s(ty)],[],not_sa(ty)),reason
6. [outweighs([not_s(ty)],[],not_sa(ty)),reason
7. [reason(not_s(ty),not_sa(ty))]
cs_ernie
5. [reason(not_s(ty),not_sa(ty))]
6. [reason(pc(ty),not not_sa(ty)),reason(not_
7. [reason(not_s(ty),not_sa(ty))]

逻辑程序代码

```
/* DiaLaw 2.0, 1998, Prolog 2 for Windows */
clean :-
  retract(teller(N)),
  fail.
clean.

/* dialaw/0 is supposed to become true in the end */
dialaw :-
  clean,
  create_windows,
  first_move(CS, FirstSentence, DialogMoves),
  dialog(CS, FirstSentence, DialogMoves),
  wsettext(move),
    write("In order to leave this DiaLaw-session, press any key: "),
    read(D),
```

```
  delete_windows.

/* first_move(CommitmentStore, FirstSentence, DialogMoves)
The first move is different from the other moves, because a previous move
lacks.The first act is always a claim of the first player conveniently
called bert, his opponent is ernie */
first_move([(bert, Sentence)], Sentence,
      [(bert, (claim, Sentence), (0, dialaw))]) :-
  assert(teller(1)), teller(U),
  wsettext(status),
176    write(U),
    write(".On level 0, move 1 of the dialog game"),
  wsettext(move),
    write(" bert, act: claim"),
    nl,
    write("  sentence: "),
    read(Sentence),
  wsettext(dialog),
    write("1.  bert: "),
  wsettext(cs_bert),
    write(U), write("."),
    write([Sentence]),
  wsettext(cs_ernie),
    write(U), write("."),
    write([]).

/* These are the conditions under what dialog/3 ends.
Only if the first sentence (or in some case the denial) is accepted/
withdrawn, there are no disputed sentences left (see def.2).
   Quit is the other option. */
```

```
dialog(_, S, [(_, (accept, S), _) | Rest]).
dialog(_, S, [(_, (withdraw, S), _) | Rest]).
dialog(_, _, [(_, (quit, _), _) | Rest]).
dialog(_, S, [(_, (accept, not(S)), _) | Rest]).
dialog(CS, S, [(P, (withdraw, not(S)), _) | Rest]):-not_inCS((_, S),
CS).

/* dialog(CommitmentStore, FirstSentence, DialogMoves)
This is the main part of the program. For each move the (recursive)
clause dialog/3 is called */
dialog(CS, FS, DM) :-
  move_input(CS, DM, NewPlayer, NewLevels, Move),
  valid_move(NewLevels, NewPlayer, CS, DM, ValidMove, Move),
  update_CS(DM, CS, NewCS, ValidMove, NewPlayer),
  dialog(NewCS, FS, [(NewPlayer, ValidMove, NewLevels) | DM]).

/* move_input(CS, DialogMoves, NewPlayer, NewLevels, Move) */
/* These are forced moves */
/* Rule 16b */
move_input(CS,[(P, (accept, il_claim(S)), (L, _)) |_],
                P, (L, il_claim(S)), (withdraw, S)):-
  otherplayer(P, Op),
  only_inCS_other(CS, Op, S),
  teller,
  write_status([(P, (accept, S), (L, _)) |_], P, (L, S)).

/* Rule 11a */
move_input(CS, [(P, (accept, A), (L, _)) |_], P, (L, A),
      (accept, reason (applicable (rule (A, B)), applies (rule (A,
      B))))) :-
```

```
  inCS((P, valid(rule(A, B))), CS),
  only_inCS_other(CS, P,
                 reason(applicable(rule(A, B)), applies(rule(A,
                 B)))),
  teller,
  write_status([(P, (accept, A), (L,_))|_], P, (L, A)).
move_input(CS, [(P, (accept, valid(rule(A, B))), (L,_))|_], P,
             (L, valid(rule(A, B))),
   (accept, reason(applicable(rule(A, B)), applies(rule(A,
   B))))):-
177 inCS((P, A), CS),
  only_inCS_other(CS, P,
                 reason(applicable(rule(A, B)), applies(rule(A,
                 B)))),
  teller,
  write_status([(P, (accept, valid(rule(A, B))), (L,_))|_],
    P, (L, valid(rule(A, B)))).
move_input(CS, [(P, (claim, reason(applicable(rule(A, B)),
        applies(rule(A, B)))), (L,_))|_],Op,
        (L, reason(applicable(rule(A, B)), applies(rule(A, B)))),
           (accept, reason(applicable(rule(A, B)), applies(rule(A,
           B))))):-
  otherplayer(P, Op),
  inCS((Op, A), CS),
  inCS((Op, valid(rule(A, B))), CS),
  teller,
  write_status([(P, (claim, reason(applicable(rule(A, B)),
  applies(rule(A, B)))), (L, _))|_], Op,
    (L, reason(applicable(rule(A, B)), applies(rule(A, B))))).
```

```
/* Rule 8a */
move_input(CS, [(P, (accept, applies(rule(A, B))), (L, _)) |_], P,
      (L, applies(rule(A, B))), (accept, reason(A, B))):-
  only_inCS_other(CS, P, reason(A, B)),
  teller,
  write_status([(P, (accept, applies(rule(A, B))), (L,_)) |_],
    P, (L, applies(rule(A, B)))).

/* Rule 8b */
move_input(CS, [(P, (accept, excluded(rule(A, B))), (L, _)) |_], P,
          (L, excluded(rule(A, B))), (withdraw, applies(rule(A,
          B)))):-
  otherplayer(P, Op),
  only_inCS_other(CS, Op, applies(rule(A, B))),
  teller,
  write_status([(P, (accept, applies(rule(A, B))), (L, _)) |_], P,
    (L, applies(rule(A, B)))).

/* Rule 14a */
move_input(CS, [(P, (accept, outweighs(Pro, Con, S)), (L, _)) |_], P,
              (L, outweighs(Pro, Con, S)), (withdraw, not(S))):-
  inCS((P, not S), CS),
  teller,
  write_status([(P, (accept, outweighs(Pro, Con, S)), (L, _)) |_], P,
               (L, outweighs(Pro, Con, S))).
move_input(CS, [(P, (withdraw, not(S)), (L, _)) |_], P,
              (L, not(S)), (accept, S)):-
  inCS((P, outweighs(Pro, Con, S)), CS),
  teller,
  write_status([(P, (withdraw, not(S)), (L, _)) |_], P, (L,
```

```
            outweighs(Pro, Con, S))).
move_input(CS, [(P, (accept, outweighs(Pro, Con, S)), (L, _))|_], P,
     (L, outweighs(Pro, Con, S)), (accept, S)):-
  teller,
  write_status([(P, (accept, outweighs(Pro, Con, S)), (L, _))|_], P,
          (L, outweighs(Pro, Con, S))).
/* Rule 14c */
move_input(CS, [(P, (accept, reason(R, not(S))), (L, _))|_], P,
    (L, reason(R, not(S))), (withdraw, outweighs(Pro, Con, S))):-
178  otherplayer(P, Op),
  only_inCS_other(CS, Op, outweighs(Pro, Con, S)),
  teller,
  write_status([(P, (accept, reason(R, not S)), (L, _))|_], P,
    (L, reason(R, not(S)))).

/* general move input (voluntary, non-forced moves) */
move_input(CS, DM, NewPlayer, NewLevels, Move):-
  teller,
  next_move(DM, CS, NewPlayer, NewLevels),
  write_status(DM, NewPlayer, NewLevels),
  read_move(NewPlayer, Move).

/* next_move(DialogMoves, CommitmentStore, NewPlayer, NewLevels).
The new levels and who the new player is, depends on the previous move
and previous player */
next_move([(P, (claim, B), (L, _))|_], CS, NewPlayer, (L, B)) :-
  otherplayer(P, NewPlayer).
next_move([(P, (question, _), (L, B))|_], CS, NewPlayer, (LL, B)) :-
  otherplayer(P, NewPlayer),
  LL is L +1.
```

```
/* Rule 5a */
next_move([(P, (withdraw, B), _) |Rest], CS, P, (L, not(B))) :-
  only_inCS_other(CS, P, not(B)),
  find_move(Rest, not(B), (L, _)).

/* Rule 5b */
next_move([(P, (accept, not(S)), _) |Rest], CS, P, (L, B)) :-
  find_move(Rest, S, (L, B)).
next_move([(P, (withdraw, not(S)), _) |Rest], CS, NewPlayer, (L, B)) :-
  find_move(Rest, S, (L, B)),
  otherplayer(P, NewPlayer).

/* Rule 16c */
next_move([(P, (withdraw, il_claim(S)), _) |Rest], CS, P, (L, S)) :-
  not_inCS((_, not(il_claim(S))), CS),
  find_move(Rest, S, (L, _)).
next_move([(P, (withdraw, not(il_claim(S))), _) |Rest], CS, Op, (L,
S)) :-
  not_inCS((_, il_claim(S)), CS),
  otherplayer(P, Op),
  find_move(Rest, S, (L, _)).
next_move([(P, (accept, not(il_claim(S))), _) |Rest], CS, Op, (L, S)) :-
  find_move(Rest, S, (L, _)).

/* Rule 14a */
next_move([(P, (withdraw, outweighs(_, _, S)), _) |Rest], CS, P,
          (L, reason(R, not(S)))) :-
  only_inCS_other((P, reason(R, not(S))), CS),
  find_move(Rest, reason(R, not(S)), (L, _)).
```

```
/* Rule 14b */
next_move([(P, (accept, reason(R, not(S))), _) |Rest], CS, P, (L, B)) :-
  find_move(Rest, reason(R, not(S)), (L, outweighs(_, _, S))),
  inCS((_, outweighs(_, _, S)), CS),
  find_move(Rest, outweighs(_, _, S), (_, B)).
179 next_move([(P, (withdraw, reason(R, not(S))), _) |Rest], CS, NewPlay-
er,
      (L, B)) :-
  find_move(Rest, reason(R, not(S)), (L, outweighs(_, _, S))),
  inCS((_, outweighs(_, _, S)), CS),
  find_move(Rest, outweighs(_, _, S), (_, B)),
  otherplayer(P, NewPlayer).

/* Rule 14c */
next_move([(P, (withdraw, reason(_, not(S))), _) | Rest], CS, P, (L, B)) :-
  inCS((_, outweighs(_, _, S)), CS),
  find_move(Rest, outweighs(_, _, S), (L, B)).

/* general accept&withdraw */
next_move([(P, (accept, S), _) |Rest], CS, NewPlayer, (L, B)) :-
  find_move(Rest, S, (L, B)),
  otherplayer(P, NewPlayer).
next_move([(P, (withdraw, B), _) |Rest], CS, P, NewLevels) :-
  find_move(Rest, B, NewLevels).
find_move([( _, (claim, S), (L, B)) |_], S, (L, B)).
find_move([_ | Rest], S, NL) :-
  find_move(Rest, S, NL).

/* write_status(DialogMoves, NewPlayer, NewLevels) */
write_status([(_, (A, S), _) |_], P, (L, N)) :-
```

```
  wsettext(status),
    nl, teller(U),
    write(U),
    write(". The level is "), write(L),
    write(", the move is about "), write(N), write(":"),
  wsettext(dialog),
    write(A), write(", "),
    write(S), nl,
    write(U), write("."),
    writeplayer(P),
    write_levelmark(L).
writeplayer(bert):-
  write(" bert: ").
writeplayer(ernie):-
  write("ernie: ").

/* read_move(NewPlayer, Move)
move of the player is read */
read_move(P, (A, S)) :-
  wdeletetext(move),
  wcreatetext(move, 1, 0, 45, 630, 90),
  wsettext(move),
    writeplayer(P),
    write(" - act: "), read(A),
    write("         - sentence: "), read(S),
  killpopup.

/* valid_move (NewLevels, NewPlayer, CommitmentStore, DialogMoves,
            ValidMove, Move)
checks the validity of a move after valid_move */
```

```
valid_move(_, _, _, _, (quit, _), (quit, _)).

/* valid moves in case of accept */
valid_move(_, NP, CS, _, (accept, S), (accept, S)) :-
  only_inCS_other(CS, NP, S),
  not_inCS((P, not(S)), CS).

/* valid moves in case of withdraw */
valid_move(_, NP, CS, _, (withdraw, S), (withdraw, S)) :-
  otherplayer(NP, P),
  only_inCS_other(CS, P, S).

/* valid moves in case of question */
valid_move (NL, P, CS, [(P, (withdraw, S), Levels) | Rest],
          (question, not(S)), (question, not(S))) :-
  otherplayer(P, Op),
  inCS((Op, not S), CS).
valid_move(NL, NP, CS, DM, ValidMove, (question, outweighs([_], [],_))):-
  winfo("Wrong move! Try again"),
  read_move(NP, Move),
  valid_move(NL, NP, CS, DM, ValidMove, Move).
valid_move(NL, NP, CS, [(P, (question, S), L) | Rest], ValidMove,
           (question, S)):-
  winfo("Wrong move! Try again"),
  read_move(NP, Move),
  valid_move(NL, NP, CS, [(P, (question, S), L) |Rest], ValidMove,
  Move).
valid_move(NL, NP, CS, DM, ValidMove,
    (question, reason (applicable (rule (A, B)), applies (rule (A,
    B))))):-
```

```
  inCS((NP, A), CS),
  inCS((NP, valid(rule(A, B))), CS),
  winfo("Wrong move! Try again"),
  read_move(NP, Move),
  valid_move(NL, NP, CS, [(P, (question, S), L) |Rest], ValidMove,
  Move).
valid_move(_, _, _, [(_, (claim, S), _) |_], (question, S),(question,
S)).
valid_move(_, _, CS, [(_, (withdraw, il_claim(S)), _) |_],
            (question, S), (question, S)):-
  not_inCS((_, not(il_claim(S))), CS).
valid_move(_, _, CS, [(_, (withdraw, not(il_claim(S))), _) |_],
            (question, S), (question, S)):-
  not_inCS((_, il_claim(S)), CS).
valid_move(_, _, CS, [(_, (accept, not(il_claim(S))), _) |_],
            (question, S), (question, S)).
valid_move(_, NP, CS, [(_, (withdraw, reason(_, not(S))), _) |_],
   (question, outweighs(_, _, S)), (question, outweighs(_, _, S))):-
  otherplayer(NP, P),
  only_inCS_other(CS, P, outweighs(_, _, S)).

/* valid moves in case of claim */
valid_move(NL, NP, CS, DM, ValidMove, (claim, S)) :-
  previous_withdraw(NP, S, DM),
  winfo("Wrong move! Try again"),
  read_move(NP, Move),
  valid_move(NL, NP, CS, DM, ValidMove, Move).
valid_move(NL,NP, CS, [(P, (withdraw, S), Levels) |Rest],
   ValidMove, (claim, _)) :-
  otherplayer(P, Op),
```

```
  inCS((Op, not S), CS),
  winfo("Wrong move! Try again"),
181  read_move(NP, Move),
  valid_move(NL,NP, CS, [(P, (withdraw, S), Levels) | Rest],
                ValidMove, Move).
valid_move(NL, NP, CS, [(P, (withdraw, il_claim(S)), Levels) | Rest],
      ValidMove, (claim, _)) :-
  winfo("Wrong move! Try again"),
  read_move(NP, Move),
  valid_move(NL, NP, CS, [(P, (withdraw, il_claim(S)), Levels) | Rest],
        ValidMove, Move).
valid_move(NL, NP, CS, [(P, (withdraw, not(il_claim(S))), Levels) | Rest],
      ValidMove, (claim, _)) :-
  winfo("Wrong move! Try again"),
  read_move(NP, Move),
  valid_move(NL, NP, CS, [(P, (withdraw, il_claim(S)), Levels) | Rest],
      ValidMove, Move).
valid_move(NL, NP, CS, [(P, (accept, not(il_claim(S))), Levels) |
Rest],
      ValidMove, (claim, _)) :-
  winfo("Wrong move! Try again"),
  read_move(NP, Move),
  valid_move(NL, NP, CS, [(P, (withdraw, il_claim(S)), Levels) | Rest],
      ValidMove, Move).
valid_move(_, NP, CS, _, (claim, applies(rule(A, B))),
      (claim, applies(rule(A, B)))) :-
  not_inCS((_, applies(rule(A, B))), CS),
  not_inCS((NP, excluded(rule(A, B))), CS).
valid_move(NL, NP, CS, DM, ValidMove, (claim, applies(rule(A, B)))) :-
  winfo("Wrong move! Try again"),
```

```
  read_move(NP, Move),
  valid_move(NL, NP, CS, DM, ValidMove, Move).
valid_move((_, applies(rule(A, B))), NP, CS, _,
      (claim, reason(applicable(rule(A, B)), applies(rule(A, B)))),
      (claim, reason(applicable(rule(A, B)), applies(rule(A, B)))))
      :-
  not_inCS((_, reason(applicable(rule(A, B)), applies(rule(A, B)))),
  CS),
  not_inCS((NP, not(A)), CS),
  not_inCS((NP, not(valid(rule(A, B)))), CS).
valid_move(NL, NP, CS, DM, ValidMove,
    (claim, reason(applicable(rule(A, B)), applies(rule(A, B))))) :-
  winfo("Wrong move! Try again"),
  read_move(NP, Move),
  valid_move(NL, NP, CS, DM, ValidMove, Move).
valid_move(_, _, CS, [(_, (claim, B), _)|_], (claim, il_claim(B)),
          (claim, il_claim(B))) :-
  B \= il_claim(_).
valid_move(NL, NP, CS, DM, ValidMove, (claim, il_claim(B))) :-
  winfo("Wrong move! Try again"),
  read_move(NP, Move),
  valid_move(NL, NP, CS, DM, ValidMove, Move).
valid_move((_, B), _, CS, _, (claim, reason(A, B)),
           (claim, reason(A, B))):-
  not_inCS((_, reason(A, B)), CS).
valid_move((_, B), _, CS, _, (claim, reason(A, not(B))),
           (claim, reason(A, not(B)))) :-
  not_inCS((_, reason(A, not(B))), CS).
valid_move(_, _, CS, [(_, (claim, outweighs(_, _, B)), _)|_],
      (claim, reason(A, not(B))), (claim, reason(A, not(B)))) :-
```

```
  not_inCS((_, reason(A, not(B))), CS).
182 valid_move(NL, NP, CS, DM, ValidMove, (claim, reason(_, _))) :-
  winfo("Wrong move! Try again"),
  read_move(NP, Move),
  valid_move(NL, NP, CS, DM, ValidMove, Move).
valid_move((_, B), _, CS, _, (claim, outweighs(Proset, Conset, B)),
              (claim, outweighs(Proset, Conset, B))) :-
  not_inCS((_, outweighs(Proset, Conset, B)), CS),
  check_reasonsets(CS, Proset, Conset, B).
valid_move(_,_, _, [(_, (claim, S), _) |_], (claim, not(S)),
              (claim, not(S))):-
  S \= not(_).
valid_move(_, _, CS, [(_, (question, _), _) |_], (claim, S), (claim, S)):-
  not_inCS((_, S), CS),
  not_inCS((_, not(S)), CS).
valid_move(_, _, CS, [(_, (withdraw, _), _) |_], (claim, S), (claim, S)):-
  not_inCS((_, S), CS),
  not_inCS((_, not(S)), CS).
valid_move(_, _, CS, [(_, (accept, _), _) |_], (claim, S), (claim, S)):-
  not_inCS((_, S), CS),
  not_inCS((_, not(S)), CS).
valid_move(NL, NP, CS, DM, ValidMove, _) :-
  winfo("Wrong move! Try again"),
  read_move(NP, Move),
  valid_move(NL, NP, CS, DM, ValidMove, Move).

/* non-empty proset is not allowed */
check_reasonsets(_, [], _, _):- fail.
check_reasonsets(CS, Proset, Conset, B) :-
  peel(CS, Proset, Conset, B, Checkpro, Checkcon).
```

```
peel([(bert, reason(R, B)) | Rest], Proset, Conset, B,
      Checkpro, Checkcon) :-
  peel(Rest, Proset, Conset, B, [R | Checkpro], Checkcon).
peel([(bert, reason(R, not(B))) | Rest], Proset, Conset, B,
      Checkpro, Checkcon) :-
  peel(Rest, Proset, Conset, B, Checkpro, [R | Checkcon]).
peel([Element |Rest], Proset, Conset, B, Checkpro, Checkcon) :-
  peel(Rest, Proset, Conset, B, Checkpro, Checkcon).
peel([], Proset, Conset, B, Proset, Conset).

/* update_CS(DialogMoves, CS, NewCS, Move, NewPlayer) */
update_CS(_, CS, [(NP, S) | CS], (claim, S), NP):-
  write_CS([(NP, S) | CS]).

/* delete elements */
update_CS(DM, CS, NewCS, (accept, S), NP) :-
  bigupdate_CS(DM, CS, NewCS, (accept, S), NP),
  write_CS(NewCS).
update_CS(DM, CS, NewCS, (withdraw, S), NP) :-
  bigupdate_CS(DM, CS, NewCS, (withdraw, S), NP),
  write_CS(NewCS).
update_CS(_, CS, CS, _, _):-
  write_CS(CS).

/* bigupdate_CS(DialogMoves, CommitmentStore, NewCS, ValidMove, New-
Player) */
bigupdate_CS([(_, (claim, S), _) |_], CS, [(NP, S) | CS], (accept, S), NP).   183
bigupdate_CS([X | Rest], CS, NewCS, (accept, S), NP) :-
  bigupdate_CS(Rest, CS, NextCS, (accept, S), NP),
  realupdate_CS([X | Rest], NextCS , NewCS , (accept, S), NP).
```

```
bigupdate_CS([(_, (claim, S), _) |_], CS, NewCS, (withdraw, S), NP) :-
  del((NP, S), CS, NewCS).
bigupdate_CS([X | Rest], CS, NewCS, (withdraw, S), NP) :-
  bigupdate_CS(Rest, CS, NextCS, (withdraw, S), NP),
  realupdate_CS([X | Rest], NextCS, NewCS, (withdraw, S), NP).

/* realupdate_CS(DialogMoves, CommitmentStore, NewCS, ValidMove, Ne-
wPlayer),
for bigupdate here really the update of CS takes place */
realupdate_CS([(P, (claim, not(S)), _) |_], CS, CS, (withdraw, S), _) :-
  inCS((P, not(S)), CS).
realupdate_CS([(P, (claim, S), _) |_], CS, NewCS, _, _) :-
  inCS((P, S), CS),
  otherplayer(P, Op),
  not_inCS((Op, S), CS),
  del((NP, S), CS, NewCS).
realupdate_CS(_, CS, CS, _, _).

write_CS(CS) :-
  write_CS(CS, bert, CS1, CS2),
  teller(U),
  wsettext(cs_bert),
    nl,
    write(U), write("."),
    write(CS1),
  wsettext(cs_ernie),
    nl,
    write(U), write("."),
    write(CS2).
write_CS([], _, [], []).
```

```
write_CS([(P, S)|Rest], P, [S|Rest1], CS2) :-
  write_CS(Rest, P, Rest1, CS2).
write_CS([(_, S)|Rest], P, CS1, [S|Rest1]) :-
  write_CS(Rest, P, CS1, Rest1).

otherplayer(bert, ernie).
otherplayer(ernie, bert).

/*previous_withdraw(Player, S, DM)*/
previous_withdraw(_, _, []):-fail.
previous_withdraw(P, S, [(P, (withdraw, S), _)|_]).
previous_withdraw(P, S, [_|Rest]):-
  previous_withdraw(P, S, Rest).

only_inCS_other(CS, P, S) :-
  otherplayer(P, Op),
  inCS((Op, S), CS),
  not_inCS((P, S), CS).

inCS (_, []):-
    fail.
inCS(Element, [Element|_]).
inCS(Element, [_|Rest]) :-
  inCS(Element, Rest).                                184

not_inCS(_, []).
not_inCS(Element, [OtherElement|Rest]) :-
  Element \= OtherElement,
  not_inCS(Element, Rest).
```

```
del(X, [X | Tail], Tail).
del(X, [Y | Tail], [Y | Tail1]) :-
  del(X, Tail, Tail1).

create_windows :-
  wcreatetext(dialog, 1, 0 , 135, 630, 205),
  wcreatetext(status, 1, 0, 0, 630, 45),
  wcreatetext(move, 1, 0, 45, 630, 90),
  wcreatetext(cs_bert, 1, 0, 340, 315, 100),
  wcreatetext(cs_ernie, 1, 316, 340, 315, 100),
  wsettext(dialog).

delete_windows :-
  wdeletetext(dialog),
  wdeletetext(status),
  wdeletetext(move),
  wdeletetext(cs_bert),
  wdeletetext(cs_ernie).

teller :-
  retract(teller(Umin1)),
  U is Umin1 + 1,
  assert(teller(U)).

write_levelmark(0) :- ! .
write_levelmark(L) :-
  write(" > "),
  LL is L - 1,
  write_levelmark(LL).
```

```
wrongmove(L) :-
  wcreatepopup(wrongmove, 310, 200, 200, 200),
  writepopup(wrongmove, L, []).

killpopup :-
  wdeletepopup(wrongmove).
killpopup.
```

参考文献

Aarnio, A, R. Alexy & A. Peczenik (1982), The foundation of legal reasoning, *Rechtstheorie* 21, pp. 133 – 158, 257 – 278, 423 – 448.

Aarnio, A. (1987), *The Rational as Reasonable*, Kluwer Academic Publishers, Dordrecht.

Albert, H. (1975), *Traktat über kritische Vernunft*, 2nd edn. Tübingen.

Aleven, V. (1997), *Teaching case-based argumentation through a model and examples*, Dissertation, University of Pittsburgh.

Alexy, R. (1989), *A theory of legal argumentation*, Clarendon press, Oxford.

Ashley, K. D. & E. L. Rissland (1987), But, see, accord: generating blue book citations in HYPO, *Proceedings of the first International Conference on Artificial Intelligence and Law*, ACM, New York.

Ashley, K. D. (1987), *Modelling legal argument: reasoning with cases and hypotheticals*, Dissertation, University of Massachusetts; also published by MIT Press, 1990.

Barth, E. M. & E. C. W. Krabbe (1982), *From Axiom to Dialogue*, Walter de Gruyter, Berlin, New York.

Bench-Capon, T. (1995), Argument in artificial intelligence and law, in: J. C. Hage *et al.* (eds.), *Legal Knowledge Based Systems: Telecommunication and AI & Law, JURIX* ' 95, Koninklijke Vermande, Lelystad.

Bench-Capon, T. J. M, D. Lowes & A. M. McEnery (1991), Argument-based explanation of logic programs, *Knowledge Based Systems*, *Vol* 4, *No* 3, pp. 177 – 183.

Bench-Capon, T. J. M., P. E. S. Dunne & P. H. Leng (1992), A dialogue game for dialectical interaction with expert systems, *Proceedings of the 12th Expert Systems Conference*, Avignon.

Berman, D. H. & C. D. Hafner (1987), Indeterminacy: A Challenge to Logic-based Models of Legal Reasoning, *Yearbook of Law, Computers and Technology*, vol 3, pp. 1 – 35.

Branting, L. K. (1991), *Integrating rules and precedents for classification: automating legal analysis*, Dissertation, University of Texas at Austin.

Brewka, G. & T. Gordon (1994), How to buy a Porsche: an approach to defeasible decision making, *Workshop notes AAAI workshop* 1994 – *Computational Dialectics*, pp. 28 – 38.

Brewka, G. (1994), A Reconstruction of Rescher's Theory of Formal Disputation Based on Default Logic, in: A. G. Cohn (ed.), *Proceedings of the 11th European Conference on Artificial Intelligence*, Amsterdam, pp. 366 – 370.

Buchanan, B. G. & T. E. Headrick (1970), Some Speculation About Artificial Intelligence and Legal Reasoning, *Stanford Law Review*, vol. 23, pp. 40 – 62.

De Mulder, R. V. (1984), *Een model voor juridische informatica*, dissertation, Erasmus University Rotterdam.

De Vey Mestdagh, C. N. J. (1997), *Rekentuig of rekenmeester?*, Dissertation, University of Groningen.

De Wildt, J. H. (1993), *Rechters en vage normen*, dissertation, Leiden University.

Den Haan, N. (1996), *Automated Legal Reasoning*, Dissertation, Universiteit van Amsterdam.

Dung, P. M. (1995), On the acceptability of arguments and its fundamental role in nonmonotonic reasoning, logic programming and *n*-person games, *Artificial Intelligence* 77, pp. 321 – 357.

Farley, A. M. & K. Freeman (1995), Burden of proof in legal argumentation, *Proceedings of the fifth International Conference on Artificial Intelligence and Law*, ACM, New York, pp. 156 – 164.

Feteris, E. T. (1989), *Discussieregels in het recht. Een pragma-dialectische analyse van het burgerlijk en het strafproces*, Dissertation, Foris, Dordrecht.

Feteris, E. T. (1994), *Redelijkheid in juridische argumentatie*, Tjeenk Willink, Zwolle.

Finkelstein, A. & H. Fuks (1990), Conversation analysis and specification, in: N. Luff (ed.), *Computers and Conversation*, Academic Press.

Freeman, K. & A. M. Farley (1996), A Model of Argumentation and Its Application to Legal Reasoning, *Artificial Intelligence and Law* 4: 163 - 197.

Freeman, K. (1994), A proposal for a framework for models of dialectical argumentation, *Workshop notes AAAI workshop* 1994 - *Computational Dialectics*, pp. 46 - 50.

Fuller, L. L. (1958), Positivism and fidelity to law: a reply to Professor Hart, *Harvard Law Review*, 71, pp. 630 - 672.

Gardner, A. (1984), *An Artificial Intelligence Approach to Legal Reasoning*, Dissertation, Stanford University.

Gardner, A. von der Lieth (1987), *An Artificial Intelligence Approach to Legal Reasoning*, MIT Press, Cambridge.

Geffner, H. & J. Pearl (1992), Conditional entailment: bridging two approaches to default reasoning, *Artificial Intelligence* 53, pp. 209 - 244.

Ginsberg, M. L. (1994), AI and nonmonotonic reasoning, in: Gabbay *et al.* (eds.), *Handbook of Artificial Intelligence and Logic Programming*, *Volume* 3, Clarendon press, Oxford.

Gordon, T. F. & N. Karacapilidis (1997), The Zeno Argumentation Framework, *Proceedings of the sixth International Conference on Artificial Intelligence and Law*, ACM, New York, pp. 10 - 18.

Gordon, T. F. (1993a), The Pleadings Game-Formalizing Procedural Justice, *Proceedings of the fourth International Conference on Artificial Intelligence and Law*, ACM, New York.

Gordon, T. F. (1993b), *The Pleadings Game-An artificial intelligence model of procedural justice*, Dissertation, Technische Hochschule Darmstadt.

Gordon, T. F. (1994), The Pleadings Game-An exercise in Computational Dialectics, *Artificial Intelligence and Law* 2: 239 - 292.

Gordon, T. F. (1995), *The Pleadings Game-An artificial intelligence model of procedural justice*, Kluwer Academic Publishers, Dordrecht.

Habermas, J. (1973), Wahrheitstheorien, in: H. Fahrenbach (ed.), *Wirklichkeit und Reflexion*, Festschrift for W. Schulz, Pfüllingen, pp. 211 - 265.

Hage, J. (1996), A Theory of Legal Reasoning and a Logic to Match, *Artificial Intelligence and Law* 4: 199 - 273.

Hage, J. (1997a), *Reasoning with rules, An essay on legal reasoning and its underlying logic*, Kluwer Academic Publishers, Dordrecht.

Hage, J. (1997b), Dialogues in artificial intelligence and law, to appear in: *Artificial Intelligence and Law.*

Hage, J. C, R. Leenes & A. R. Lodder (1994), Hard cases: a procedural approach. *Artificial Intelligence and Law* 2: 113 - 167.

Hage, J. C. & B. Verheij (1994), Reason-based logic: a logic for reasoning with rules and reasons, *Law, Computers & Artificial Intelligence*, volume 3, number 2/3, pp. 171 - 209.

Hage, J. C., G. P. J. Span & A. R. Lodder (1992), A Dialogical Model of Legal Reasoning, in C. A. F. M. Grütters *et al.* (eds.), *Legal Knowledge Based Systems: Information Technology and Law, JURIX' 92*, Koninklijke Vermande, Lelystad.

Hamblin, C. L. (1970), *Fallacies*, Richard Clay (The Chaucer press) Ltd., Bungay, Suffolk.

Hamblin, C. L. (1971), Mathematical models of dialogue, *Theoria* 2, pp. 130 - 155.

Hamblin, C. L. (1987), *Imperatives*, Basil Blackwell.

Hart, H. L. A. (1961), *The Concept of Law*, Oxford University Press, Oxford.

Hirsch-Ballin, E. M. H. (1997), Wrongful birth-nieuw leven in de rechtsorde, *Nederlands Juristenblad*, 11, pp. 471 - 472.

ICAIL (1987, 1989, 1991, 1993, 1995, 1997, 1999), *Proceedings of the first/second/third/fourth/fifth/sixth/seventh International Conference on Artificial Intelligence and Law*, ACM, New York.

Kelsen, H. (1960), *Reine rechtslehre*, 2nd ed., Franz Deuticke, Wien.

Kloosterhuis, H. (1996), The normative reconstruction of anology argumentation in judicial decisions: a pragma-dialectical perspective, in: D. M. Gabbay & H. J. Ohlbach (eds.), *Practical Reasoning*, *International Conference on Formal and Applied Practical Reasoning*, Lecture Notes in Artificial Intelligence, Vol. 1085, Springer.

Kordelaar, P. J. M. (1996), *Betere wetten met kennissystemen*, Dissertation, Twente University.

Kowalski R. & F. Toni (1996), Abstract Argumentation, *Artificial Intelligence and Law* 4: 275 – 296.

Leenes, R. E. (1999), *Hercules of Karneades*, Dissertation, Twente University.

Leenes, R. E., A. R. Lodder & J. C. Hage (1994), A dialogue game for legal arguments, *Law*, *Computers & Artificial Intelligence*, volume 3, numbers 2/3, pp. 211 – 225.

Leijten, J. (1997), Wrongful birth-wankele overtuigingen, *Nederlands Juristenblad*, 11, p. 471.

Lin, F. & Y. Shoham (1989), Argument systems: a uniform basis for nonmonotonic reasoning, in: R. J. Brachman *et al.* (eds.), *Proceedings on the first international conference of knowledge representation and reasoning*, pp. 245 – 255, Morgan Kaufmann Publishers, San Mateo.

Lodder, A. R & A. Herczog (1995), DiaLaw-A dialogical framework for modeling legal reasoning, *Proceedings of the fifth International Conference on Artificial Intelligence and Law*, ACM, New York, pp. 146 – 155.

Lodder, A. R & B. Verheij (1998), Opportunities of computer-mediated legal argument in education, *Proceedings of the BILETA-conference-March* 27 – 28, Dublin, Ireland.

Lodder, A. R. (1996a), Legal debate as an educational tool, in: C. Ciampi, F. Socci Natali & G. Taddei Elmi (eds.), *Verso un sistema esperto giuridico integrale/Towards a global expert system in law*, Tomo II, CEDAM, Padova, pp. 129 – 138.

Lodder, A. R. (1996b), The ideas behind DiaLaw: a procedural model for legal justification, *Proceedings of the fifth national/first european conference on law, computers and artificial intelligence*, Exeter, England, pp. 93 – 103.

Lodder, A. R. (1997a), Procedural Arguments, in: A. Oskamp *et al.* (eds.), *Legal Knowledge Based Systems*, *JURIX*: *The tenth conference*, *JURIX* ' 97, GNI, Nijmegen.

Lodder, A. R. (1997b), From law to DiaLaw: Why legal justification should be modelled as a dialogue, *Information & Communications Technology Law*, Volume 6, Number 3, pp. 201 – 216.

Lodder, A. R. (1997c), DiaLaw-een dialogisch model voor juridische argumentatie, in: E. T. Feteris *et al.* (eds.), *Op goede Gronden*, Ars Aequi Libri, Nijmegen, pp. 138 – 145.

Lodder, A. R. (1998a), *DiaLaw-on legal justification and dialog games*, Dissertation, Universiteit Maastricht.

Lodder, A. R. (1998b), Dialogical argumentation: statement-based, argument-based and mixed models, in: Van Eemeren et al., Proceedings of the International Conference of Argumentation, Amsterdam, to appear.

Lodder, A. R. (1998c), On structure and naturalness in dialogical models of argumentation, Proceedings of JURIX' 98, GNI, Nijmegen, pp. 45 – 58.

Lorenz, K. (1961), *Arithmetik und Logik als Spiele*, Dissertation, Kiel.

Lorenzen, P. (1969), *Normative logic and ethics*, Bibliographischen Institut, Mannheim.

Loui, R., J. Norman, K. Stiefwater, A. Merill, A. Costello & J. Olson (1992), *Computing specificity*, Technical Report WUCS – 92 – 46, Dept. of Computer Science, Washington University.

Loui, R. P & W. Chen (1992), *An Argument Game*, Technical Report WUCS – 92 – 47, Dept. of Computer Science, Washington University.

Loui, R. P. & J. Norman (1995), Rationales and argument moves, *Artificial Intelligence and Law* 3: 159 – 189.

Loui, R. P. (1992), *Process and Policy: Resource-Bounded Non-Demonstrative Reasoning*, *Technical Report WUCS-92-43*, Dept. of Computer Science, Washington University.

Loui, R. P., J. Norman, J. Olson & A. Merill (1993), A design for reasoning with policies, precedents and rationales, *Proceedings of the fourth International Conference on Artificial Intelligence and Law*, ACM, New York, pp. 202-211.

MacKenzie, J. (1990), Four dialogue systems, *Studia Logica* 4/90, pp. 567-583.

MacKenzie, J. D. (1979a), *Question-Begging in non-cumulative systems*, Journal of Philosophical Logic, 8, pp. 117-133.

MacKenzie, J. D. (1979b), How to stop talking to tortoises, *Notre Dame Journal of Formal* Logic, 20, pp. 705-717.

Matthijssen, L. J. (1999), *Interfacing between Lawyers and Computers: An Architecture for Knowledge-based Interfaces To Legal Databases*, Dissertation, University of Tilburg.

Moles, R. N. (1992), Expert systems-the need for theory, in: C. A. F. M. Grütters *et al.* (eds.), *Legal Knowledge Based Systems: Information Technology and Law*, *JURIX'* 92, Koninklijke Vermande, Lelystad.

Moore, D. J. (1993), *Dialogue games and computer aided learning*, Dissertation, Leeds Metropolitan University.

Nieuwenhuis, J. H. (1992), *Confrontatie en compromis: recht, retoriek en burgerlijke moraal*, Kluwer, Deventer.

Nitta K, M. Shibasaki, T. Sakata, T. Yamaji, W. Xianchang, H. Ohsaki, S. Tojo & I. Kokubo (1995), new HELIC-II: A Software Tool for Legal Reasoning, *Proceedings of the fifth International Conference on Artificial Intelligence and Law*, ACM, New York, pp. 287-296.

Nitta, K. & M. Shibasaki (1997), Defeasible reasoning in Japanese criminal jurisprudence, *Artificial Intelligence and Law* 5: 139-159.

Nitta, K., S. Wong & Y. Ohtake (1993), A computational model for trial reasoning, *Proceedings of the fourth International Conference on Artificial Intelligence and Law*, ACM, New York, pp. 20-29.

Oskamp, A. (1990), *Het ontwikkelen juridische expertsystemen*, dissertation, Vrije Universiteit.

Oskamp, A., M. W. Tragter & C. Groendijk (1995), AI & Law: What about the future?, *Artificial Intelligence and Law* 3: 209 - 215.

Oskamp, E. W. (1998), *Computerondersteuning bij straftoemeting, de ontwikkeling van een databank*, dissertation, Leiden University.

Peczenik, A. (1989), *On law and reason*, Kluwer Academic Publishers, Dordrecht.

Perelman, Ch. & L. Olbrechts-Tyteca (1971), *The New Rhetoric, A Treatise on Argumention*, University of Notre Dame Press, London.

Pilkington R. M., J. R. Hartley, D. Hintze & D. J. Moore (1992), Learning to argue and arguing to learn: an interface for computer-based dialogue games, *Journal of Artificial Intelligence in Education*, vol 3, no. 3, pp. 275 - 295.

Plug, J. (1996), Complex argumentation in judicial decisions, analysing conflicting arguments, in: D. M. Gabbay & H. J. Ohlbach (eds.), *Practical Reasoning, International Conference on Formal and Applied Practical Reasoning*, Lecture Notes in Artificial Intelligence, Vol. 1085, Springer.

Pollock, J. L. (1974), Knowledge and justification. Princeton University Press, Princeton (New Jersey).

Pollock, J. L. (1987), Defeasible Reasoning, *Cognitive Science* 11, pp. 481 - 518.

Pollock, J. L. (1994), Justification and defeat, *Artificial Intelligence* 67, pp. 377 - 407.

Pound, R. (1931), The call for a realist jurisprudence, *Harvard law review*, vol. 44, p. 697 - 711.

Prakken, H. & G. Sartor (1995), On the relation between legal language and legal argument: assumptions, applicability and dynamic priorities, *Proceedings of the sixth International Conference on Artificial Intelligence and Law*, ACM, New York, pp. 1 - 10.

Prakken, H. & G. Sartor (1996), A dialectical model of assessing in conflicting arguments in legal reasoning, *Artificial Intelligence and Law* 4: 331 – 368.

Prakken, H. & G. Sartor (1997), Reasoning with precedents in a dialogue game, *Proceedings of the sixth International Conference on Artificial Intelligence and Law*, ACM, New York, pp. 1 – 9.

Prakken, H. (1993/1997), *Logical tools for modelling legal argument*, Dissertation, Vrije Universiteit, Amsterdam. A revised edition of this work, with the subtitle *A study of defeasible reasoning in law*, has been published in 1997 by Kluwer Academic Publishers, Dordrecht.

Prakken, H. (1995), From Logic to dialectics in legal argument. *Proceedings of the fifth International Conference on Artificial Intelligence and Law*, ACM, New York, pp. 165 – 174.

Quast, J. A. (1996), *Computers en vage normen*, dissertation, Leiden University.

Rawls, J. (1972), *A Theory of Justice*, Oxford University Press, Oxford.

Reiter, R. (1980), A logic for default reasoning, *Artificial Intelligence* 13, pp. 81 – 132.

Rescher, N. (1977), *Dialectics*, *A Controversy-Oriented Approach to the Theory of Knowledge*, State University of New York Press, Albany.

Rödig, J. (1980), *Schriften zur juristischen Logik*, Springer Verlag, Berlin.

Sartor, G. (1989), *Le applicazioni giuridiche dell'intelligenza artificiale: la rappresentazione della conoscenza*, Dissertation, European University Institute of Florence; published in 1990 by Milano: Giuffre.

Royakkers, L. (1996), Representing Legal Rules in Deontic Logic, Dissertation, Tilburg University.

Schmidt, A. H. J. (1987), Pallas ex machina, dissertation, Leiden University.

Scholten, P. (1974), *Mr. C. Asser's handleiding tot de beoefening van het Nederlands burgerlijk recht*, *Algemeen deel*, Tjeenk Willink, Zwolle; the book originally appeared in 1931.

Schwemmer, O. (1971), *Philosophie der Praxis*, Frankfurt am Main.

Searle, J. R (1969), *Speech acts: an essay in the philosophy of language*, Cambridge university press.

Sergot M. , F. Sadri, R. Kowalski, F. Kriwaczek, P. Hammond & T. Cory (1986), The British Nationality Act as a Logic Program, *Communications of the ACM*, 29, p. 370 – 386.

Simari, G. R. & R. P. Loui (1992), A mathematical treatment of defeasible reasoning and its applications, *Artificial Intelligence* 53, pp. 125 – 157.

Skalak, D. B. & E. L. Rissland (1992), Arguments and cases: an inevitable intertwining, *Artificial Intelligence and Law* 1: 3 – 45.

Smith, M. (1994), *Legal Expert Systems: Discussion of Theoretical Assumptions*, Doctoral Dissertation, Universiteit Utrecht.

Span, G. (1992), *LITES: een intelligent tutorsysteem voor juridisch onderwijs*, Dissertation, Rijksuniversiteit Limburg.

Stevenson, C. L. (1944), *Ethics and language*, Yale University Press, New Haven and London; The 1979 reprint of the 1944 ed.

St-Vincent, P. & D. Poulin (1994), Vagueness, Open texture and Computational dialectics, *Workshop notes AAAI workshop* 1994 – *Computational Dialectics*, pp. 92 – 102.

St-Vincent, P. , D. Poulin & P. Bratley (1995), A computational framework for dialectical reasoning, *Proceedings of the fifth International Conference on Artificial Intelligence and Law*, ACM, New York, pp. 137 – 145.

Susskind, R. E. (1987), *Expert systems in law, a jurisprudential inquiry*, Clarendon Press, Oxford.

Taylor, R. (1984), *Good and evil*, A forceful attack on the rationalistic tradition in ethics, Prometheus books, Buffalo, New York.

Toulmin, S. E. (1958), *The uses of argument*, University press, Cambridge.

Unger, R. M. (1983), The critical legal studies movement, *Harvard law review*, 96, pp. 561 – 675.

Valente, A. (1995), *Legal knowledge engineering, a modelling approach*, Doctoral Dissertation, IOS Press, Amsterdam.

Van Dalen, D. (1980), *Logic and structure*, Springer-Verlag, Berlin.

Van den Herik, H. J. (1991), *Kunnen computers* recht*spreken*?, Gouda Quint,

Arnhem.

Van Eemeren, F. H. & R. Grootendorst (1982), *Regels voor redelijke discussies*, *Een bijdrage tot de theoretische analyse van argumentatie tot oplossing van geschillen*, Dissertation, Foris, Dordrecht.

Van Eemeren, F. H., R. Grootendorst & T. Kruiger (1987), *Handbook of Argumentation Theory*, Foris, Dordrecht.

Van Eemeren, F. H., R. Grootendorst, F. Snoeck Henkemans, J. A. Blair, R. H. Johnson, E. C. W. Krabbe, C. Plantin, D. N. Walton, C. A. Willard, J. Woods, D. Zarefsky (1996), *Fundamentals of Argumentation theory. A handbook of historical backgrounds and contemporary developments*, Lawrence Erlbaum associates, publishers, Mahwah, New Jersey.

Van Kralingen, R. W. (1995), *Frame-based Conceptual Models of Statute Law*, Dissertation, Leiden University.

Verheij, B. (1996), *Rules*, *Reasons*, *Arguments*: *Formal studies of argumentation and defeat*, Dissertation, Universiteit Maastricht.

Verheij, B., J. Hage & A. R. Lodder (1997), Logical tools for legal argument: a practical assessment in the domain of tort, *Proceedings of the sixth International Conference on Artificial Intelligence and Law*, ACM, New York, pp. 243 – 249.

Visser, P. R. S. (1995), *Knowledge Specification for Multiple Legal Tasks*, *A Case Study of the Interaction Problem in the Legal Domain*, Dissertation, Leiden University.

Voermans W. & E. Verharen (1993), LEDA: A semi-intelligent legislative drafting-support system, in: J. S. Svensson *et al.* (eds.), *Legal Knowlegde Based Systems*, *Jurix* ' 93, Koninklijke Vermande, Lelystad.

Voermans, W. (1995), *Sturen in de mist*, *...maar dan met radar*, Dissertation, Tilburg University.

Vreeswijk, G. A. W. (1993), *Studies in Defeasible Argumentation*, Dissertation, Vrije Universiteit, Amsterdam.

Vreeswijk, G. A. W. (1994), *IACAS*: *an interactive argumentation system*, Technical Report CS 94 – 03, Department of computer science, Universiteit Maastricht.

Vreeswijk, G. A. W. (1995), Formalizing Nomic: working on a theory of communication with modifiable rules of procedure, *Presented at the 4th International Colloquium on Cognitive Science* (*ICCS* – 95), 3 – 6 may 1995, San Sebastian, Spain.

Wahlgren, P. (1993), *Automation of legal reasoning: a study on artificial intelligence and law*, Kluwer, Deventer.

Walker, R. F. (1992), *An Expert System Architecture for Heterogeneous Domains*, Dissertation, Vrije Universiteit, Amsterdam.

Walker, R. F., A. Oskamp, J. A. Schrickx, G. J. van Opdorp & P. H. van den Berg (1991), Prolexs: creating law and order in a heterogeneous domain, *International Journal of Man-Machine Studies* 35, pp. 35 – 67.

Walter, C. (ed.) (1985), *Computing power and legal reasoning*, West Publishing Company, St. Paul, USA.

Walton D. N. & E. C. W. Krabbe (1995), *Commitment in dialogue*, State University of New York Press, Albany.

Wellman, C. (1971), *Challenge and Response: Justification in Ethics*, Southern Illinois University Press.

Weusten, R. E. (1999), *De bouw van juridische kennissystemen*, Dissertation, Utrecht University.

Witteveen, W. J. (1988), *De retoriek in het recht*, Tjeenk Willink, Zwolle.

Woods, J. & D. Walton (1982), *Argument: The Logic of the Fallacies*, McGraw-Hill Ryerson Limited, Toronto.

Zeleznikov, J., G. Vossos & D. Hunter (1993), The IKBALS Project: Multi-Modal Reasoning in Legal Knowledge Based Systems, *Artificial Intelligence and Law* 2: 169 – 204.

人名索引

Aarnio，阿尔尼奥，7，24，30，150

Albert，阿尔伯特，21，122－123

Aleven，艾里文，3

Alexy，阿列克西，7，24，27，115－116，149

Ashley，阿什莉，3

Barth，巴斯，7，25，97

Bench-Capon，本奇－卡鹏，5，98，102

Berman，伯曼，25

Branting，布兰廷，3

Bratley，布拉特里，133

Brewka，布鲁卡，97，107－115，120，128－132，145，159，160

Buchanan，布肯南，2

Chen，陈，98，142

De Vey Mestdagh，德梅斯塔达夫，3

De Wildt，德维尔特，3

Den Haan，德恩哈安，3

Dung，董番明，135，151

Dunne，邓恩，98

Farley，法利，7，97，133，143－144，167

Feteris，菲特丽丝，7，135

Finkelstein，芬克尔施泰因，102

Freeman，弗里曼，7，97，133，143－145，167

Fuks，福克斯，102

Fuller，富勒，14

Gardner，加德纳，2－3

Geffner，盖夫勒，120

Ginsberg，金斯伯格，16

Gordon，戈登，3，6－7，21，97－102，114－121，125－135，145，148－151，154，157－160，166－167

Groendijk，格罗恩迪克，4

Grootendorst，格罗顿道斯特，7，36，97－98，102，133－135，167

Habermas，哈贝马斯，7，24

Hafner，哈夫纳，25

Hage，哈赫，4，28－30，33，36，64，115，166

Hamblin，汉布林，7，34，39，98，

102 - 106
Hart，哈特，4，22
Headrick，海迪克，2
Herczog，赫尔佐格，3，7，33，36，51，64，166
Hirsch-Ballin，赫希 - 巴林，18
Hunter，亨特，3
Karacapilidis，卡拉卡帕里底斯，133，154
Kelsen，凯尔森，22
Kloosterhuis，克鲁斯特惠斯，135
Kordelaar，克罗德拉，3
Kowalski，科瓦尔斯基，7，133
Krabbe，克罗贝，7，25，97，151
Kruiger，克鲁格，102，135
Leenes，莱内斯，3，28，31 - 33，36
Leijten，莱廷，18
Leng，伦格，98
Lin，林，151
Lorenz，洛伦兹，7，24，98，149
Lorenzen，洛伦岑，24
Loui，路易，7，21，97 - 98，107，115，133 - 135，141 - 142，153，167
Lowes，洛斯，98，102
MacKenzie，麦肯齐，36，39，97 - 106，113，128 - 132，145，154，166 - 167
Matthijssen，马西森，3
McEnery，麦克恩瑞，98，102
Moles，莫莱斯，25
Moore，摩尔，102，106
Nieuwenhuis，尼文惠斯，25
Nitta，新田，3，7，97 - 98，115，133，140，148，167
Norman，诺曼，98，133，141，153
Ohtake，大竹，98，115，140
Olbrechts-Tyteca，奥布莱希特 - 泰提卡，7，24
Oskamp，奥斯坎普，3 - 4
Oskamp，E. W.，E. W. 奥斯坎普，3
Pearl，珀尔，120
Peczenik，佩策尼克，7，24，150 - 152
Perelman，佩雷尔曼，7，24
Pilkington，皮尔金顿，102
Plug，普纳格，135
Pollock，波洛克，10，14，135
Poulin，波林，99，133
Pound，庞德，95
Prakken，帕肯，3，6 - 7，16，97 - 99，115，127，133 - 135，147，151 - 153，160 - 161，168
Quast，夸斯特，3
Rawls，罗尔斯，8，28
Reiter，瑞特，16
Rescher，雷斯彻，6 - 7，97 - 102，

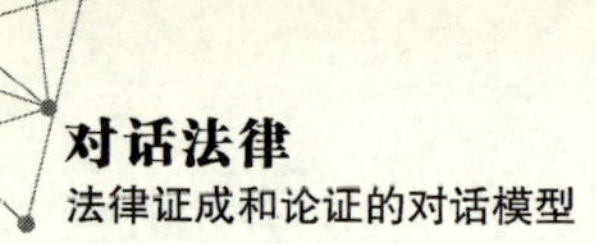

107 - 115，118 - 120，128 - 132，137 - 139，145，166 - 167
Rissland，里斯兰德，3
Rödig，罗迪，21
Royakkers，罗亚科斯，3
Sartor，沙托尔，3，7，97 - 99，133 - 135，151 - 153
Schmidt，斯密特，3
Scholten，斯霍尔滕，4，18
Schwemmer，施韦默尔，24
Searle，塞尔，36
Sergot，塞科特，2
Shibasaki，柴崎，7，98，140
Shoham，肖哈姆，151
Simari，西马里，135，141
Skalak，斯卡拉，3
Smith，史密斯，3，22
Span，斯潘，3，36，115
Stevenson，史蒂文森，10，149
St-Vincent，圣文森特，99，133
Susskind，萨斯金德，2
Taylor，泰勒，170
Toni，托尼，7，133
Toulmin，图尔敏，115，122，141 - 143
Tragter，塔格特，4
Unger，昂格尔，4
Valente，瓦朗特，3
Van Dalen，范达伦，41，148
Van den Herik，范海迪克，1
Van Eemeren，范爱默伦，7，36，97 - 98，102，133 - 135，167
Van Kralingen，范克拉林根，3
Verheij，维赫雅，3 - 4，16，64，135，166
Visser，维瑟，3
Voermans，沃尔曼斯，3
Vossos，瓦索斯，3
Vreeswijk，弗雷斯维克，28，97 - 98，107，133 - 140，148，151，167
Wahlgren，瓦尔格伦，3
Walker，沃克尔，3
Walter，沃尔特，3
Walton，沃尔顿，7，97，108，151
Wellman，韦尔曼，10
Weusten，韦斯特恩，3
Witteveen，维特文，25
Wong，黄，98，115，140
Woods，伍兹，7，108
Zeleznikov，热莱兹尼科夫，3

关键词索引

agents，代理，37 - 42，46，66 - 67，99
agreement，共识，一致意见，29 - 34，45，51 - 52，63，68，72，93，117，129，134，164
AI&Law，人工智能与法，2 - 3，7，98，154，157，168，170
Altering dialog rules，可更改的对话规则，28
applicable，可适用的，14 - 19，30，68 - 70，89 - 90，116，121 - 122，150，153，176 - 177，180 - 181
arbiter，仲裁者，35 - 36，164
argument，论证
  deductively valid，演绎有效的论证，12 - 13，20
  defeasible，可废止论证，115，137，148
  valid，有效论证，12，34，148 - 149，152，167
argumentation，论辩、论证
  (di) a-rational，对话式理性论辩，6，147，150 - 157，162，164，167 - 168
  rational，理性论辩，150 - 152，155 - 157，161，167
  dynamic，动态的，9 - 10
  static，静态的，8 - 9，19
argumentation process，论证过程，5
argument against，反对论证，23，49 - 51，127
artificial intelligence，人工智能，2 - 4
assertion，断定
  categorical，明确断定，109 - 110，132
  cautious，谨慎断定，100，110，118，131
  provisoed，限制性断定，108 - 113，129，132
asymmetric，非对称性的，114，

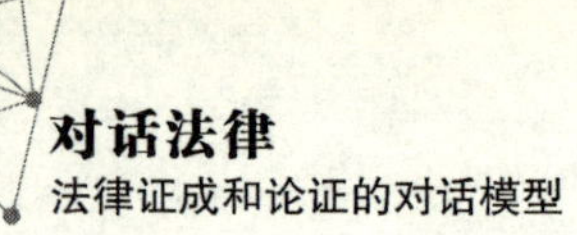

131，145
audience，听众，9，25，34，149，164
background knowledge，背景知识，109，119
blockage rule，阻塞规则，110
Box discussion，盒子讨论，35－39
burden of proof，证明责任，35，38，97，126，133，143，144，167
Chabot，夏博特，81，88－94，166
challenge，挑战，28，103－105，112，130－132，142
classification，分类，20，144
commitment，承诺
  living，活跃承诺，112－113，120
  loss of，失去承诺，51，104，132
  undischarged，未卸下的承诺，112－113
commitment store，承诺库，5，39－41，44，49－55，58，72，102－106，113，171－174
  update the，更新承诺库，51－52
common set，一般集合，109，113
concession，让步，138
conditional entailment，条件蕴涵，120－121，142
conditions for argumentation，论证的条件
  fundamental，基本条件，133－134
  preliminary，初步条件，134
  preparatory 预备条件，134
  sincerity，诚信条件，134
consensus，共识，3，24，164
construction vs. reconstruction，建构 vs 重构，11，17，20，23，81，107，152，169
contrary duties，相对立的义务，88
counterargument，反论证，25，38，49，117，123－124，135，138－143，160，163
counter claim，反对主张，59
counter reason，反对理由，76，93－94
contingent facts，偶然事实，109
data base，数据库，1，98，135
DC，DC 系统，6，97－107，145，166－169
declare，宣告，4，34，101，118－123，132，140
default theory，缺省理论，111－112，120
defeasibility，可废止性，8，14，17，24－26，109
defeasible knowledge，可废止知识，135
defeat，击败，14－16，26，101－102，131，136，145，160－161，167
defend，辩护，38，63，101，112－

113，118 ~ 119，122，126，129，132 - 134
defendant，被告，101，116 - 122，140 - 141
determiner，判决者，108，112
dialectics，论辩术，97 - 98，107，135，139 - 140，145，167
  computational，可计算论辩术，107
  formal，形式化论辩术，108，114
  dialog，对话
  one-person，单人对话，25
  two-person，两人对话，25，35
dialog game，对话博弈，6，24 - 28，31 - 35，98，102，106 - 108，114，165 - 166，170，176
  party of a，对话博弈的参与方，25 - 27，35 - 36，98 - 99，105，112，116 - 117，120，127，135，139 - 141，144，164
  player of a，对话博弈的博弈方，26，34 - 40，42 - 62，66 - 81，89，103 - 122，125 - 134，137 - 145，156 - 160，166，171 - 179
dialog rules，对话规则
  justification of，对话规则的证成，28
dialog tree，对话树，5，41，45 - 47，51，83 - 86，166
dialogical approach，对话式进路，154
disagreement，分歧，29，35
discourse rules，话语规则，27
Dutch lawbook sections，荷兰法典部分
  Grondwet，art. 121，《宪法》第 121 条，11
  Rv，art. 59，《民事诉讼法典》第 59 条，11
  Sr，art. 41，《刑事诉讼法典》第 41 条，121
  Sr，art. 42，《刑事诉讼法典》第 42 条，16
  Sr，art. 289，《刑事诉讼法典》第 289 条，121
  Sr，art. 167，《刑事诉讼法典》第 167 条，88
  Sr，art. 359，《刑事诉讼法典》第 359 条，11
  Wegenverkeerswet，art. 185，《道路交通行为法》第 185 条，153
Dutch Supreme Court，荷兰最高法院，1，18 - 19，81，88，153 - 155
Dutch Supreme Court decisions，荷兰最高法院判决
  NJ 1995，55，1995 年《荷兰案例法》第 55 例，19
  NJ 1991，720，1991 年《荷兰案例法》第 720 例，153
  NJ 1991，721，1991 年《荷兰案例

法》第721例，153
NJ 1993，566，1993年《荷兰案例法》第566例，153
NJ 1994，656，1994年《荷兰案例法》第656例，81
RvdW 1997，54C，1997年《本周案例法》第54C例，18

Erlangen School，埃尔兰根学派，24
euthanasia，安乐死，6，81，88，92
evidence，证据，9，66，81－85，88，102－104，108，116，120，127，130－131，136，142－145
excluded，排除，17，20，64－71，90－92，121，177，181
firstmove，第一个行动，36－39，43－47，50，88，102，108，111，116，136，172－175
fixed set，固定集，23，26，97
force majeure，不可抗力，88，92－94，153
forced，受迫
－acceptance，受迫接受，73，91，156
－commitment，受迫承诺，39，52，68
－withdrawal，受迫收回，76－78，81，156
formal argumentation，形式论辩理论，133－135，151
formal grounds，形式根据，112
game record，博弈记录，104，111，119
ground，理由
procedural，程序理由，139
substantial，实质理由，139
grounds，理由、根据、根基，8－11，23，31，88，117，169
Grundnorm（Kelsen），根本规范（凯尔森），22

ICAIL，人工智能与法国际会议，2，115
il_claim，无效_主张，64－66，76－80，83－84，176－181
illegally obtained evidence，非法证据，5，66，82－84
illocutionary act，言外行为，36，39－43，47，50，81，103，171－174
implementation，实现，5，80－81，115－116，126，171
independen tcriterion，独立标准，25，28－31，35，165
information retrieval，信息检索，2
information technology，信息技术，1
interaction，互动，9，47－48，99，161
interior dialog，本质的对话，133
interpretation，解释，19－20
conditional/extensional 条件解释/扩展性解释，120

issue，问题，8，18，35，116 - 117，123 - 125，133 - 135，140 - 141
judge，法官，4，10 - 11，25，30，34 - 36，66，164
human，人类法官，1
judicial decision，司法判决，10，135
JURIX，法律知识与信息系统国际会议，2
justification，证成
depth of the，证成的深度，89
procedure of，证成的程序，27，30 - 31
process of，证成的过程，5，8 - 10，27，165
product of，证成的结果，8 - 10，19，24，163
justified，被证成的
- conclusion，被证成的结论，14，163
- premise，被证成的前提，12 - 13，20 - 23
- statement，被证成的命题，30 - 31，34，63，146，164 - 165
knowledge based system，知识系统，2
layout of the moves，行动的布局，81
layered dialog，分层对话，48，138，166
legal doctrine，法学学说，88
legal education，法学教育，2，168
legal justification，法律证成，4 - 13，20 - 34，62 - 63，80，98，107，146，150，154，162 - 170
defeasible nature of，法律证成的可废止属性，8，13，23，26，165
legal reasoning，法律推理，2 - 3，7，12 - 14，25，98，126 - 128，135
legal theory，法学理论，7，22
computational，可计算的法学理论，4
level，层次
higher，更高层次，43，52，56，138
lower，较低层次，48，52，138
logic，逻辑
propositional，命题逻辑，81
nonmonotonic，非单调逻辑，11，16，19，135，160
main claim，主要主张，116，119，142
main thesis，主要论题，136 - 138
marihuana，大麻，82 - 85
material grounds，实质根据，112
material implication，实质蕴涵，12，104，107，120，129，132，154
model，模型
AI，人工智能模型，4
AI&Law，人工智能与法模型，98，154，157，168 - 170
analytical，分析模型，5，169

deductive，演绎模型，8，11－16，165
dialectical，论辩模型，6，115，133－135
dialogical，对话模型，4－8，23－28，32－33，97，115，133，147，155－157，161－170
empirical，经验模型，5
normative，规范模型，5，115
open，开放模型，23，97
procedural，程序性模型，6－10，20，23－24，27，147，160－163，168
model of justification，证成模型，6，11－12，17，28，63，165
move，行动
complex，复杂行动，109－110
fundamental，基础行动，108－110
Münchhausen Trilemma，明希豪森三重困境，8，13，20－28，165
circles，循环，21－22，165
dogmas，教条，22－23，27，34
regress，倒退，21－23，27
Nixon paradox，尼克松悖论，114
non-deterministic，非确定性的，25
Obligation Game，义务游戏，98
open nature of law，法律的开放属性，8，18－20，26，165
opportunity principle，机会原则，88
ordering，排序，121，139－140
basic，基础排序，136－137
special，特殊排序，137
perspective，视角
logical/psychological，逻辑视角/心理视角，6，147－150，157，161，167
plaintiff，原告，101，116－123
Pleadings Game，诉答博弈，3，6，97－101，115－132，135，140，145，154，166－169
principles，原则，17，26，65，115，170
probable cause，合理凭据，82，85
procedure，程序
'legal'，"法律"程序，8，28，31，38
Rawls' imperfect，罗尔斯的非完美程序，29－31
Rawls' perfect，罗尔斯的完美程序，28－29
Rawls' pure，罗尔斯的纯粹程序，8，28－31
rhetorical，修辞程序，25
propositional content，命题内容，36－37，41－43，47，56，103，171－174
Protagoras，普罗塔戈拉，7，25

question begging，乞题谬误，104
rationale，原理，50 – 51，141 – 143
reaction-based game，基于回应的博弈，56，166
reason，理由
  – con，反对理由，39，64 – 67，72 – 76，86 – 87，93，149，156
  – pro，支持理由，7，25 – 27，64 – 67，72 – 74，91 – 93，107，149，153，156
Reason – based logic，理由逻辑，26，64 – 65，166
reasoning scheme，推理图式，12，24
reasons for a statement，命题的理由，25
rebutter，反驳，14
relevancy，相关性，127
resolution demand，求解需求，100，105，130
retractions，撤回，128
rule of recognition（Hart），承认规则（哈特），22
rule，规则
  purpose of the，规则的意图，65
rules，规则
  conflict of，规则的冲突，14 – 17，26，120，127
  exceptions to，规则的例外，14
rules of the procedure，程序的规则，9，161
rules for communication，交流规则
  general，一般交流规则，33
  special，特殊交流规则，63 – 64，68
sentence，句子
  disputed，争议句子，49 – 51，83，87，176
  first，第一个句子，48，158，173，176
  open，开放句子，44，51 – 52，59，71 – 72，78，87，173
  questioned，被质疑句子，49，56
set of disputed sentences，争议句子集，44 – 45，120，158
silent implies consent，沉默暗含默许，127 – 129
skeptical consequence，受怀疑的后承，112
special language elements，特殊语言要素，5，33 – 34，49，62 – 68，166
state of affairs，事件状态，42，64
statement，命题
  challenged，被挑战命题，105，154
  justified，被证成命题，5，8 – 10，26，29 – 31，34，149，163 – 165
  questioned，被质疑命题，34

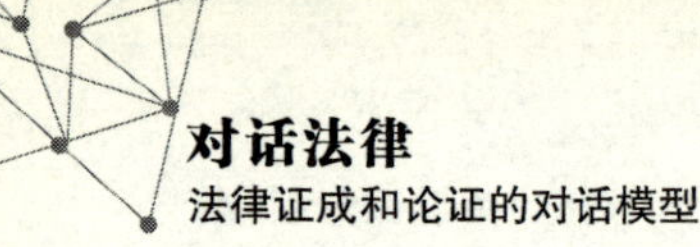

strategy，策略，89，160
sufficient to accept，足以使得接受，151－157，162，167－168
support relation，支持关系，64
symmetric game，对称博弈，114
tautology，重言式，98
The game H，博弈 H，102
Tyrell，泰利尔，82－87，99，102，166，174
undercutter，中断，14
vagueness of legal language，法律语言的模糊性，18
valid inference，有效推论，8，151
validity of a rule，规则的有效性，84
viewpoint，视角，140
weighing，权衡，17，64－66，71－72
　trivial，无关紧要的权衡，64

图书在版编目（CIP）数据

对话法律：法律证成和论证的对话模型/（荷）阿尔诺·洛德著；魏斌译
北京：中国政法大学出版社，2016.8
ISBN 978-7-5620-6910-2

Ⅰ.①对…　Ⅱ.①阿…　②魏…　Ⅲ.①法的理论—研究　Ⅳ.①D90

中国版本图书馆CIP数据核字(2016)第181436号

出版者	中国政法大学出版社
地　址	北京市海淀区西土城路25号
邮寄地址	北京100088信箱8034分箱　邮编100088
网　址	http://www.cuplpress.com（网络实名：中国政法大学出版社）
电　话	010-58908289(编辑部)　58908334(邮购部)
承　印	固安华明印业有限公司
开　本	880mm×1230mm　1/32
印　张	9
字　数	235千字
版　次	2016年8月第1版
印　次	2016年8月第1次印刷
定　价	36.00元